HOW TO READ & WRITE HISTORY

# 跟史家一起創作

## 近代史學的閱讀方法與寫作技藝

皮國立——著

推薦序

# 享受學習，勇往向前

中央研究院近代史研究所所長／呂妙芬

皮國立說要出版一本給年輕歷史系學生或有志於從事文史工作的讀者看的書，內容類似史學方法論，但較淺顯易懂，有很多生活經驗和故事分享，他邀我寫一篇推薦序，我欣然同意。不是我對於史學方法或寫作有什麼特殊心得，而是我知道國立是一位用功研究、著作甚勤的年輕學者，他願意花心力寫這本書是帶著極大的熱情和理想，我也確實想先拜讀此書。

讀完《跟史家一起創作：近代史學的閱讀方法與寫作技藝》，發現國立用他求學、寫作、教書的不同人生經驗，以說故事、分享和教導等不同語氣寫成的這本書，確實讓人讀起來不太費力，又有不少知識上的收穫，書中也轉述了許多前輩學者的經驗和看法。此書設定的讀者群很多元，從內容和語氣可以讀出，有些段落是寫給高中生、非歷史系主修的大學生，有些寫給一般讀者，也有對教師的期許，還有一些是個人對於目前歷史教育與學界某些制度的看法。不過，本書最主要的讀者應該是歷史所的研究生，他們正下定決心要走上專業史學研究這條路，「如何寫歷史」這件事是他們每天必須面對的，無論閱讀別人的著作或自己提筆書寫，都離不開思考歷史是如何被書寫的問題。書中許多經驗分享和過來人的建議，對於研究生應有極大的助益。

國立在書中談了許多他自己學習和寫作的經驗，以及面對挫折的心境，流露出他對於年輕學生的關愛、擔心與期許。我很認同他說文史研究關乎人生態度與素養，閱讀、思考、寫作三者缺一不可，閱讀要分博覽和精讀，寫作需要訓練，學術研究需要明確的問題與長期的積累等等，我特別佩服他能夠做到每天都實際提筆寫作。從他的分享，我覺得他是一位「樂學」派的學者，享受學習，人生勇往向前。

學術論文書寫確實困難，我見過一些被論文困住的研究生，也聽過一些人的痛苦心聲，其實那些經驗是很多人共同有的。我自己也有過研究卡住、對著電腦枯坐的經驗，卡得愈久，累積的焦慮感還會變成自我懷疑。讀到「不怎樣的作品」時仍會批判，會告訴自己千萬別如此糟蹋自己，然而就是沒有把握可以寫出好的作品。這種眼高手低、裹足不前的窘境，大概很多人都不陌生，而卡住的研究與書寫就像人生中的許多困境一樣，無奈、煎熬，需要勇氣，也需要再次凝視自己的心。就像國立說的，寫作的重點並不在於寫作的技巧，更重要的是人生態度。

歷史研究與書寫真的反映人生觀和個性，要適才適性，特別需要追根究柢問自己為什麼需要做這件事。即使沒辦法找到明確的答案，至少要想過、下過決心，否則很容易在年紀更長之後遇到工作上的困難，就換來深深的怨悔；更容易在很多競爭中，忘了初心。研究和寫作也跟人生許多事一樣（才智、美貌、健康、財富……），都有命定和限制，能夠安心接納自己、找到自己的方式進行，確實比寫作技巧更重要。從事研究和寫作時，遠大的理想和嚴格的自我要求是必須的，否則品質很快就滑落；但也要有容忍自己的無能、肯定自己的能力，一種可以「忘記背後努力向前」的心態，否則人生如何可能。

我讀這本書的時候剛好看到維根斯坦的傳記《天才的責任》，看著這位天才為學術與生命意義焦慮，備受煎熬，幾度瀕臨自殺，也看到戰爭、接近死亡與苦難的經歷形塑了他的學術，又想到在那個天才成群而來的時代裡，竟充斥著那麼多厭世的聰明人，真的久久不能自已。讀這本傳記也讓我更多思考自己的工作和意義。

我思量自己工作的環境，近些年來最深的感嘆是專業人才培育不易，學術斷層的隱憂，國立寫這本書大概也懷抱同樣的憂心，總希望寶貴的經驗可以傳承、學術的發展應該永續。但若轉眼注視生命和歷史，好像變動、斷裂、苦難也是常道。時勢氣運之變往往非人力可逆轉，挫敗困頓的人生經驗並非都不寶貴，歐陽修說文窮而後工，我一直很相信。環顧身邊許多歷史學者和研究生，大家都和國立、和我一樣，每天埋首研究，努力想寫出一些有價值的文字，然而我相信我們都更希望自己最終也能像維根斯坦一樣地說：我過了極好的一生。

自序

# 我為什麼想寫這本書？

皮國立

寫書常常是基於作者對事物的關懷。對學者來說，寫專門的學術書、期刊論文是天經地義的職責，不容推諉。但不少人應該經常存有這樣的疑問：我們到底寫書給誰看？能否對我們的讀者，或更多的閱讀受眾有所幫助？專業學術和通俗大眾常常水火不容，沒有太多交集。重視學術的前輩呼籲年輕學者不要寫過於通俗的作品，以免影響升等；而大眾史學的寫手或工作者，則訕笑專業史家是關在學術象牙塔中，活在另一個平行時空。這兩群人的兩種思維，難道沒有可以對話或融會貫通的空間嗎？可否用專業學術的技藝來書寫大眾需要的「方法」呢？

筆者自進入歷史系就讀，在取得博士學位後於大學教書至今，倏忽已過了二十個年頭。本來想模仿寫一本《四十自述》，但總覺得若對讀者無益，奢談一己之回憶文字，終究只是舞文弄墨、附庸風雅，無法產生真正的貢獻。最初構思書稿時，我思索著研究歷史究竟可以為學子們帶來什麼助益，對解決現實問題有何幫助？身處於大學學術殿堂的研究菁英，可能不覺得這是一個問題，很多專業系所的老師，或許也甚少和學生討論「歷史學」的各種可能，導致不少學生乃至其家人，總認為廣義的歷史學系和人文學科都是廢系、廢課，就讀相關系所只有「失業」的分，是投資報酬率最低的求學方式。學生既已有這樣的認知，當然在學習之初，就不會認真地對待學問；而整個社會對人文社會學科的輕視，更導致相關系所招生不易，於是惡性循環、積重難返。我們不禁要問，人文社會學科的訓練如何有用？「史家的技藝」如何在這個時代重拾新價值，找到自己的定位？

一般學術專著，常常免不了要鋪陳長篇大論的研究回顧和問題意識，但是多數人文學者所關心的議題，往往非常小眾且狹窄，甚至只是自己或極小學術圈內所關切的，對一般人來說其實是「不成問題的」；不能否認它們仍有學術上的意義與價值，但對多數的學生或社會上急需有人談出所謂「史學方法」有什麼用的人來說，他們需要的是一本嶄新視野的方法論著作。過去，「史學方法」教的僅是研究法，訴求對象是極少數未來可能成為學者的人，而非把「方法」作一種實用性的闡述與可能應用的技藝來加以分析，筆者這本書就是嘗試去梳理這些問題，探究史學實際應用與教學的可能性。就全書內容來說，主要是以歷史學者的閱讀和寫作技藝為主，藉由近代史學史與史學人物的小故事來分析這些面向；用探索學術研究的方法，來開展實際閱讀與寫作的可能。這是新時代的史學方法，也是既有史學方法的延伸與創新。

過去，一般談「閱讀寫作」時，都只想到是中文或語文系所的職責，史學方法常在這些論域中被忽略。現今廣泛被談論的能力，例如探索高中生或大學生缺乏的閱讀理解、敘事力、寫作方法等主題之專書，多數也不是歷史學者所撰寫。更可惜的是，臺灣出版社頗喜歡翻譯外國著作，原無不妥，但在閱讀寫作的應用上，卻忽略了學子多在中文語境下進行，一旦忽略本土文化的適應性，則即便著作內容堪稱豐富，仍常有扞格不入之憾。學子真正需要的是一本具有本土視野、中文語境的新史學方法論。那麼，閱讀與寫作方法如何能被放在歷史學內來討論呢？頗值得深思。閱讀寫作本身就是一門應用史學，近代史家呂思勉（一八八四－一九五七）在《白話本國史》的序言中指出：「讀書自然不重在呆記事實，而重在得一種方法。我這部書，除掉出於愚見的考據議論外，所引他人的考據議論，也都足以開示門徑；可稱是研究史學的人必要的一種常識。」[1] 本書之作，就是要突破過去的障礙，彰顯史

1 呂思勉，《白話本國史》上冊（上海：上海古籍，二〇一二），序例頁二。

家技藝在這些領域內的功能與應用的各種可能。所以對於正在就讀文史系所的學生、被論文困住的研究生和年輕學者，或有志於從事廣義寫作的讀者，還有未來想就讀文史科系、卻苦無指引的學子，包括要寫小論文、探究與實作報告的大學生乃至高中生，本書都希望能提供一些實質助益，試著以自己曾經受過的訓練，帶給讀者書寫技巧與思考上的啟發。

全書在寫作風格上，盡力跳脫與避免過往學院專業期刊艱澀的筆法與長篇大論的習慣，文字盡量求得深入淺出，減少不必要的引註，在學術與通俗之間取得平衡。而真正進行一種創作，必定帶有作者個人的人生體會，若只有旁徵博引各種文獻，不過是從事一種客觀的研究，讀起來必定缺乏生氣與親切感。筆者期待這本書具備文字拓展的空間與人性的溫度，所以會加入個人的研究經驗與真實生活，它是近代史家與現代讀者對話的中介。書中除了穿插自己的經驗，也會有過往史家的體悟，夾敘夾議，用故事和實際案例將歷史學的技藝和訓練，賦予真實的生命力與人性化，以貼近真實寫作生活。讀者讀過後，自然能體會如此安排文字的用意。

書中也將藉歷史人物的經歷與歷史課程的實施，來探討史學在過往和這個時代所面臨的問題，以及未來可能發展的新方向。由於筆者並非多年鑽研史學史的學者，絕不敢妄加議論，若書寫極專業的論著，不但影響閱讀，甚且自曝其短。大凡有真才實學的學者，總不敢輕易以自己的經驗與方法示人，但筆者盼和讀者與時俱進，進獻愚者一得，談談紙上學問的應用價值，莫忘讀書以增進知識與人生閱歷之初衷。郭廷以（一九〇四－一九七五）曾說：「寫現代史更是著筆不易，我既無驚人之筆，更不敢妄加私見，僅能就所知道的點點滴滴，平實的寫出來，作個交代，以就正於同輩後輩。」[2] 筆者的學養與文字皆不及郭先生分毫，但心中「平實」之初衷則是一樣的，就是分享經驗與所見聞而已，還望同道指正。

寫作本書，得到許多老師、先進的指點與啟發，不論具名與否，常於書中可見其蹤跡，心得相識難相忘，此處就不一一交待，讀者捧讀此書，自可尋得線索。他們傳承給筆者的寶貴經驗，也正是筆者想和讀者說的話。本書於寫作前期，曾得到中原大學多項專書和教科書撰寫計畫的補助，也承蒙教育部高教深耕計畫撥給經費，辦理相關的工作坊，乃得以集思廣益，形諸文字。書前有幸得呂妙芬教授惠賜推薦序一篇，極具畫龍點睛之功。妙芬老師與一些成熟的學者，關心青年學者撰寫專書與計畫之困擾，曾主持過相關寫作工作坊，擁有許多獨到的見解，並與本書內容相得益彰。她自身的學習就跨越物理學、中文所、歷史所，曾勉勵大學生，若想在大學時為研究之路累積資本的話，首要是廣泛的閱讀，「不用擔心自己

2 郭廷以，《近代中國史綱》（香港：香港中文大學，一九八〇），書後小記，頁七八二。

讀不進去，讀多了就會有自己的經驗與想法！」[3]她的跨領域經驗和廣泛閱讀的功法，讀者也可以在本書內尋覓到不約而同的建議。遠足出版社的編輯團隊慧眼識書，知悉此書價值，才使得讀者手上這第一本用臺灣本土史學方法和史學史視角，來談論史學閱讀寫作與教學的整合性專書，得以順利出版。謹於文末，對所有支持此書出版，以及曾給予過寶貴建議的師長、先進，表達誠摯謝意。

謹誌於　國立中央大學人文社會科學大樓二一〇陋室

3 黃子晏等訪談撰稿，〈即物而窮其理：採訪呂妙芬老師〉，訪談時間：二〇二〇、一、一六，https://medium.com/@ntuhistoryacademic，擷取時間：二〇二〇、八、六。

# 目次

第一章

# 史家的閱讀與寫作

# 一、緣起：寫給文史愛好者的入門指引

筆者一直想寫一本初階的讀本，類似「史學方法論」的專書，希望能給年輕的歷史系學生、對人文歷史有興趣的高中生或有志於從事文史工作的讀者，一些閱讀和寫作的指引。我在讀大學之前，乃至進入大學後，這方面的資訊都相當不足，也沒有老師可以給予適當且全面的啟發：若從事文史研究，需要什麼樣的訓練，會遇到哪些困難？該怎麼克服？這諸般問題，大多只能靠自己摸索而得。因此，我希望能夠把自己微不足道的經驗寫出來，供年輕的讀者參考。不過，自己的能力實在有限，久久未能下筆，大凡寫研究方法論者，多是經驗豐富且學有所成的學者，如此才足堪擔此大任，否則極易陷入譁眾取寵、講些似是而非之言論，充其量僅為一學棍，誤人子弟之甚。我自認完全不夠格寫這類方法論的專書，此乃我遲遲不敢動筆的原因。只是，我拿到博士學位至今也已超過八年了，對於自己論文如何形成、怎麼撰寫、遇到哪些困難，仍是記憶猶新，或許此時寫就，將經驗化成文字，反能給讀者另一些啟發。此外，我曾在綜合型大學教書，近年來積累不少體會，那些已經歷過的教學與研究生活，給了我不少啟發與想法，同樣也想分享給讀者。至於更深入且專門的史學方法專著，市面上頗多，現在書肆中更充斥著各類「論文寫作技巧」的書，讀者可以自行參看。筆者想和大家談的閱讀與寫作，不只是技巧或方法，還是一種態度與精神，失去了核心的後者，再好的技巧或方法，也只是奇技淫巧，換一題目或寫作模式，立刻捉襟見肘，只能立於無用武之地。正如余英時所言，所謂的方法論是「為學如扶罪人，扶得東來西又倒」，吸取新方法雖然有用，但新方法又隱藏著無數的陷阱，「這一事實充分說明在史學研究上是沒有捷徑可走的，一切都要靠史學家自己去努力並耐心地摸索。」要隨著不同主題，靈活地運用相關研究法，才會有突破性的研究成果。[1]

筆者的研究所老師王爾敏就曾撰寫《史學方法論》，其他可資參考的著作更多，筆者大學時代讀的書，主要以杜維運的《史學方法論》為核心，再不就是以馬克．布洛克（Marc Bloch）《史家的技藝》和凱斯．詹京斯（Keith Jenkins）《歷史學的再思考》為中心再拓展出去，配合王晴佳《西方的歷史觀念》和蔡石山《西洋史學史》等人的著作來閱讀。不像現在，翻譯自各國的著作愈來愈多，觀念也愈來愈新，以前多是讀偏於介紹的通論性著作，而現在拜跨國出版業、翻譯的發達與快速之賜，很多經典著作都能迅速翻譯成中文，一般讀者在吸收知識的便利和購買書籍的經濟能力上，都超越二十年前的景況，形塑了新的閱讀文化；再加上網路閱讀，著實讓大家能吸收的知識變得更加寬廣甚至漫無邊際。而一般傳統史學方法或入門之書，現在看來大多寫作單調、制式化，再花時間用同樣的筆法寫一本舊書，已無必要；再者，其中不少著作生硬且難以咀嚼，更多的是還和時代脫節了。面對這樣的現況，讓筆者反思用自己的經驗來說故事，或許反而是一種比較好的呈現方式，再加上多數這類史著總充斥著西方觀點，卻沒有顧及在地經驗與華人世界的文化，徒讓所謂本土史學觀點與思考路徑愈來愈稀少，這是相當可惜的事情。例如嚴耕望（一九一六－一九九六）先生的治史三書——《治史經驗談》、《治史答問》和《錢穆賓四先生與我》，筆者相當推薦，真可謂文字平實不花稍，又不胡亂牽引西方理論。但嚴氏常舉較多自己非常專精的研究案例，[2] 年輕學子閱讀起來恐怕會有點隔閡，這也是觸發寫作本書的原因之一，雖然也不免加入自己的研究成果，但總是拉近時間距離，對現今讀者而言會較易閱讀及理解。本書後面的章節，也會提及不少嚴先生對治史的看法與經驗，並加以討論，不枉對其著作與精神之尊崇。

過去的「史學方法論」大多是寫給歷史系的學生看，但本書是一本能讓未來人文學者或一般讀者也都受用的方法論，這是筆者想要彰顯的創新。另外，大家還可以在書中找到近年最流行的一些概念，包括閱讀素養、寫作訓練、敘事力、探究與實作、素養教育、史學應用等等，這些學習或問題，為什麼可以用「史學方法論」來解決呢？相信讀者可以在書中找到一些解答。若只是單純陳述舊有史學方法內已交代的技藝，就是浪費篇幅、拾人牙慧，對學術而言不成貢獻。所以讀者手上這本書，將從「個人的歷史經驗」與「近代歷史人物的經驗」兩者出發，立基於實際的例子，再用歷史人物的經歷，來為讀者闡釋史家的閱讀、寫作和日常生活、心靈與思考等方方面面的故事，希望讀者讀過後會有實際的收穫，增強寫作力，能將閱讀融入自己的學習與日常生活中。

不過本書雖言「入門」，總要先進門才可能開始，若不行動則一切只是空談。借用桑兵在《讀書法》中所言來提醒讀者：「所謂入門，含義有幾層。其一，雖然只是入門，仍然不要抱著一看就懂的幻想，有志趣者必須通過認真學習和仔細揣摩才能有所領悟，充斥書肆坊間的那種貌似一看就會的文字和自詡不學而能的辦法，大都不過是自欺欺人的江湖騙術。正如學習各種程式化的技藝，除了少數天賦異稟者與生俱來的一往情深，對絕大多數人而言，長時間不斷重複的基礎性練習可能相當枯燥乏味，卻是培養興趣逐漸變成內行不可或缺的必由之路。」桑兵還指出：不讀書、少讀書或唯讀當下懂的書，要想提高讀懂的能力就只能是刻舟求劍。書只有讀才可能懂，讀得愈多，懂的機率愈大。將難讀難懂的書讀懂，閱讀能力才會不斷提升。「恰如發蒙的學童，如果只拿其看得懂的文字作為編輯教材準則，豈非終生目不識丁？」但是，「對沒有讀過書的人講方法，有害無益。因此，博覽群書與揣摩讀書之法必須相輔相成，讀書不富而欲深諳讀書之道，絕無可能。」[3]本書取法，主要是運用一些回憶、感想的文字，來和讀者聊聊文史研究和閱讀寫作的基礎，如此或許更為親切，兼以筆者自己寫作的經驗和甘苦與讀者分享，增強寫作實境的體驗，協助大家於各種寫作工作上進展順暢，這些層面的關懷都不可能在學術期刊上呈現。

筆者觀察到年輕的學子、初踏入研究之門的新人，往往苦無一書參考；而在實際教學中，更可覺察到學生對這個領域的困惑與陌生，老師上課總是講自己的研究和他人創造的知識，但極少論述方法、遭遇之困境與解決之道。二〇一九年九月，我接了一門「研究生生涯探索」的通識課，這大概是全臺灣第一門設計給研究生修習的通識課，修課學生來自各個系所，與他們接觸的一個感想就是：高中教師乃至大學教授，大多沒有教導學生如何訓練與進行學術寫作，甚至以為那是研究所才需要知道的技巧；其實，閱讀和寫作就是溝通和表達的基礎，有了基礎的知識與寫作的能力，才有可能發展具深度的口語表達、清楚的敘事和實際溝通能力。現在教育界大多將這些訓練分開來看，打散在各種指標中，卻不明瞭它們之間的一貫性，甚為可惜。這些即將邁入研究所的新生，連基本的寫作都極度缺乏訓練，看著他們徬徨與疑惑的眼神，我總想給他們一些教導與指引。即使研究生在碩士階段多有「研究方法」一門課來教導寫作，但那已經是步入專業學術的寫作，這些孩子對基礎學術論文的形成、架構和組織，都未經基礎訓練，一朝就突然要逼迫其邁向專業寫作，無疑是緣木求魚、不切實際，這也是我想寫這本小書的一個原因。

目前新的一〇八課綱，即使仍有施行上的問題，例如高中生很難有時間涵養閱讀寫作，國英數等所謂「主科」已快將學生壓垮，更遑論要學生產出有效的「成果」；但總是已開始注意到閱讀和實作之間的關係，並試圖從高中開始扎根，例如高中的「社會領域」課程綱要中載明：「在領域課程架構下，以實施歷史、地理、公民與社會的分科教學為原則，並透過多元的探究學習、探究與實作選修課程等，強化課程整合與應用。」在高中三年的歷史課程中，有「探究與實作：歷史學探究」兩學分之設計，其內涵為「強調從具體案例中，透過相關歷史資料的閱讀、整理與分析，學習什麼是史料、歷史事實是如何建構的，以及歷史解釋是怎麼形成的，並探究歷史敘述中的觀點問題，及其所產生的爭議。最後，希望學生可以運用相關的歷史資料，規劃、執行合乎不同時代的歷史類作品創作與展演，或進行歷史類小論文的研究與撰寫。」[4]這樣的設想與規劃是正向的，但是要怎麼進行閱讀？如何實作？這連在大學都缺乏相關課程，且若非經過研究所的訓練，大部分高中老師在大學所受的教育，也相當有限。這樣看來，或許本書也可以提供一些指引和閱讀上的啟發吧。

在國、高中的語文教育中，所謂的寫作訓練多是「作文」，主要是寫一些不需要有根據、還可由寫作者任意雕琢與安排的文字，這對於學術與學問的增長，或是於增進解決問題的實作能力培養上，產生不了太大的幫助。但本書所談的寫作，是必須基於「解決問題」之設計，經過探究後，進而產生實際的意義。可惜我們目前所謂的寫作教學，大部分皆為中文學門之事，極少注意到歷史學在寫作訓練上的實際功能。學中文背景出身的易中天曾說：「士人有真風骨，學人有真學問，詩人有真性情。文人呢？只有花腔，沒有學養。」這句話不是說國文課的訓練不好，而是若為了雕琢文字而作文，為賦新辭強說愁，不真實也無法解決實際問題，對人生與事業皆無幫助。現在所謂的作文課多講究文句與修辭，而非培養解決問題的能力。所以我在這本小書中將會多談一些史學的實際寫作方法，希望能給年輕朋友們另外一種寫作思路上的啟發。

好的寫作背後都有一個核心的概念——解決問題。悉心鍛鍊研究式的寫作，對未來任何形式的寫作皆有幫助，就好像打通任督二脈一樣，撰寫紀實文學、抒情文學、新聞、研究計畫、商業企劃案等等，皆可由研究式的寫作訓練來達到。舉例來說，林照真指出：奧妙文字的產製，是個辛苦的過程，新聞系所的學生同樣離不開寫作訓練，其他包括非虛構的紀實寫作，和劇本一樣講究過程與結構；和電影一樣有鏡頭及場景的變化；也和小說一樣必須雕刻人性與構思設計各種情節。[5] 歷史學也一樣，鋪陳背景、進入情境、分析史料觀點，進而書寫，很多的寫作模式雖有不同，但主體精神卻很類似。你必須面對該寫作背後所呈現的各種問題，用文字來鋪陳你的思想，解決各種實際發生的問題。而讀書、寫作更是其他任何學問的基礎，也是解決實際問題的南針羅盤，絕非舞文弄墨般膚淺。而從史學出發，其效更有顯著之處，唐太宗的知名格言：「以銅為鏡可以正衣冠，以古為鏡可以知興替，以人為鏡可以明得失。」綜觀千百年來，物換星移、滄海桑田，卻只有人性未變；而人，恰恰是最有意思且難以捉摸的。閱讀歷史正可以知興替，使自己不重蹈前人的覆轍。閱讀歷史對於做決策、下指令的意義也同樣重要，「如果你不知道其他人的歷史，你就不會知道他們的價值觀、他們的恐懼和他們的希望，或是他們會如何回應你所做的某件事。還有另一個容易產生誤解的原因，那就是你以為別人都和你一樣。」歷史可以幫助我們瞭解這個複雜的世界，它也提醒我們，若看待事物的方式只有一種，或是以為只能採取某項行動，這樣的單一想法是危險的。[6]包括二次世界大戰、越戰等各種戰爭的爆發不都如此嗎？每個人或國家都認為別人也是這樣想的，而且總是將自己國家的主觀加在對他國人民的想像上，甚至自認為是「正義的一方」。是以不讀歷史的人，愚昧和固陋是可以想見的，歷史教導我們的其實就是人生智慧，一位會講出動人故事的歷史老師，可以用說故事的方式將倫理、道德、價值觀帶給學生，只要把學生讀史的興趣激發出來，讓孩子自己去讀史，讀多了，國文程度即會相應提升，因為瞭解典故就會用成語和比喻，可以增加文章的深度；而語文能力提高了，學習別的科目自然更為容易。至於專業深刻的史學方法論述，大家自可參看坊間諸多著作。讀者可以將本書看成是一本帶有學術性隨筆、回憶文字的史學方法和史學史，且容我用個人實際的例子和前人論述來帶出「方法」，期待能給一般有志於進入文史相關科系就讀的高中生、大學生和初階的研究生一點粗淺的指引。如果你對這個主題有興趣，當然也可以隨意閱讀，因為本書不賣弄理論，皆從個人經驗出發，必然有些主觀甚至不成熟之處，還望讀者理解。筆者也毫不諱言，自己是學歷史的，文史研究這個主題太過廣博，我的一己之見，必然無法面面俱到，故僅是就個人的一些經驗和讀者分享。

此外，單就「歷史」論述，也已非常廣泛，引介西方史學理論書籍，對學者擴展視野是有幫助的，但不適當地引用西方著作論點，行文處處充滿語言與符號翻譯上的錯位，大多為「不通」。[7]西方學界對中國研究的重視，雖從早年的「漢學」轉移至「中國學」，且隨著中國影響力的與日俱增，研究也變得更加豐富多元。然而，這些著作都有很強的主觀性，欲從歷史上的各個層面來理解中國，基本觀點不外唱盛中國與唱衰中國，對於實際中國歷史的瞭解，雖有所幫助，但背後的局限性卻始終存在。[8]史景遷（Jonathan D. Spence）也認為任何新穎之西方理論在提出當下影響都很顯著，但通常都不久遠，而且常常過時。[9]又如余英時一段廣為學者引用的名言：「我可以負責地說一句：二十世紀以來，中國學人有關中國學術的著作，其最有價值的都是最少以西方觀念作比附的。如果治中國史者先有外國框框，則勢必不能細心體會中國史籍的『本意』。」[10]所以還是要以史料和證據來說話。但此言絕非呼籲讀者不要重視西方著作，而是既要有寬廣的眼界，又對自身的文化與歷史有溫情的敬意和理解，對寫作絕對有助益。[11]只是，同樣如余英時所言，現今於東亞地區的華人學生，包括臺灣、香港等地在內，對於古典語文的訓練已今非昔比，臺灣還有廢除文言文的波瀾，學子已愈來愈無法判斷西方學者和某某一家之言的各種是非得失；不但無法以批評的眼光讀書，反而只知一擁而上，為之推波助瀾。[12]所以訓練學生有憑據且具批評的歷史眼光，是相當重要的學習。在閱讀這類著作時，心中要有理解背後各種「脈絡化」痕跡的意識，一定要回歸原始史料反覆檢閱，不然很容易掉入「盡信書」的迷障。陳寅恪（一八九〇－一九六九）曾言：

竊疑中國自今日以後，即使能忠實輸入北美或東歐之思想，其結局當亦等於玄奘唯識之學，在吾國思想史上既不能居最高之地位，且亦終歸於歇絕者。其真能于思想上自成系統，有所創獲者，必須一方面吸收輸入外來之學說，一方面不忘本來民族之地位。此二種相反而適相成之態度，乃道教之真精神，新儒家之舊途徑，而二千年吾民族與他民族思想接觸史之所詔（昭）示者也。[13]

改造固有文化與觀念或吸收西方文化，都要澈底研究、明確批判，才能有綜合與創造之功，而不至於寫就非驢非馬之論述。更何況對讀者來說，西方詞彙之中譯更是生硬難以咀嚼，所以筆者極少談西方理論。因筆者主要還是以研究中國醫療史、疾病史、中國近現代史為核心，故舉的例子多以這個領域的史料與啟發為主。不過，史學方法有些東西是萬變不離其宗的，變雖變，但通達之後，則可觀變、權變；很多原理、原則都可互通，倒也不用太擔心，本書後面收錄的幾篇文章，大概也有點這樣的意涵，特別是錢穆（一八九五－一九九〇）所談的研究方法。民初學者，引進西方社會科學理論者有之，[14]但做研究還是扎扎實實憑史料來說話，顧頡剛（一八九三－一九八〇）曾說：「我常說我們要用科學方法去整理國故，人家也稱許我用了科學方法而整理國故，倘使問我科學方法究竟怎樣，恐怕我所實知的遠不及我所標榜的。」其實，此話是指很多談「方法論」者，多為空言，因為「方法論」雖有範圍，但同樣會與時俱進、日新又新。若只論方法者，必有局限，而只知趨新者，又不深究史學之本、隨波逐流，常常緊跟西方而忘了自己身處文化的主體性，同樣成不了大事，湊一時熱鬧，終究學無所本。要避免這種情況，我認為只有多談一些自己的實例與經驗、感想，間或舉一些歷史學者之經驗，至少論述基礎是由自己體會而來，而非亂引理論，希望成為讀者之一助。而談方法則作為輔助，盡量用故事或實例來為讀者講述，希望讀者閱讀時就像在讀故事一樣輕鬆。

寫作本書的另一層用意，源自筆者過去在中原大學上「文化思想史」課程的時候，學生來自各系，大家讀的專業不盡相同，對於文史基礎知識的理解，更是參差不齊。本來就屬於通識學分的歷史課，學生修習的心態已不若修習專業科目來得認真，我也不想給修課學生太多壓力，所以就開了一個與課程相關的參考書單，來鼓勵學生書寫心得與書評。但我深刻體會，其實隨便選一本書來寫書評，對一位博士生來說或許不是什麼難事，看起來好像很容易，但對於一個非文史科系的大學生來說，卻是非常困難的。要怎麼讀書、怎麼選題、怎麼下筆呢？一般老師實在沒有太多時間教導學生寫作，而太多方法與原則性的東西，在短短兩學分的課程中，要融會貫通實在不是易事，所以我寫的這本書，也希望給這類學生一些參考，至少不要抹殺他們對文史的興趣。

本書的後半段，多是個人近幾年教歷史、讀歷史的一些反思，藉由幾位近代史學家對讀書、研究的探討，來理解在一個更廣泛的閱讀群眾中，除了歷史系的學生之外，我們或許還可以進一步思考，更多不同專業的學生與學者，怎麼讀歷史、理解歷史，而當中的問題又在哪裡？希望本書能給對這些題目有興趣的大眾一些觀點上的啟發。本書並沒有很多註釋，它並不強求史料的第一手價值與考證，於寫作過程中，信手拈來、一氣呵成，只為說明所需添加註解。書內有歷史故事，也有個人經驗，希望能給對讀書、寫作有興趣，有志從事文史研究、對閱讀和寫作技巧有需求的讀者，一些真實的指引與貢獻。

## 二、從少年的困惑談起

不論是世事還是人情，皆有一個「歷史」的背景與脈絡。即便上了大學，專業不同，我鼓勵非文史科系的學生仍可多讀歷史，以拓展自己的視野，例如理工或商學院的學生可以透過閱讀科技史或商業史，尋找自己人生奮鬥的意義，一旦理解了過去與未來之間，自己身處何地之歷史座標，自然就能安步當車、勇往直前。而「歷史學」的學習與研究，當然也有其「歷史」。晚清民國之交，中國面臨巨大變局，面對未來之路該怎麼走下去的時代難題，士民除了學習新知識外，也回頭尋找、探索過往歷史，尋找國家民族的出路。保守論者藉歷史來強化信心，折衷論者則一方面檢討歷史的缺失，也引進歐美學說來開拓各種「主義」的救國之道；至於立場較為偏激者，則以打倒傳統文化為職志，但其實還是要建立一個新的中國文化，只是進退失據、無根漂浮，終究若有所失，百年後還是回到探求傳統文化的路子上。兜了一大圈，彷彿歷史中的迷途羔羊，終歸自己生長於東方文化，老拿西方文化的肥料來滋養灌溉學術，太過了則發生水土不服的問題，即使長成了，也無法扎根於本土。

具有「現代」意義的中國大學歷史系的出現，與當時史學、人文大師的誕生，都有一定的時代背景來支撐。但是我們現在的歷史與人文發展、學習，遇到不少新的挑戰，時代的變遷，引領了歷史學的發展趨勢，研究者與學習者，皆身在其中而無法跳脫。歷史知識是可以應用到無窮的境界，一九一九年到一九二一年，杜威（John Dewey，一八五九－一九五二）應幾個中國學術機構的聯合邀請，來華訪問講學。當時胡適認為沒有一個外國學者能像他一樣影響中國學界如此之大，杜威不講什麼政治的主義，倒是講了一個學術方法叫「實驗主義」，其中有一個重要的特徵就是「歷史的方法」，又稱為「祖孫的方法」。大意是說：杜威從來不把一個制度或學說當成孤立的東西，總被他視為一個中段——一頭是他所以發生的原因，一頭是他自己發生的效果；上頭有他的祖父，下頭有他的孫子。捉住了這兩頭，他再也逃不出去了！胡適認為，杜威處處指出一個制度或學說所以發生的原因，指出其歷史背景，故能清晰瞭解事物在歷史上的地位和價值。這個歷史方法，既嚴謹又帶有革命性質，因為歷史主義總是拿一個學說或制度發生的結果，來評判它本身的價值，故杜威這個方法最公平又最客觀公正。[15]歷史學，就是在闡述人與時間的相對位置，歷史讓人知道現代的處境，人們從何而來，該用什麼方法應對現況，又可促使人類去思考未來的方向，將往何處去。一九一四年一月二十五日，胡適在康乃爾大學留學時寫下：「今日吾國之急需，不在新奇之學說、高深之哲理，而在所以求學論事觀物經國之術。以吾之所見，有三術焉，皆起死之神丹也：一曰歸納的理論、二曰歷史的眼光、三曰進化的觀念。」可見社會歷史的眼光非常重要。[16]呂思勉（一八八四－一九五七）則說：「要應付一件事情，必須明白他的性質。明白之後，應付之術，就不求而自得了。而要明白一件事情的性質，又非先知其既往不可。」[17]史學之方法，應用於實際做人處事，乃至寫作，都相當適合，特別是當你沒有點子或想法時，就鑽研到歷史中探索寫作的出路吧。

約莫三十年前正在上國中的筆者，根本不知道什麼時代思潮，「何謂學術」這個問題，與我何干？我就是一個愛聽歷史故事的國中生。我在國、高中遇到的歷史老師都很會講故事，我總認為歷史老師是所有授課教師中最博學的那一位。古代史官，乃一國知識最淵博者，我遇到的歷史老師，也都能信手拈來，每位都是講故事的高手，他們的博學，令我羨慕與崇拜，所以我歷史科都考得很好，歷史是我最喜歡的科目，一直到高中時期，都是如此。反之，若討厭一個老師，通常那個科目也不會學得太好，我的死穴就是數學。現實是殘酷的，只有歷史一科好，在現代考試制度下，根本無法生存，國、英、數永遠是主科，歷史不過是陪襯的綠葉。記得我小學時期被老師點名上臺去演算一道數學題目，我永遠記得是「八除以三」，結果算一算愣住，因為除不盡，不會進小數點，結果老師一上來左手捏我嘴巴、右手一巴掌就往我臉上招呼過來，痛得我眼淚直流。從此以後，我的數學就再也沒有起色。雖然我數學很差，不能完全怪老師，但是我覺得多少跟那一巴掌有關。我常用這個故事提醒大家：老師真的很重要，特別是對一個學生的成長與養成，具有關鍵的意義，為人師者不可不慎。

近來一〇八課綱開始施行，利弊得失還未可知，我們那個年代雖已有推甄，但大學聯考才是多數高中生上大學的管道。一九九六年夏天放榜時，我的分數只能算是中等。當時填大學志願卡要用2B鉛筆畫記，我從臺大歷史系、中文系、社會系等人文社會學為主的科系開始一路畫下志願，所有各校有關的科系全部填上。當時我到補習班做電腦落點分析——那時還是很先進的技術——電腦指出我的落點應該在東吳大學歷史系。我回家後向家人報告，父親立刻表達了他的擔憂，認為讀文史科系將來會找不到工作，還是多填法律、商業、英文等較有「出息」的科系，比較有保障。他說老家的巷口住著一位租書店老闆，就是念臺大歷史系，因為找不到工作只能開租書店。雖然我一直沒有確認那位老闆是否真念歷史系，但總覺得開租書店很好啊，可以一直看漫畫。這樣的想法，現在回想起來或許過於天真，如今漫畫依舊在，但滿街林立的租書店則逐漸走入歷史。回到那個當下，我心意已決，就想單純當一個很會說故事的中學歷史老師，一直想不透怎麼會「沒有工作」呢？年輕不羈的心，總是常常與父母的意見衝撞，我終究違背父親的想法，就這樣把志願卡交出去，而且果不其然，我進了東吳歷史系就讀。

後來，我讀到博士班，有一年去香港理工大學參加研討會，一位朋友說香港是一個很功利的社會，其實不就是現代社會的縮影嗎？他跟我說，在香港讀歷史的學生戲稱他們讀的是「垃圾」學科，我隨口問一下：「那讀哲學的怎麼辦？」他笑著回答我：「問得好，是垃圾中的垃圾。」這社會上的俏皮語竟一句打爆文史哲的學科價值。今後，這樣的情況恐怕只會愈來愈嚴重，而文史知識的價值是客觀的，但變換應用與教育的方式，恐將成為不可逆的改革方向。我想起曾讀過一九五八年胡適在臺灣大學法學院的演講：

大學生選擇學科就是選擇職業。我現在六十八歲了，我也不知道所學的是什麼。希望各位不要學我這樣老不成器的人。勿以七十二志願中所填的一願就定了終身，還沒有的，就是大學二、三年也還沒定。各位在此完備的大學裡，目前更有這麼多好的教授人才來指導，趁此機會加以利用。社會上需要什麼，不要管它，家裡的爸爸、媽媽、哥哥、朋友等，要你做律師、做醫生，你也不要管他們，不要聽他們的話，只要跟著自己的興趣走。想起當初我哥哥要我學開礦、造鐵路，我也沒聽他的話，自己變來變去變成一個老不成器的人。後來我哥哥也沒說什麼。只管我自己，別人不要管他。依著「性之所近，力之所能」學下去，其未來對國家的貢獻也許比現在盲目所選的或被動選擇的學科大得多，將來前途也是無可限量的。[18]

我並非讓你不遵從父母的建議，而是你自己的想法才是最重要的，若父母反對，可以試著溝通，溝通不來，則可依據自己的興趣做選擇。我正是選擇了父母不喜愛的科系。不過，畢業後到現在，也沒餓死，工作為自己興趣之所趨，平淡而開心，父親竟然會跟他的朋友說：「當年就是我鼓勵他去念歷史，堅持下去才拿到博士學位的。」所以歷史很有趣，即使是當事人親口說出的話，也有可能與原來的立場、事實不符。

我不會盲目地勸學生讀文史類科系，一般最老掉牙的說法就是鼓勵大家尊重自己的興趣，當然那是最主要的前提。倒是我相信學人文社會學科有其大用，但無法用指標來衡量。心靈的快樂、人生的富足，可有辦法估量？我還是勸後學總需確認自己讀的書是有用的，思考清楚，若實在覺得沒用，也不用放棄對文史的閱讀興趣，當一位純讀者，我一樣非常鼓勵。要學生在國、高中那個年紀就跟父母說讀人文社會學或歷史系可以培養很多能力，恐怕是強人所難，將產生極大的溝通障礙，若年輕學子看完這本小書，有些自己的想法，再試著和家中長輩討論吧。但如果自己的家境與經濟狀況是屬於非常困難的，最好讀大學時就能以「就業」為導向，文史則可以當成一種素養來學習，閱讀文學和歷史書籍，可以在日常生活中享受，不一定要念學位。而且，千萬不要因為好朋友的慫恿或短暫的獎學金利益而勉強自己去念，還是要有基本的經濟基礎和家人支持，這一點尤為重要。

我想與年輕學子分享，立志當人文歷史的老師或工作者，不管在中等教育內或大學體系中任教，或擔任廣義的研究者、作家，雖然不是那麼簡單，但是只要你的意志夠堅定，興趣之所趨，持續奮鬥、充實自己的內涵與能力，最後一定能如願以償。而我自己的經歷，實在沒有什麼值得稱述的，但是大多數的人可能都跟我一樣，喜歡看書、聽歷史故事、看歷史劇，讚嘆感動人心的每一次閱讀、閱聽體驗，在心靈深處激起一波波同感的漣漪。大概還多是受到好老師或著作的啟發，一位好老師對學生的未來發展，實有著不可磨滅的影響。許多人以為進了文史科系就是要當專業的歷史學者、中文學者、哲學家，不然只能找一些與所學完全無關的工作，所以常說歷史或文學等人文類科系「很廢」，一般的家長只想看到實效，認為不賺錢的學科，切莫賭上人生前途去就讀，其實這是對文史類科系性質極大的誤解。民國初年的大學歷史系，確實很多都是在培養歷史學專門研究人才，但在臺灣，除了少數以學術導向為主的大學外，一般大學的歷史系都已開始注意到學生常常選擇繼續升學或從事各個領域的工作，最後真正從事學術工作者並不多，所以現在臺灣各大學的文史科系也開始致力於應用史學或跨領域課程的設計，這種變化本身就是一種歷史教育史的大變革，好壞成敗還未可知，但改變已經開始。民國時期，史學研究的方法與意義皆與今日有所差距，柳詒徵（一八八〇－一九五六）認為不要去懷疑古史，不然史學連基本的「用處」都沒有了。顧頡剛則認為，史學只應該問真不真，而不應該問有沒有用。折衷派的則是王國維（一八七七－一九二七），他認為史學研究應講究「三無」，所謂無分中西、無分新舊，也無分有用無用，一以真理為依歸。其中他認為，現在沒用的學問或觀點，未來也未必是完全無用的，學問若能闡明真理，總是能對人類有幫助的。[19]從任何一方面來看，這些論述都有其主觀認定的價值，但在今日看來，也或許都有些陳義過高、說空話的嫌疑；這個時代，要能夠說出或做出「成果」，如何能將知識化做跨領域的應用，成為可測知的能力，已成為一種必需的訓練與教育目標。

本書的重點不在教讀者迅速跨領域，筆者其實期待讀者能在高中、大學階段先奠定自己學問的根基，再去談跨領域。用批判思考的角度來看，假使學問「基礎」不穩固，知識的樓房卻一直往高處蓋，不滿足竟然還往橫向發展，「斜槓樓房」終究有一天會倒塌。更何況教導跨領域的老師，有時自己的基礎學問亦不穩固，卻硬要跨領域，這不是誤人子弟嗎？還有一種言論是學生應該重視實作、解決問題的能力，表面上看似有理，但基礎學問不扎實，一直談「實作」，那麼學子為什麼要到高中、大學校園念書呢？文史研究或教學，儘管有很多網站、遊戲、踏查，推陳出新、爭奇鬥豔，但最終還是要回歸文獻、資料的脈絡。閱讀、書寫，解決問題，才能產生「實作」的意義；探究與實作如果只是吃吃喝喝，到處參觀、玩玩遊戲，終究培養不了任何實際能力，還不如直接去旅行、環遊世界走萬里路比較充實；或者，直接投入職場訓練，不是更能學習「實作」？現實職場的問題，只有碰到了才會解決，那叫經驗累積，在學校讀書階段，就是要把基礎打好、培養健全的人格與體能，具有博雅的態度，保持對人、事、物的高度與趣，進入職場後才有能力去累積實務經驗，不是嗎？所以我常覺得，有時愈是流行的教育理論愈不可信，漏洞百出，東拉西扯假西方流行理論來說嘴的，更不可取。學問的真理正如王國維所說：「可愛者不可信，可信者不可愛。」[20]那些紅極一時的理論，不都已淹沒在歷史的潮流中了嗎？談實作不是不行，但必須與所學的知識相結合，而且不能流於浮濫。胡適曾說：「單靠先生書本上所講的是沒用的，不能算知識，有些竟東耳朵進，西耳朵出了。……真知識不但是口到心到，還須動手做」、「假如我對我的一個書記說，某小姐請你替我在這一些書內找一些材料，把緊要的東西摘出來，做一個大綱。於是她必須翻字典查找參考書，做點筆記。經過這一番手續，才算真知識。」[21]唯有基礎的知識與問學的材料、承載的經典，能永存不朽，動手動腳玩實作，必須從此基礎來著手設計。若只是重視遊戲、踏查、田野等表面的形式，教學很容易流入要花槍、湊熱鬧，從事教育工作者與學生不可不知。那麼，怎麼透過讀書、寫作來奠定學問的根基呢？以下再談一些個人心得與想法，不少是基於自己研究而來的，希望能給讀者一些啟發。

## 三、研究與寫作始於「閱讀」

談閱讀方法與技巧的書很多，大家可以自行參看，就不在此做陳腔濫調式的重複。日常生活中單純的讀書是必要的，但僅是拿起書本看，就可以產生創新思維，天下從無如此簡便之事。從讀書到思想、實作、產生創新，是一個具有步驟的訓練過程，不是隨便亂看書即可。就以目前的出版業情況來看，即使實體書不好賣，但臺灣每年仍有三、四萬本新書上架，中國大陸則每年僅人文社會科學類著作，就有十萬本以上的新書問世；若還要談日韓、英美、歐陸，一波波的新書是絕對讀不完的。所以讀書需要挑選、不要浪費時間在沒有意義的書上面，正如學生不要花太多時間去注意不重要的研究、報告一樣。王汎森曾指出：「我常常看我的學生引用一些三流的論文，卻引得津津有味，我都替他感到難過，因為我強調要讀有用、有價值的東西。」[22]那麼，何謂有用與有價值的東西？陳垣（一八八〇－一九七一）曾在一九六一年和北京師範大學歷史系畢業生的談話〈談談我的一些讀書經驗〉中指出：讀書可以從目錄學入手，可以知道各書的大概情況。其實，許多學者都提過張之洞的

《書目答問》和《四庫全書總目提要》等書，[23]陳垣自言都讀過好幾遍了。經常翻閱目錄書，一來在歷史書籍的領域中，可以擴大視野；二來因為書目熟，用起來得心應手，非常方便，並可以較充分地掌握前人研究成果，對自己的教學和研究工作都會有所助益。我自己的研究，包括〈中醫文獻與學術轉型——以熱病醫籍為中心的考察（一九一二—一九四九）〉、〈現代中醫外、傷科的知識轉型——以醫籍和報刊為主的分析（一九一二—一九四九）〉等兩篇文章，[24]都是運用中醫的目錄學專書來完成，大體先理解古人論述大概在哪些書籍中呈現，並盡量蒐羅閱讀，自然會有一番體會，能論述其知識發展的趨勢。當然，很多古人的方法，現代不一定合用，因為現代資料庫和網路實在太發達了。顧頡剛則曾列舉「國史必讀書」，包括：「一、《春秋左傳》。二、《史記》。三、《資治通鑑》。四、《通鑑續編》（須新編，迄清末）。五、《王船山史論三種》（《春秋世論》、《讀通鑑論》、《宋論》）。六、《明儒學案》。七、《六典通考》。八、《方輿紀要》。九、《聖武記》。十、《先正事略》。」[25]這些都是原典，那時史著不多，且多以古書來發揮。傳統史學多從原典下手，今人則從各種參差不齊、論述五花八門的著作出發，論述不全面、史料也很零碎，難免有破碎化之嫌，好處則是論題五花八門、百花齊放，是傳統史學無法達到的多元齊備。兩者各有千秋，學者則應擇其中庸，找到自己閱讀寫作的意義。只需記住不要單純相信後人對古代經典或書籍的解讀，不要誤以為後人的認識都是史實，必須返歸原始典籍閱讀，才能有自己的判斷，分辨今人所論是否屬實，並有評斷其論點高下的能力。正如處理一個問題，不能只相信後人對它的看法，必須往上往古，追本溯源、追根究柢，找到該問題發生的源頭與演變，蒐集當中所衍生的各種資料（資訊），有能力則旁及周邊相關的知識，綜合判斷，就可以得到一個較為客觀、可行的解決方案，這就是一種屬於自己提出的新創見。讀書至此，方能略言通達。

現今各種寫作材料、史料、文獻的「大數據轉向」已然發生，正不知不覺地改變我們閱讀的形式和寫作的技術。數位電子資料庫的擴展，讓學生、教師、研究者的資料搜索工作變得更為快速與方便，學習如何掌握、應用，就成了數位時代的新式學習重點。各種階層與不同學養的人，皆可靠自己從資料庫中找尋知識寶藏，文史學者過去有掌握知識的權力，現在開始崩解，猶如春秋戰國時代知識下放，天才輩出。在只有紙本書的年代，背書、默寫是必要的訓練，大學者一定就是個會走動的「活字典」、博聞強記往往是對學者、文獻學家、文史學家最大的恭維。近代學者極具博聞強記功夫的不在少數，陳寅恪能指出圖書館內與研究相關的任何一本書在哪個書架上，書內的第幾頁、第幾個註釋的內容，教導提問者這些內容將對何種研究產生助益。[26]童書業（一九〇八－一九六八）則能默背各種古籍，上課可以不帶講義、參考書籍，從頭到尾講述各種古籍內的文字與內容，甚至整大段整大段地背誦資料，而且可以從任何一句開始往下默背，堪稱一絕；其生平少有日記、筆記等材料，原因就在於他不用寫下來，就能全部記誦。[27]顧頡剛也是，總是在書本全部讀完後，默記於腦中，記起哪一段有哪些資料後，才開始動筆，所以整個寫作過程並不需要一直耗費時間查資料。如果你有能力或有時間，熟讀或默背幾部經典，我認為還是不錯的訓練。但是現代知識爆炸、人們的時間被各種日常雜務壓縮，除非幼時打好基礎，不然青年後被升學主義與教科書形式綁死，又處在降低文言文比例的教科書編纂思維下，古文能力絕對嚴重退步，也就無法在短時間內理解、分析古籍內的思想和文字脈絡。

當然，時代不斷在前進，新的研究方法也不斷推陳出新。一九六八年，法國史家勒華拉杜里（Emmanuel Le Roy Ladurie）發表了一篇薄薄數頁卻震動一時的短文〈史家與電腦〉，預言未來世界，史家需要高度計量與設計程式能力。根據王汎森分析，這樣的思維當時還只停留在人口、物價、家庭的量化計算和分析。[28]現在則已進化到數位人文、ＧＩＳ技術大行其道，更有ＡＩ融入人文社會科學的研究關懷。未來的研究方法，只會愈來愈依賴科技，這已是不可逆的趨勢。我們現在讀書就已處在這樣的變化當中，過去需要到處找資料、讀很多書，甚至花大功夫去圖書館內搜索、比對的資料，現在卻只要用電子資料庫就可以解決大半難題。過往寫一篇文章，可能需要到圖書館印一大堆資料或借一大捆書的狀況，現在已愈來愈少見。以前我念碩士班時，同學真的有人是拉菜籃（底下有輪子的那一種）去圖書館搬書，他搬的都是清代的詔令、奏議、朱批和起居注一類的書，很是費力，但現在大多靠資料庫或電子書就可以解決。並且，資料庫可以做的事情更多，例如判別某些古籍閱讀影響力的次序、流行程度，版本內容，誰在讀這些書等等問題，皆可透過資料庫的協助，運用數位人文的技術達到知識上的創新，而比過去更為節省蒐集史料和分析的時間。還有一些新題目，會因為資料庫的出現而變得更為可能、書寫更加細緻。例如王汎森對「知識分子」的研究，他運用臺灣報紙資料庫的統計，發現該詞彙的出現愈來愈少，顯示了一個階層逐漸消失。[29]又如追溯一個新名詞或重大思想觀念的變化，往往可以從資料庫中得到許多具有縱深之連結。例如王對「主義」一詞的研究，用資料庫對比就可迅速理解該詞彙在晚清、民國、現代等不同時代的意義。[30]

未來ＡＩ對於閱讀、寫作會有什麼衝擊？我參加過幾場科技部人社中心辦理的ＡＩ與人文社會工作坊，會上專家介紹了不少先進科技，包括用ＡＩ機器人生產文章、詩詞，且機器人還可以改作文，作為機器的「它」，評分的標準竟然與大多數的國文老師一致，顯見ＡＩ對傳統的閱讀和寫作也將產生嚴重且持續的衝擊。未來如何，尚無法完全預測，但可以肯定的是，ＡＩ能處理大量資料並進行辨識和學習，將逐漸取代各種領域需要大量人力的工作。許多人預測，這會導致未來大多數的工作被機器取代。但是，ＡＩ技術卻無法做到自動產生創意，它只能複製人類給它的資料和舊的創意；對不同學科進行橫向連結、聯想、創意等是人類大腦的專長。此外，ＡＩ的運作還必須依賴權威的文本和資料庫的標記等種種前置作業，而這些都要靠著人類的知識和選裁巧思。而閱讀寫作的訓練，可激發你無限的創意和歸納、辨別能力，是永遠不會被科技取代的價值。文史教育中訓練閱讀、辨偽、串接、歸納分析等解讀訊息的技巧，才是新一代史學方法必須重視的素養。透過標註後的有效資料，提供給ＡＩ運用，更是新時代創造利潤的好方法，可作為學術研究，也可以提供商管企業分析之用，這些都需要靠人力來完成。而怎麼蒐集、閱讀、選取、標註、找出資料背後的關聯與實用性，不就是閱讀寫作的訓練嗎？閱讀乃分析資料前的準備，寫作則為生成有意義的標註與敘事，在ＡＩ時代是不可能被淘汰的。因此，新一代的史學方法，不但是應用中的應用，更是就業力的實際訓練，文史類的教師與學生不可輕視所學在未來可能創造的實際價值。

關於資料庫應用的問題，我可以舉自身研究外感熱病和中醫外科的歷史來說明。[31]筆者的博士論文是研究中醫外感熱病（傷寒、溫病、瘟疫）的歷史，使用的就是近代學人的方法，找到目錄書，將相關的典籍先行造冊，再就這些核心醫書的出版和代表醫家，做一綜合論述。這個方法，在將近十年後，我把它拿來用於近代中醫外科史的研究上，就馬上遇到了問題。一開始，程序和研究方法都類似，但是外科的醫書遠不及外感熱病類的醫書來得普及，許多版本的醫書都已經無法取得，甚至還有許多民間的手抄本，根本無法靠這樣的研究方法來進行。但是，電子資料庫在這十年間有重大的突破，於是我改運用期刊資料庫、報紙資料庫、民國圖書資料庫等等來輔助、強化我的研究，資料庫的優化，讓這過去無法探討的論題，開始變得可能。很多人認為民國中醫外科史已無甚發展可談，但在經過資料庫訊息之篩選、讀取、賦予意義的過程中，探索一個學科在各方面因著歷史事件爆發後的知識轉型，成為可能，這就是前人無法達到的創新，這不是我較前人更有才華，而是資料庫的創新改變了這一代研究的技術。

不過，我並不贊成太過依賴資料庫，即使有如此方便的研究寫作工具，為什麼不能單靠資料庫，而還是要讀書？因為，資料庫是拓展知識面向的工具，可幫助我們減少反覆查閱書籍內資料的時間。但整體知識的脈絡、形式、前因後果等層面之關照，還是需要靠廣泛閱讀才能理解。多閱讀，可以克服寫作時思考淺薄或不周的缺失，許多領域的書讀多了自然會有新的領會。而且一開始，如果不先透過閱讀對你要撰寫的主題有一初步的瞭解和掌握，會連資料庫的關鍵字都不知道要怎麼選定。就算找到很多資料，也很難避免「撿到籃子裡就是菜」的問題，無法精簡、汰蕪存菁，也有沒有能力做橫向的連結。正如王國維批評胡適的整理國故工作，其中一點擔心就是：「胡先生想把國學開出一細帳來，好像是索引，一索即得。但是細帳開好後，大家便利了，也就不讀書了。」[32]意思就是不要只會用索引找資料，要多讀書，才能提出好的觀點和問題，具有別人所不具備的洞察力。故讀書不可偷懶，方能與資料庫的資源進行如虎添翼的結合。總結資料庫運用的重點，我認為如下：（一）不論是搜尋數位學習還是資料庫資料，最後必須回到書本。前者是斷裂的知識，而且容易有雜亂、錯誤之可能，必回到書本，才能論述、生成比較系統化的知識。（二）找幾個權威的研究單位，進入他們的圖書館或電子資料庫看看，瞭解隨時新增的圖書與資料庫。（三）閒暇時多上資料庫，新的資料庫不斷被開發，不但要掌握，還要動手動腳找東西，若是一段時間不用，自己搜索能力和知識連結的敏感度就會退步。（四）找到志同道合的師長或朋友，互相交換資料庫的訊息，工作不也是一樣的道理嗎？有好的路子要能隨時掌握。（五）保持與學校或機關圖書館的聯繫，因為資料庫內的電子資料使用多需要授權。（六）一旦習慣上網，就很難回到書本，所以如果覺得書籍或史料很棒，不妨買紙本書。一般的著作則可隨意瀏覽，不是每本書都值得看完的。好比曾祥和女士（一九二〇－二〇一三）回憶她在大學畢業後到教育部史地教育委員會擔任幹事，主要擔任編輯和審查大學用書的工作。她說為了審查工作去讀了蕭公權（一八九七—一九八一）的《中國政治思想史》，讚嘆真是經典，比修一門課的獲益更大。[33]證實了選一本好書來通讀，有時勝修一門課。掌握讀書法，選對好書，自然知識增長，可以自我充實與精進。

讀書要有系統，應該怎麼操作呢？首先必須找到自己有興趣的領域或想探索知識、想要解決問題的書籍「目錄」，也就是熟悉學術行情。新書出版資訊，可以掌握一下，定期瀏覽一、兩個網路書店的新書，或與特定出版社要新的書單。但我奉勸，不要以暢銷書來判斷內容的好壞。而與出版社打交道是必要的，有時不一定是要「想出版時」才找出版社，許多出版社也需要好的稿子，但是他們是偏重通俗或是專業？要先自己做市場調查，而且可以瞭解出版社出版的方向，對未來的寫作一定有幫助。切記不要寫完書稿後才到處找出版社要求出版，因為你寫的東西可能不是出版社想要的，你會到處碰壁，徒增挫折感，這是額外要提醒的。提早和一些出版社聯繫，談談稿子撰寫的方向，有時會有意外的收穫，出版社的編輯跟行銷人員，或許都能給你不錯的建議。

與出版相關者，尚有行銷術一法。筆者非教讀者使壞，用行銷術來欺瞞你的讀者，而是市面上許多好的著作不為人重視，劣作卻往往受人吹捧，為什麼呢？此間行銷、廣告就是一大關鍵。好的出版社背後自有一套有效率的行銷方式與通路系統，美編、企劃、行銷、編輯等密切搭配，他們會和網路行銷公司合作，透過公共媒體大量介紹、傳輸，藉以增加作品的知名度。所以，選中一家好的出版社來進行出版，這時就顯得非常關鍵。這當中有兩個啟發可談，所謂佳人出佳作，這是前提，先要好好寫書，之後則須注意善用行銷，以免作品乏人問津；反過來說，讀者需多長一隻眼睛，坊間不少暢銷著作其實不算佳作，甚至有找幾個文字雇員或編輯拼湊文字者，但靠著行銷與包裝吸引買氣，這一點，讀者也需具備基本的判斷能力，以免常常讀到廢書，浪費金錢與人生而不自知。一位作者總是要有基本的學養和有關的知識，寫作的書才不會流於東拉西扯、譁眾取寵，好比太空學家談子宮，不倫不類，讀者大可從這一點來審視。

再者，閱讀與寫作往往連動，千萬不要認為該讀的書要全部讀完再下筆。因為，以現今資料庫之發達、書籍市場之繁盛，想要讀完所有的書或寫作材料是不可能的。故建議讀者不妨古今融合，一方面掌握幾部重要的目錄書，也可以先從資料庫中以關鍵字尋找相關資源，搜尋時必須心有定見，字詞寬泛沒關係，但一定要有範圍，有時甚至必須跳出資料本身，想想這些資料的意義與它到底代表什麼，不要陷在史料中或被史料困住，[34] 阻礙了寫作進度。在一定的範圍內擬定關鍵字搜尋，先對討論的主題有一個粗略的認識；隨著閱讀資料愈來愈多之後，知所取捨，日後讀書的範圍自然就會愈來愈聚焦，分辨哪些資料當用，哪些該捨棄，這就是形成了一種「專家」的眼光，隨後專精的知識就會形成。切記不要以為讀書寫作是在學校才要學的事情，這樣的訓練與方法，可以使你在任何領域都具有專家的眼光，挑選精華、淘汰雜蕪，達成具備獨到眼光的創新。胡適曾在留學日記中這樣反省：「余近來讀書多所涉獵而不專精，氾濫無方而無所專注，所得皆皮毛也，可以入世而不足以用世，可以欺人而無以益人，可以自欺而非所以自修也。後此宜痛改之。」[35]這裡需要解釋的是，做學問的人發言謹慎，反覆探究而不敢多說；而好信口開河的人讀了一、兩本新書，就會大放厥辭，好像很博學，但經不起檢驗，所以胡適志在做前者，而誡於做後者。胡適還認為，治學與讀書要求得專精與普及的平衡，他說：

> 專工一技一藝的人，只知一樣，除此之外，一無所知。這一類的人，影響於社會很少。好有一比，比一根旗竿，只是一根孤拐，孤單可憐。又有些人廣泛博覽，而一無所專長，雖可以到處受一班賤人的歡迎，其實也是一種廢物。這一類人，也好有一比，比一張很大的薄紙，禁不起風吹雨打。在社會上，這兩種人都是沒有什麼大影響，為個人計，也很少樂趣。理想中的學者，既能博大，又能精深。精深的方面，是他的專門學問。博大的方面，是他的旁搜博覽。博大要幾乎無所不知，精深

> 要幾乎惟他獨尊，無人能及。他用他的專門學問做中心，次及於直接相關的各種學問，次及於間接相關的各種學問，次及於不很相關的各種學問，以次及毫不相關的各種泛覽。這樣的學者，也有一比，比埃及的金字三角塔。那金字塔高四百八十英尺，底邊各邊長七百六十四英尺。塔的最高度代表最精深的專門學問；從此點以次遞減，代表那旁收博覽的各種相關或不相關的學問。塔底的面積代表博大的範圍，精深的造詣，博大的同情心。這樣的人，對社會是極有用的人才，對自己也能充分享受人生的趣味。[36]

不過，胡適與我的建議有點相反，他建議以專精為核心，再旁及出去，我則建議先以旁支百花齊放，廣泛閱讀後，自己有興趣的領域再行鑽研，專精的研究才能成立。這兩類方法其實並不衝突，因為胡適那一代人的二手研究與知識範圍不及今日廣泛，而今日知識過於雜亂，很難選擇，各種娛樂誘惑又更多，所以專精閱讀更為不易，而且很容易被外行人質疑為「無用」，而抹殺了既有的讀書興趣。

閱讀寫作當以解決問題為優先，所以書本不能一直漫無目的地亂念，失去核心的問題意識與關懷，否則即使身懷無數學問，也無法生產創新知識。專門與核心的知識與閱讀是相當重要的，曾國藩（一八一一－一八七二）曾說：「求業之精，別無他法，曰專而已矣。諺曰：『藝多不養身』，謂不專也。吾掘井多而無泉可飲，不專之咎也。」[37]這個比喻相當好，做學問好像挖井，亂挖很多井，最終導致沒有水喝，還不如專心挖一個井最好。王汎森在〈如果讓我重做一次研究生〉中指出：「可以看的書太多，所以一定要建構一個屬於自己的知識樹，首先，要有一棵自己的知識樹，才能在那棵樹掛相關的東西，但千萬不要不斷的掛不相關的東西，而且要慢慢的捨掉一些掛不上去的東西。」林毓生院士亦曾說過：「重要的五、六本書要讀好幾遍。」[38]為什麼他們都強調主體知識？因為閱讀和寫作若無法基於主體知識而形成專業解答、一種具有詮釋力的書寫，則就算很博學，讀書破萬卷，最終還是只能做一個會走的維基百科，仍會被電腦取代。就像我在讀博士時，若要研究中國醫學的傳染病學歷史，那麼最重要的幾本古代經典如《傷寒論》、《溫疫論》、《溫熱論》、《溫病條辨》、《溫熱經緯》等，總需要看熟，而旁及的相關醫療史著作，就可以慢慢閱讀，拓展專業知識周邊的支撐力。若以解決問題和創新作為前提，讀書就要有系統與範圍，如何為之？前面已說過，就是找到與自己領域相關或想探索知識的「目錄」，熟悉學術行情（即要知道哪些題目已經有人寫過了？還可以或有必要再深耕嗎？或是哪些議題比較具有發展性？等等）。例如我的專書是探討有關中醫熱病學的發展，[39]那麼《中醫古籍總目》、《四庫及續修四庫醫書總目》、《宋以前醫籍考》等類的目錄著作，總應該要翻一翻，甚至可以自己列表統計醫書，即可知該學科大概有哪些重要的書籍，隨後按圖索驥，發展接下來的專精閱讀。

我另一個建議就是「開書單」，每個專精的問題或領域一定能夠匡列出一些經典、權威的二手專書、論文，試著尋找，然後把它們列在書單上。在歐美，高等研究訓練的開始也是自己開書單，然後由指導教授審核，有時學科考或候選人資格考，考題就是來自這些書單上的論點。不過不用太擔心，我所說的列書單是列給自己參考的，不用考試且免評分，所以書目羅列不用求多求廣，而要求精；仔細思考針對自己所要解決的問題，哪些書籍或期刊、史料是必須閱讀的？先把它們蒐集在手邊。這份書單可以包括研究論題的原始資料、重要二手研究等資訊。每本列於書單上的資料，閱讀有先後次序與輕重緩急，現代人們時間寶貴，不可能每本書都從頭讀到尾，所以可以先從「略讀」開始，尋找有意義的和有代表性的資料來讀，再慢慢拓展整體的閱讀量，先舉一隅，才能求「以三隅反」。若有教師施行在教學場域，則還要注意普及性、通識性，並兼顧閱讀的趣味，才能成功引領學子閱讀。[40]列書單要考慮代表性、適讀性和時代性，領域不同、時代不同，教導的學子程度不同，都要不斷地調整書單，絕不可用「萬年」、「一種」書單、書目來解決所有問題。胡適在一九六一年寫信給沈志明，信中提到不要再印製他的老書單，胡適說：「我的『國學書目』是三十多年前開的，早已不適用了！千萬不要重印。我相信梁任公先生如果活到現在。他一定也不願意誰來重印他的書目的。」[41]可見胡適即意識到開書單的時代性與合適性，不輕易答應刊印舊書單來誤人。

專精的知識需要專精的閱讀，但廣泛的閱讀還是需要的，為什麼呢？蕭公權指出，胡適曾談及「大膽假設，小心求證」之語，他認為應該還要加上「放眼看書」的階段，但也不是漫無目的地看，還是要看比較相關且近似主題的著作，累積一定的功夫，對研究對象有所認識後，才能進行到「假設」，也就是抓到擬訂題目和一篇文章可能的問題意識和推斷。[42]如果你不知道怎麼開始，或許可以參考李濟（一八九六－一九七九）的老師——哈佛大學的詹姆士（William James）所提供的方法，他常對學生說：「你們在大學的時候，不必，也不可以把你們所有的時間都放在預備你們的功課上，你們應該保留一小部分的讀書時間，到圖書館去，隨便地瀏覽，自由地閱讀，好像啃青的牛在那兒啃草一樣，東啃一嘴，西啃一嘴；新到的雜誌，架上的書籍，隨便地翻，遇到高興的就多看一點，遇著不願意看的，放下去，再換本新的看。假如你每禮拜能有一個早晨做這類的事，你不但可以發現你自己潛伏的興趣，同時也可以發現你自己真正的長處。」[43]在隨意讀書時，不需要太專心做筆記，因為知識浩瀚，實在無法樣樣銘記，若心中抱持著問題來讀書，則相對有所範圍，但一開始就只求先有問題才去翻書，未免太過狹隘，無法培養知識的廣度。傅斯年（一八九六－一九五〇）認為：學問之間總有相互的關係，學人文不懂科學，很容易抱殘守缺，而學科學卻不知人文，則研究無開展的氣度，侷促狹窄。[44]這提醒了我們，讀書要精也要廣。而一般隨意瀏覽、廣泛閱讀的方式很好，但你不能永遠寬廣地閱讀，總會找到自己的一些興趣，再逐漸往喜歡的方向或問題解答處鑽研。一個人從初讀書到做學問，真正能帶給自己心靈上慰藉的方法，就是按照自己的興趣、純真地去探索知識，才可長可久。

最初的廣泛閱讀與實作，還有助於培養跨領域的能力。王汎森認為，創新常常在跨領域中發生，因為別的知識會刺激已經無法創新的舊領域，「通常你在本學科裡面抓不到創新，是因為你已經在這個學科裡面太久了。」坐在自己的井中，自然看不見井外的風景，若能跳出舊框架的枷鎖去尋找靈感與材料，往往可以得到創新的見解。[45]所以讀書既不能過專，也不能太浮濫，要恰到好處，需要在自己的領域中鑽研有成後，再思索跨領域。這個時候，廣泛的閱讀就可以發揮跨領域的功效。胡適曾說：「無論讀什麼書總要多配幾副好眼鏡。」[46]指的就是跨領域的廣泛閱讀與理解。黃永年（一九二五－二〇〇七）也說，寫文章要善於聯想，運用資料不要只限於一個小的領域，多讀書，才有東西可以聯想。[47]我自己在書寫一九一八年中國大流感的歷史時，同樣有不少的體會。當時的史料對於定義「流感」這一現代疾病，並不夠精準。各地爆發的疫情，史料上常呈現時症、時病、瘟疫、秋瘟、肺疫等名稱，令我相當困擾，甚至一度懷疑可否將此主題寫成一本專書。後來是請教一位醫師，他提醒我，同一時期爆發的傳染性疾病，像是流感，因為病毒株一致，引發的症狀也往往相同，所以讀史料時不要只看病名，要看症狀，才能判斷同時且共通的傳染病為何，此即運用科學的流行病分析理論來研究疾病史之一例。[48]而西方學界已有不少研究疾病的跨國、全球影響的歷史論述，[49]若寫就這本流感史，能將跨國研究帶入，又能以自己研究中國疾病史的例子來為全球疾病史進行補充和對話，則學術貢獻將更為擴大。所以寫作前就要提醒自己，眼界要稍微放寬，再以史料為前提來衡量自己的寫作狀況，大膽提出一些宏觀視角的解釋。另一跨領域思考的例子，我先舉史家陳垣所言：「廣泛的歷史知識的基礎上，又對某些書下一些功夫，才能作進一步的研究。不管學什麼專業，不博就不能全面，對這個專業閱讀的範圍不廣，就很像以管窺天，往往會造成孤陋寡聞，得出片面偏狹的結論。只有得到了寬廣的專業知識，才能融會貫通，舉一反三，全面解決問題。不專則樣樣不深，不能得到學問的精華，就很難攀登到這門科學的頂峰，更不要說超過前人了。」[50]我自己的專長雖然是醫療史，但相關論文寫久了，有時也會想嘗試跨出去，尋找新的刺激。例如我對戰爭科技有興趣，寫了幾篇細菌戰和化學戰的文章，就是一種跨領域。我不但與自己同領域的學者保持聯繫，也和其他領域的學者保持朋友關係，有些不同領域的讀書會或研討會，我會盡量參加，不會只固著在自己小小的領域。不同領域讀的資料與看待問題的方法，常給我不少啟發，故我鼓勵年輕人多多去探索他人研究或不同領域的優點與研究法，有時創新的靈感就在其中。當然，這所謂跨領域，不可能與自己所學完全無關，我研究化學戰與細菌戰這幾個主題，還是和醫療與疾病有關，所以我接著又往軍事醫療走，但始終抓緊「醫療疾病歷史」這個元素來發揮，以自己最有把握的領域為基底，拓展出去，自然較容易發揮。當然，所謂歷史學研究的跨領域，在臺灣上個世紀九〇年代後已成為不可逆的趨勢，羅志田認為，像是杜正勝在當時寫的不少文章，[51]我們常歸納為醫療史，其實杜研究「氣」的歷史論述，本身就跨文學、藝術與科學等領域，甚至一篇這樣的論述文章，還可以歸在思想史的領域，而相當多所謂宗教史的論文，本身也可以歸入思想史的範疇。羅的意思是，臺灣在上個世紀一九九〇年代後《新史學》的論文很多都跨越數種專史，更有不少跨出史學領域者，足見史學論述跨學科的趨勢已勢不可擋，但也暗示了今後所謂傳統史學的認同危機。[52]總之，若是為了訓練寫作，培養寬闊的視野絕對是更好的抉擇。

若是已有核心題目，就需要專題寫作，或以期刊論文、學位論文等形式來進行，此時就代表你已經有明確目標，即要走向更為專精的閱讀，需要針對自己擬定的主題來進行有範圍的延伸閱讀。你必須先讀幾本最核心的專書，重要的書我通常會直接買下來，我年輕時會大量買書，但後來發現很多書其實用不到，甚至根本不可能有時間閱讀，所以隨著年紀漸長，會逐步控制買書的慾望。我的建議是書不要亂買，買需要的、有價值的就好，除非自己經濟能力夠好或家裡空間充足，再考慮擴充不同主題的書籍。一位美國學者說：至少每隔兩年就得清理一下藏書，淘汰那些過時或沒有參考價值的讀物，或可以把你不想再讀的書賣掉、送人。他認為，經過這些淘汰過程後，你就會慢慢懂得應該把錢花在什麼樣的書上面。[53]我自己買書大部分都捨不得丟，但現在發現，真的要丟書或賣書前，可以把它掃描成PDF檔，以後若手邊剛好需要，就可以調出來參考，避免想找參考資料時又無書可用的窘況。現在圖書館大多圖書爆滿，學者的書籍不像過去珍稀。我以前讀碩博士班時，有一段時間負責整理系上老師退休後捐贈的圖書，花了很多時間編目，但後來這些書都被轉贈或丟棄了，一度讓我覺得很痛心。對大多數的人而言，一直跑圖書館並不方便，像是筆者最初服務的學校，以理工科研究為主，人文社會學的資料並不充足；離開臺北之外的縣市，各種資料量更是不足，位在臺北的中研院、臺大、故宮、國圖、檔案館、國史館等等，提供了豐沛的歷史寫作材料，可以說臺灣的學術重心仍在臺北。離開大臺北地區，要找大量的專精資料，不甚容易。所以後學若要鑽研一個題目，怎麼找資料？分布在哪裡可能就是第一個必須掌握的，即便現代有許多資料庫可以使用，降低了既有專書和資料不足的困擾，但一般研究機構和大學仍買不起好的資料庫，成為一大問題，總須掌握幾個重要的電子期刊與資料庫，寫作的基礎才能完備。可惜現在很多線上資料庫都不對外開放，知識被一座座大學與研究機構的大型圖書館壟斷，一般人要使用資料庫，非得親自到館使用不可，這就阻礙了學術發展的普及性，此間還涉及商業利益和牽扯纏繞的學術領域霸權，總非三言兩語所能言盡，只盼望未來能增強所謂公共使用資料庫的空間與廣度，造福更多對學問有興趣的人。關於蒐集資料，我的各方好友也會提供協助，各種套書、類書、期刊、史料全集等，我存了好幾個硬碟，甚至存在雲端，儘管已有所挑選，但資料實在太多，無法全部掌握。所以值此資訊發達、史料爆炸的時代，怎麼選取資料，妥善管理資料，可能是寫文章前必須掌握的。[54]切記寫作不要一直停留在蒐集資料、看資料的階段，有些人總感覺資料沒蒐集完、沒看完，遲遲不下筆，磨到最後一事無成，原地踏步，終究無法生產創新知識。[55]

一般在讀高中的時候，讀的都是所謂的教科書，據思想史研究者桑兵的看法，教科書並不能算書，念完後大多都還給老師了。其實，大部分的高中生不知道怎麼讀書、該讀什麼書。現在一〇八課綱講求探究與實作，可惜仍是教科書思維，教科書又厚又重，學生又怎麼有時間自主探究呢？一朝考上大學人文社會學系，其實連怎麼讀書都不知道。現在很多大學生讀的書，多是老師給予的，而非自己基於興趣、學養的基礎而產生之自主學習的動力，所以讀書當然就很痛苦又無趣。很多探究實作課程的設計者，抓到一兩個問題就讓學生操作，卻忽略了學生的興趣與先期能力的培養，需知教師感到有趣的研究與專長，有時卻不見得是學生的興趣所在，這就和讀書寫作一樣，若不是基於學習者或創作者自己主觀的興趣來探究、寫作，那麼學習與實作的成效一定大打折扣。雖然現在很多教育已經注意到了要學生「自主學習」，但是，若考招制度中還是有很強的教科書導向，自主學習是不會成功的。閱讀與學習是相當廣泛的，用框架的方式來設計不易成功。浙江大學校長，也是知名氣象學者竺可楨（一八九〇－一九七四）曾在一九三六年指出一個有趣的現象，就是浙江大學的學生最感困難的學科為史地，而最喜歡的科目則為物理。[56]可見史地這類人文科學並不好念，原因無他，文史知識可以從任一角度和視野切入，且理解都會有所不同，牽涉過廣而且各家說法不一，不如數理科學有階段與範圍，公式與定理皆有明確的定義與範疇，須依原理原則來探求，故可按部就班理解。文史書籍則具有汗牛充棟、漫無頭緒的特質，初學者若無好的指引，很容易喪失興趣。我常跟大學生說，現在是你們最好的讀書時光，有好的圖書館，有大量的時間，記憶力好，也不用負擔很重的社會責任；反觀未來出社會工作後，若你的工作與讀書寫作無關，或許就少有讀書的時間了。所以高中、大學時期，是一個人最好的讀書時光，一定要好好把握，到了研究所，讀書已變成一種責任，為了完成論文的寫作而必須進行大量閱讀，意義和目標都和最初的設定不同了。

我記得大一時教授中國通史的老師蔡學海，就讓我們讀《國史大綱》，每週小考一次。我當時根本不知道這本書的價值，只覺得為什麼和高中歷史教科書差這麼多？總不太能夠理解全部的意思。當時，初為大學生的我懵懵懂懂，進了歷史系也不知道要幹什麼，現在的「明白」只能說是後見之明，那時只是覺得，讀大學歷史系跟高中歷史課完全不一樣。大多數學生即使進了大學也根本不知道自己為什麼選這個系，它的意義和未來發展為何？其實，每個人都是經過很多磨練與感受才能逐步找到人生目標，這就更加凸顯一個文史科系的學生，在啟蒙初階時碰上一位好老師的重要性。現在，對大一新生來說，一開始就讀《國史大綱》實在太吃力，根本無法想像，連錢穆是誰都可能不知道（錢穆個人的例子，可為我們揭示一個文史素養養成教育的精髓，請見本書第三章）。即使是當時的我，因為網路資訊並不發達，也沒有維基百科和谷歌，不深究錢穆何許人也，只是剛好且正常的反應，所以一開始只有硬著頭皮讀下去。但是，在精讀一本書時，應該先對作者和該書寫作的背景進行一番瞭解，特別是放入歷史脈絡中，檢視作者的寫作風格與其可能的歷史定位，再讀該書，必定能更好地抓住主旨和精髓。發展專精閱讀，利用歷史的眼光來閱讀，可以怎麼進行呢？我想借用陳寅恪的說法，他將自己化為一個讀者、評論者，看了馮友蘭的《中國哲學史》後，再發表高深的閱讀意見，這一大段話，真是專業至當之論，已成為史學史的經典。他說：

凡著中國古代哲學史者，其對於古人之學說，應具瞭解之同情，方可下筆。蓋古人著書立說，皆有所為而發；故其所處之環境，所受之背景，非完全明瞭，則其學說不易評論。而古代哲學家去今數千年，其時代之真相，極難推知。吾人今日可依據之材料，僅當時所遺存最小之一部；欲藉此殘餘斷片，以窺測其全部結構，必須備藝術家欣賞古代繪畫雕刻之眼光及精神，然後古人立說之用意與物件，始可以真瞭解。所謂真瞭解者，必神遊冥想，與立說之古人，處於同一境界，而對於其持論所以不得不如是之苦心孤詣，表一種之同情，始能批評其學說之是非得失，而無隔閡膚廓之論。否則數千年前之陳言舊說，與今日之情勢迥殊，何一不可以可笑可怪目之乎？但此種同情之態度，最易流于穿鑿傅會之惡習；因今日所得見之古代材料，或散佚而僅存，或晦澀而難解，非經過解釋及排比之程式，絕無哲學史之可言。然若加以聯貫綜合之搜集，及統系條理之整理，則著者有意無意之間，往往依其自身所遭際之時代，所居處之環境，所熏染之學說，以推測解釋古人之意志。由此之故，今日之談中國古代哲學者，大抵即談其今日自身之哲學者也；所著之中國哲學史者，即其今日自身之哲學史者也。其言論愈有條理統系，則去古人學說之真相愈遠。[57]

陳氏這段話真可謂致廣大而盡精微，極高明而道中庸之論述，不偏不倚，可謂今日學子為歷史學閱讀與寫作法的寶典方針。史家的閱讀和寫作都一樣，必須對史料與文獻來源有一種時代的理解，才能真的「讀懂」與「寫真」，太規律或太武斷、排比過度的書寫，不過是自己的意思，不是古人所經歷與陳說的真相。[58]對於陳這段話，高中、大學教師同樣可以舉各種不同的資料來讓學生閱讀，必欲其「讀懂」，能夠解析作者與文獻的原意，如此即可訓練其探究與實作的擷取「脈絡化」能力。此外，許多書前的導言、序文和編輯例言，頗值得一讀，往往能從簡短的介紹中，抓住全書大要與寫作精神，對讀者而言是相當重要的資訊，不要忽略。[59]現在網路發達，全盤掌握一位作者的著作和簡略生平，甚至序言，已不困難，但還是需要讀者加以留意。

其實，我覺得蔡學海老師讓我們讀《國史大綱》是對的，但若再稍加解釋這本書的價值和意義，或者輔助較為簡單的白話本中國通史著作，應該可以使學生更為理解。或許是我們都被高中歷史教科書荼毒了，今人閱讀歷代書籍文獻，大都需要借助預設的架構觀念，而且還是挑揀自己想要的片段，不然的話，很難看懂本來和整體的意思。按照桑兵的說法，教科書不過是統整破碎知識出來的急就章，它割裂了原來事實的呈現與諸般值得思索的細節。[60]故只有回歸原典，所謂每一種學問的核心書籍、廣泛閱讀，人文社會科學的研究者才可能萌生對自己未來的確切想法，並對專業學問有企圖心和自主學習的動力。其實，《國史大綱》本來也是教科書，但在現代的意義上，它或許已有其不凡的地位，可以成為史學史研究的原始資料了。孫國棟（一九二二－二〇一三）在〈追憶我的老師錢穆先生〉一文中指出：他的老師錢穆先生飽讀經史，「腹有詩書氣自華」、「望之儼然，而即之也溫」，充滿一代大師之風範，有志於人文研究的學生們，或許也可以追求這樣的理想。孫曾回憶到，有一次為了讀書問題，他被錢穆狠狠刮了一頓。緣於某次上課時，錢穆問他：「《國史大綱》讀了多少？」孫回答說讀了一百多頁。錢穆垮下臉來，又問到：「有些什麼意見？」孫只隨便回應了幾點小意見。錢穆很生氣地說：「你完全未領會《國史大綱》的作意。為什麼兩天只看了百餘頁？」孫說：「因為最近很忙。」錢穆終於發怒說：「現代的學生，躲懶讀書，常用最近『很忙』為藉口，朱子說做學問要有『救火』、『追亡』般迫切的心情，排百事而為之，然後才有可成，哪裡能夠閒閒散散地讀書」、「你既已願獻身於學術，哪裡能因些俗務而荒疏學業。」孫被老師錢穆申斥得汗流浹背。我不禁心想：這位老師真嚴格，但很是佩服他，因為現代一般大學教授哪敢這樣嚴正地申斥學生？像錢穆這樣的老師，實在難得。[61]引這段文字，讓我更加汗顏，以前蔡學海老師每週只考兩章，我就讀得吃不消了，實在不太用功。當然，那時筆者尚未立志於研究學術，一開始念歷史系其實不知道要做什麼，總渾渾噩噩，可見求學之始，「立志」相當重要，不知道自己喜歡什麼的時候，其實強迫做「讀書」這件事，是沒有意義的。錢穆曾說：「讀書要志向遠大，虛懷若谷，否則讀不進，參不透。」其實就是指必須絕頂聰明的人下笨功夫，靜得下心讀書才能成事，即使天縱奇才，也非經長期訓練積累而不能奏功。[62]

於自己想要熟知與鑽研的領域，一定要專門讀通一些書，這就是專精，也就是深入細緻，要求甚解。當你讀一本書時，就像形成一個知識體那樣，你必須就這門學問的基礎知識延伸出去，學問的立基點才會加深，才會廣闊，所以閱讀當然是從幾本最重要的書來看。因為我研究醫療史，而且偏重中醫史，所以常會和一些中醫的老師和學生接觸，但這些中醫學生念的系所，已被歸於「現代醫學」，所以他們對古籍、文獻和歷史往往非常陌生，但偏偏中醫就是一門與古代知識連結相當深厚的科學。例如，我們很難想像現代西醫需要知道希臘、羅馬，甚至中古時代的醫師在做什麼；但中醫至今所念的基礎理論和治療技術，很多的根基卻都在秦漢時代成形，所以我的研究還能與現代中醫學對話。有幾年間，新店慈濟的中醫部常常會找一些醫史文獻學的老師，為新進的實習醫師授課或演講。有一次邀請了中國醫藥大學退休的教授李健祥老師至慈濟醫院的新店院區講授中醫文獻學，他本來是教中醫古文和文獻的，對中醫學充滿了熱情。我第一次看到演講者帶了這麼多的中醫古籍來講課，用了好幾個箱子將書從臺中北運來新店。在場有相當多年輕的中醫師，他們大多帶著既有興趣卻又有些陌生的心情來聽課。我倒是很放鬆，把自己放空，扮演一個學生，來看看我自己的醫史基礎功，和李老師所言的差距在哪裡。李老師在中國醫藥大學講中醫文獻學已有將近四十年的歷史，學養當然是相當豐富的，但有時卻不禁感到很沮喪與孤單，因為在臺灣的執業中醫，很多都對醫史文獻沒有興趣，他們所讀的現代大學，主政者幾乎都是西醫，對中醫的歷史與知識的立基點，缺乏深刻的認識。醫學和理工一樣，只重視發ＳＣＩ期刊，對歷史文獻這種無益於世界排名的東西，大多不感興趣。中醫的歷史與文獻學被歸類在人文學或社會科學，對其研究，需要經年累月的耕耘，一般醫師多被臨床工作綁死，沒有時間去涵養這些中醫人文素養。正如李老師開頭所說，在他苦心編纂講義上所羅列的如此一長串古典醫書，其實大部分的中醫連書名都搞不清楚，何者該讀、何者必須細讀？那就更談不上了。

這些書籍就是中醫的資料庫、寶藏，隱藏了相當多過往的治療經驗，尚未被開發出來。現代許多中醫所讀的，多是後人編的教材，這些編教材的人，大部分不瞭解古書的整體意思與那些曾經存在的治療技術。很多現在醫學沒有辦法處理的疾病，也許治法就在古醫書中，但現在的中醫師卻完全不知道、沒研究，豈不可惜？我們後來聊天，發現不是這些年輕的中醫沒興趣，他們其實都很驚訝為什麼中醫有這麼多的醫書資產可供學習，該怎麼瞭解它們、怎麼蒐集、怎麼運用？在現代中醫教育中，都沒有好好思考這個問題，反而是被西醫的課程壓得死死的，致使中醫系所的學生不知如何找書籍資源、對中醫也未具備帶有歷史縱深的認同感。對我而言，我是歷史學者，在中國古籍中，醫學類書籍數量之巨大，是很特別的現象。李老師帶來攤在桌上的書，我大部分都有，那恐怕是我一輩子都無法完成研究的事業。李老師給我的啟發，是要從文獻學出發，找到各個時代的史料，解析其學說之變化，要去培養寬廣的視野，而不是在小問題上鑽研太過。也不是小問題不重要，而是學者不能一直鑽在裡面，那樣對一整個學問（如中醫），就無法產生通盤的瞭解。

還有一種「後出之經典」，是後人、學者的重要二手研究。這就見仁見智，需要相關領域的行家來提供比較，但是我在下一節提到的摘要論文和書籍的過程中，你就可以輕易發現很多作者都會不約而同地針對某一些史料或著作進行解讀、註解或應用，那些資料，就是該領域廣義的經典著作，必須精讀，特別是你的寫作若跟它的論述主題相關，那就更值得參考了。經典著作必須研讀，其他相關的古籍、二手研究，也需略知一二，但基本上「略讀」即可，因為資料實在太多，無法全部讀完的，不用求每一本書都從頭讀到尾；樣樣都去深鑽，勢必由於時間、精力有限，反使得樣樣都無法精通，成為半吊子，若被說半桶水響叮噹，則更等而下之了。很多書是要讀過才知道好壞，用盡力量去讀一本劣作，雖然也會有所得，但終究是浪費時間的事。「略讀」可以增進博通，有價值的書，再進一步精讀，累積年月，即可讓自己的領域範圍專門與博通兼顧，不會成為一位狹隘的學者，又學有專精。

那麼，服務業、工人、技工為什麼也要讀書？人是一個個體，每個人不能脫離團體，但也有個人的獨特性與獨立思考、娛樂、沉思的時刻，讀書的快樂，只有讀過的人才能瞭然於心；不讀書的人，很難體會，也很難和其分享經驗。興趣和「有用」不一定有關聯，甚至興趣和「成功」也不一定成正比，學者楊念群曾說：對一件東西有興趣，不一定能保證你成功，不一定能使你成為馬雲或賈伯斯，但卻能讓你從每天職業化的奔波中解放出來，從你老闆和上司的那張撲克臉的淫威下解脫出來，這就是無用之用是為大用，學會以「無用」的態度對待殘酷的人生，將使你的生命中洋溢著一種充實感。史家郭廷以曾在一九六五年的日記中抱怨：「近來少讀專書，頗感空虛。」[63]可見習慣讀書寫作之人，一旦不碰書，心中確實會有一股不適的感受。我常覺得臺灣社會有一很特別的現象，就是父母都叫小孩拚命讀書，但小孩長大成為父母之後，身分易位，卻又不太讀書了，這不是很奇怪的現象嗎？可能長大之後，多數人都沒有時間作學問，研究的興趣也沒了，每天專注工作賺錢，久而久之就習慣不讀書了。所以養成閱讀的習慣很重要，但讀書也不要讀冤枉書，正如不要走冤枉路一樣，讀書還是要依據自己真實的興趣，比較踏實。

我很喜歡的一位作家史蒂芬·金（Stephen Edwin King）曾說，如果你想成為一位作家，除了多閱讀和多寫作之外，別無他法，沒有捷徑。他說自己的閱讀速度很慢，但是他每年都會讀七、八十本書，當然大部分是小說。他並不是因為研究寫作技巧而閱讀，他讀書完全是因為他本身就喜歡閱讀。他晚上常坐在家中那張藍色椅子上讀書，享受樂在其中的充實。正如曾擔任陝西師範大學古籍整理研究所所長的黃永年在談治學方法時也指出，看書不要緊張、也不一定要正襟危坐，看專業書籍時的心情與態度，也可以和看小說一樣輕鬆，反而更能牢記，「要不擇時地，不講姿勢，以保持看書的興趣」，躺著趴著都可以。為什麼你看小說總能記住，但看專業領域的書就記不住？那正是因為看專業領域的書太緊張，而看小說容易形象化、故事化，當然好記憶。專業領域的書當然也可以這樣念，端看你怎麼類化其中的知識，保持興趣最為優先。[64]就像史蒂芬·金也不是為了學習小說技巧才去讀小說，而是單純喜歡某個故事。閱讀，就是一種學習過程，一本書總有它值得學習的地方，有時甚至某些內容比較不好的書，反而比好的著作能夠學習到更多值得學習的東西；內容不甚理想的書會告訴你一些不應該犯的錯誤，有時誤讀反而能讀出新意，並避免未來在寫作自己的專書上重蹈各種缺點，[65]甚至從最後開始讀起、跳著念，儘管可能會割裂作者的意思，但卻可以多面向解讀文字的意義。[66]所以，閱讀的方式是自由的，不用擔心誤讀或因為沒有從頭到尾讀完的時間而放棄閱讀。並且，你隨時隨地都可以放下手機內的手遊和無聊的網頁瀏覽，而去進行有意義的閱讀，請記得無論到哪裡都帶著一本你最愛的書，當你忘了這件事時，你就會被手機控制，只會不斷地滑手機。除非，你可以習慣用手機、平板來看書，而我所知那樣的人還是相對少的。史蒂芬．金還舉了一個很有意思的例子，在上流社會用餐的時候看書，被認為是很沒有禮貌的，但是如果你想成為一個成功的作家，不用考慮「無禮」這件事，上流社會所期待的，不會造就你忠實地去寫作，要成為一位優秀的文史作家，有信念的讀書是非常重要的。[67]

我常覺得，讀書、寫作、休息思考，這三者缺一不可。讀書之後，有時也需要沉澱與思考，才能有充實快樂的感覺，現代社會太過忙碌，不讓人偷空得閒，若能讀書與思考並重，學思共伴，對學問、心靈、身體都是極有益處的。錢穆曾說：「讀書為學，必得四緣：一靜地，二暇時，三擁多書，四得良師友，而其人天資在中上者，乃得有成。」[68]今人天資都不差，營養好、腦筋好，可是靜不下來，只會呼朋引伴、吵吵鬧鬧，加以不買書，自然無書可讀，也難以談讀書。所以想讀書讀得好的人，還是要慎選環境與讀書的夥伴。當然，有時讀書也有痛苦的時候，但是讀書所帶來的吃力、費勁，其實是邁向新層次的陣痛，是一種心智增長的表現，不用太過擔心。[69]總結我認為人生的幾個讀書態度有：

（一）高中與大學新生：放眼閱讀，找到自己的興趣。

（二）大學高年級與研究所時代：專精閱讀，找到進一步研究的興趣，培養解決問題的能力。

（三）就業時：專業閱讀，根據自己的工作性質來精進專業知識，保持新穎的思想與創新能力，可減少中年危機與空虛感，有了不斷追求新知的心，就永遠不擔心會被時代淘汰。

（四）生活悠閒時：順心富足的閱讀，追求能靜下來慢慢思考、沉澱的空閒，則心靈踏實，不為外務與煩惱所羈絆，身體自然也能健康。

第四種閱讀，不是為父母讀、也不是為了老師、成績、考試而讀，而是「為自己而讀」，閱讀是為了觸動自己、改變自己。[70]作家琦君（一九一七—二〇〇六）曾談到她的大學中文系老師啟發她的讀書法，深中吾心，她寫道：「讀書要『樂讀』，不要『苦讀』。如何是『樂讀』呢，第一要去除『得失之心』的障礙，隨心瀏覽，當以欣賞之心而不必以研究之心去讀。過目之書，記得固然好，記不得也無妨。《四史》及《資治通鑑》先以輕鬆心情閱讀，古人著書時之渾然氣運當於整體中得之。少年時代記憶力強，自然可以記得許多，本不必強記，不記得的必然是你所不喜歡的，忘掉也罷。」[71]讀書貴在領悟，肯定自我人生，充實新知以超脫命運羈絆，真可謂讀書之樂。而終究一個人努力買書、看書，你不能說他沒有學問，但重點是他能不能創造新知識，才是把學問具體化的好辦法。王汎森曾指出近代的學人黃侃（一八八六—一九三五），此人對文字書寫相當持重，不肯輕易寫作，總覺得不弄清楚所有的細節不能寫作，這就是眼高手低。王認為：「人空有學問，但沒有作品，評價就會不高。」此為至當之論。[72]所以要鼓勵讀者，我們終究還是要走到寫作這個階段。

# 四、寫作開始之訓練

大家可能會有一些和我類似的經驗。在國中、高中、甚至是大學時代，我們不斷被教導要好好念書，但老師或家長極少教我們怎麼讀書。所讀的書，放眼望去幾乎都是教科書或參考書，教科書是一種割裂知識的總合，它本身就充滿偏見、權力和協商、妥協，它不是知識的原貌，而像是知識大補帖、懶人包。教科書只能讓你進得了門，但門中的寶藏，不繼續探求與研究，極少能一窺堂奧；再講一句實在話，畢業後就幾乎都還給老師了，哪有什麼「素養」可言？甚至有很多家長、老師如同前述，除了教科書外，平日也很少讀書，豈不怪哉？那麼，讀書、知識、研究、寫作這些東西何以有用？很值得大家來追根究柢。

讀一本書，讀完與讀懂是很重要的，當然，對將來要正式寫學術論文或進行專業寫作而言，很多書則不一定要念完，只要念有用的部分就可以了。但特別是對於初學者、在打某些事業基礎的學生，我認為還是扎實讀完一本又一本的書才好，你才會擁有前面我說的那種「找到有用」資訊的感覺與技巧；而且對一本書、一個整體知識的呈現，會比較能夠完整掌握，累積自己寫作的視野。在這個訓練的過程中，如何知道自己讀懂了、讀通了，能夠激發自己一些想法的時機到了呢？我認為就是寫心得摘要。讀者不妨這樣自我訓練，知識是客觀的，它本身即具有價值，重點是要能將它抽取出來，成為己用，充實自己後再書寫，而達到另一種創新。這都是老生常談了，但是怎麼做？如何有用？卻極少有人好好談出法門。

即使念到大學，歷史系的老師也很少教導我們如何從一篇小的報告或是讀書心得慢慢發展成一篇論文；甚至進一步教導這個方法與書寫技巧何以有用？其實，很多老師雖然沒有講出這樣的方法，但卻已普遍施行在課程中。我記得大一修蔡學海老師的中國通史時，他每隔幾個禮拜就會開一些學術文章叫我們做摘要，他提供的文章很多，期末只要交到固定篇數即可。我當時感到苦不堪言，甚至還偷懶想請朋友幫我代抄，完全不懂得老師的苦心。那時還不懂學術論文的摘要為何跟寫作有關？總覺得寫作是國文老師的事，甚至懷疑摘要是一種機械化的工作，浪費時間，很想叫同學幫我抄錄。所以，我一直以為這樣的訓練不過是一種「交差了事」而已，沒想到在多年之後，我竟然也成為大學教授了，要來跟大家談這個技巧。

筆者以為，讀書與寫作的第一步就是「摘要」。在我們完全不知怎麼開始動筆前，找些材料來摘要是一個很好的開始。在初步學習時，選擇一本書籍或一篇學術論文，好好仔細閱讀後，將原作者文章內的重點、推論方法、所依據最重要的資料和結論寫下來，可以先瞭解這篇文章或這本書作者的基本背景和書籍的主旨，有個概略的認識，撰寫起來就比較容易。大部分的人會覺得，不論是所謂讀書報告或摘要，甚至是畢業專題、論文都是相當無聊的，季羨林（一九一一－二〇〇九）在一九三四年就讀清華大學西洋文學系時，就在日記中抱怨大學中書寫制式的畢業論文和讀書報告相當無聊，也感到沒有益處。[73]我認為這些過程都是一種訓練，學生時代或許完全無法理解為什麼要受這樣的訓練，但讀過本書後你會有一些新的理解。更重要的是，教師要求學生的閱讀寫作，可以依據學生自己的興趣來操作，因為若非出自興趣和自我之探索而進行的閱讀寫作，雖是訓練，但總免不了枯燥與痛苦，所以教師在安排課程時，不妨給予學生較為寬廣的選題和探索空間。

在讀書與摘要這個過程中，若你沒有完全讀懂、讀通一篇文章或書本，摘要就會變成亂摘，其實摘要者自己心知肚明，摘錄時心中有沒有一股踏實感油然而生，是很重要的。我還要談一個差異，過去我讀大學時，個人電腦仍不普及，這些文章大部分是要印出來讀，讀過後，上面滿滿都是畫線與註記才進行摘要。在這個過程中，我已讀過一次，摘要時的手寫讓我的印象更為深刻，能夠很好地掌握全文或全書的主旨與精髓。現今則不然，我們大多讀著電腦上的ＰＤＦ檔，平日訓練學生摘要，不少學生選擇最方便的方式就是複製、貼上，交差了事，這種近乎抄襲又沒有充分消化吸收的讀書歷程，對於學問是完全沒幫助的，所練就的只有投機取巧的技術。又如在印刷術還未普及前的中古時代，醫者多靠抄錄古醫書，才能使得知識得以延續，我們發現，有時動手抄錄的過程中，抄都會抄出和原書不同的「新意」，這與現代複製貼上的概念完全不同。[74]所以我建議讀者，要看一篇文章，特別是學術論文或你要撰寫論文的材料，還是印下來讀比較好；當然，現在PDF或閱讀器，也能夠註記、標示和輸出，這也是可以的，因為在用電子閱讀器閱覽時，你也可以直接把重要的觀點記下來，並書寫自己的看法，閱讀寫作的效能就會提升，只要記得不要讓「複製貼上」的小惡魔跳出來破壞你獨特的創意就好。

該怎麼著手做摘要呢？你可以選擇任何一個朝代史、國別史或專史領域，找兩、三篇最具代表性的文章來讀，當然專書也可以，然後再進行整個著作的摘要工作。一開始是不容易的，因為何謂「具有代表性」，在現代這種學術爆炸的時代實在很難定義，大家都認為的好書，不一定是真的好，得獎書的背後有時往往有各種政治權力與社會、人際關係的交纏，一般人也很難分辨，而網路媒體上充斥的各種選書和評比，不一定值得信賴，所以參考參考就好。一年出版這麼多書，那些評審委員可能連書都沒時間看完，竟然就產生像是「年度好書」這類榜單，豈不荒唐？讀者最好還是能多多涉獵各個學者的專著，以免墜入單一迷障而不自知。若你覺得很難取捨，可以尋找具有學術回顧意義的文章來讀，進行摘要，因為這類文章往往會介紹許多新的研究，你可以從這類研究回顧性質的文章中獲取相當多有用的資訊，再根據興趣去按圖索驥，找相關的文章或專書來閱讀，寫作摘要。當然，對年輕學習者而言，一開始在大學時期的閱讀涉獵領域宜寬廣，在未來限縮研究領域時，才會有能力與洞見，不至於選錯文章或領域。讀書時特別可以注意章節目錄、前言和徵引書目等部分，甚至有些專書有學者「導讀」的部分，看過一次以後，就可以略知其意，下手就容易多了。但請切記，這些資訊拜現代網路所賜，要取得相當方便，但它僅是幫助你瞭解要撰寫主題的資源，而非抄襲用的材料，盡量用自己的話寫出來，能力才是自己的；當然，初期摘要還可以多摘錄一些書內的文句，但到下一階段的訓練，就不能只是抄句子，要試著組織自己的想法，下一步，就開始要有自己的觀點出現了。

我以自己參與過的一本書《當代歷史學新趨勢》為例來說明，這本書是由蔣竹山、黃寬重、呂妙芬等學者，在科技部計畫「當代歷史學新趨勢：十個熱門及前瞻議題」的調查研究為基礎下，邀集一些年輕學者編輯的專書，[75]裡面有相當多最新議題的國內外學術研究回顧，涵蓋許多層面，讀者可以選幾個你最愛的主題，進行摘要。在摘要的過程中，你可能會遇到許多不懂的名詞、事件或概念，這時就可以再尋找資料來旁證，讀懂、讀通的這個過程一旦扎實地完成，摘要所能發揮的功能就不僅是文字的抄錄而已，而是知識的積累與觀念的創新。摘要完後，再從文章中找尋相關的重要二手研究進行再次的閱讀和摘要，經過這樣反覆的訓練，一方面你學習了學者論述的方式與探究的歷程，打開你的研究思路；另一方面，你也知道目前學者研究的興趣為何，不至於抓不到研究的方向。我相信你已對接下來的研究議題設定胸有成竹，不會再像無頭蒼蠅一樣抓不到重點。這樣的訓練有什麼好處？這跟所謂國、高中的「作文」或教導怎麼作文的書有極大的不同。因為「作文」題目，可能是你從來沒有仔細研究或實際思考過，就要在一定的時間中，用各種句型、空想、聯想、杜撰，去書寫一篇文章，這類型寫作就不是「解決問題型的寫作」。據此，一〇八課綱的理念就值得稱許，所謂解決問題的能力與素養，必須在「真實的情境和探究的過程中」習得，所以我說要跟歷史學者學寫作與研究技藝，就是這個意思。

「摘要」的篇幅大約多少字呢？一篇學術論文可以摘一千兩百字上下，這只是粗略的原則，有些英文論文摘八百字也就足夠了，重點是你必須心知其意，有所得而不誤讀、誤解；一本書則摘錄四千字上下是最好的，還需要審思書本的篇幅，可上下增減。這個訓練的基本道理，就是在看懂一篇文章或一本書的論點與價值，「看懂」很重要，抓不到重點或無法理解作者的意思，再奢談進一步的創見也是枉然。這個訓練有一點像是做「讀書札記」或「摘要索引」，你可以找一些書籍或論文來進行實作練習，但如果你想書寫某個特定領域或主題的研究、分析，即可直接選擇特定書籍或學術論文來練習摘要。慢慢地，你的知識領域與核心論述就會形成，有助於你下一階段的寫作工作與分析。切記一定要減少從網路裡摘錄資料來寫作，訓練自己實際去找學術期刊、論文，或是親身調查、採訪，用文字記錄下來，這些功夫都能增加你日後寫作的功力。惟有思考後的創見，才能成為實際的寫作資源，只用「剪刀加漿糊」來寫作，囫圇吞棗，形成不了自己的看法，若對知識的探究又沒興趣，如此讀人文社會學科就會很痛苦。但反過來說，讀這類科系不是只單純看書就好，還要能訓練自己寫作並創造新知，這也是理工科學生較為欠缺的訓練。

心得摘要寫久了，進化版就是要走向「學術書評」了。邁向第二個步驟，是逐漸拓展成針對特定的書籍或文章來加以評論。這個階段的工作，一般就是大家所熟知的「讀書報告」或「書評」的撰寫，後者通常更為專門，甚至可以寫成論文，又稱「書評論文」。不管叫什麼，它們通常都有兩個部分，一個是書本的內容摘要、一個是自己獨到的心得或評論。請注意，你在這個階段開始要能提出自己的創見了。有一次，我教的班上有兩位大陸交換生來問我問題，她們就讀東南師範大學中文系，還有一位是國學班的，她們對我開設「文化思想史」的期末報告有很多疑問，首先：摘要怎麼摘？心得或評論怎麼評？她們根本不知道要評論什麼，於是請我指導。我才驚覺，臺灣的大學生普遍都沒有提出問題，通常沒問題就是「有問題」。而有為數不少的學生，最終多是剪貼網路文字，鮮少提出自己的見解，這是很可惜的，如此讀書，實無意義。王國維就說：「宜由細心苦讀以發現問題，不宜懸問題以覓材料。」[76]意思就是要能夠提問，還要能提出好的問題，一定要先讀書，對基本知識有了理解後才能夠達到，否則只是亂問或問了別人都已知道答案的問題，解決一個『大家都知道的問題』，意義就不大了。寫書評可以讓自己多讀書，並訓練自己的觀點。訓練自己提問，還有一個重點，就是『有意義的提問』往往是形成一個好題目的開始。要寫個好的故事，必須抓住你的故事想要講什麼？你的點子和概念為何？這些對敘事性寫作是很關鍵的問題，儘管你一開始提出的那個點子很陽春，但透過閱讀，你的想法可能會變得更精純，甚至超越原有的設想。[77]

那麼，這個階段和前一階段「摘要」有什麼不同呢？最重要的不同就在於，你要著手評論一篇文章或一本書前，必須看過很多同類、同主題的資料、期刊或二手研究，才有能力「讀出」以某些資料來撰寫的專書或文章的優缺點，再「寫入」成為自己獨到的見解。也就是說，要能對同一領域的研究做出正確且有貢獻的評論，你也必須成為小的「行家」，以免落入信口開河、胡說八道式的評論。蔣竹山的〈如何寫一篇評論性的學術書評〉中就有不少重點，例如在寫作書評時，不應只提到你是否喜歡或不喜歡這本書，還要思考、寫下喜歡或不喜歡的理由。應主動提出對讀過此書的一些疑問與回應，要去理解作者提出什麼問題？以往的處理方式是什麼？作者如何去回答他所提出的問題？作者以何種方法討論這本書的核心課題？作者的討論問題有何不足之處？等等層次的問題，讀完後都要能知其梗概。

有了前面基本功「摘要」的訓練，這邊就容易多了，因為惟有透過大量閱讀與書寫，才能對該領域的重要知識與理論有所理解。通常讀書報告或書評除了摘要外，還要針對作者所撰寫書籍或文章的問題意識、論點、行文字句、資料使用的充足與否（有無忽略重要資料？）或推論合理性等方面，做一綜合的判斷；若能進一步看出作者結論在整個研究領域或學界、應用方面究竟有無實際價值，略作評述，並提出自己的意見作為補充，基本上就已經邁入「行家」的位列，可以開始進一步撰寫具備主題和問題意識的論文或書籍了。切記，寫作不是漫無目標的筆遊，必須有一明確目標。知名政治學者蕭公權在民初任教於清華大學時曾對學生說：課堂上的研讀報告，主要目的就是在培養研討的能力和寫作的經驗，選擇的題目必須以自己的興趣為主才能延續，而且必須要寫出可以作為自己或可予他人「參考價值」的文字，才有貢獻，亦即不要寫「廢文」；寫作論證須中肯、條理須分明，該文就是一種創新，是自己學問的基石，也是未來創新過程的訓練。[78] 獲得「學習的能力」也是寫作過程中最重要的，因為小至期末報告、論文，大至世界局勢和科技創新，處在瞬息萬變的社會，保有永遠創新知識的能力，擁有自我學習與獨立探索的研究力，不斷突破自己未知的領域，才能衝破自己的極限，永保創新，此即培養寫作能力的積極意義。

以上所提，讀者不用拘泥於一階段一階段地往上爬，因為一般愛好閱讀者，可能都有一些讀書的基礎，你可以從任何一個階段開始，但也可以在後面的階段不斷溫習前段的基本功。學海無涯，這個訓練過程與經歷愈加認真、專一，你分析問題和寫作的能力，就會得到更進一步的增強。寫作技巧之鍛鍊無捷徑，切記「多讀」、「多想」、「多寫」，累積寫作的知識和經驗，對有志於從事文史工作者尤其重要。不停念書與不停書寫，是進入任何領域最快速的方法，熟讀快寫總能誕生巧思，最後不知不覺你就會知道你想要寫作的這個領域有些什麼問題，寫作就容易多了。啟動閱讀生活是長久且愉悅的，心靈的充實與滿足是無法用文字描述的。王汎森說得相當傳神：做學問、為學、探究最快樂的境界，即是當你發現一個問題，然後自己剛好已透過讀書與瞭解掌握了一些想法和心得，對於這個問題有若干美好的想像，而手邊又有若干的新材料可用，這樣寫作起來，就是做學問最快樂的時候。[79]最後，這些閱讀寫作的呼籲，只是初步，有些人喜歡做研究，也有人喜歡文學的想像和飄逸，抑或是新聞、紀實文學的真實感，或是想成為寫計畫、標案的高手，無論用哪一種方式寫作，只要瞭解自己的才能和志趣，就能發揮到最好。你現在正準備進行任何一種專業寫作嗎？讓我們進入專業寫作的領地吧。

## 五、進階寫作：走上獨立研究之路

談研究，並非要每一位讀者都變成學者。而近代西方所謂的研究法，是一套科學理論與成熟的寫作模式，有心學習或已進入研究所學習的學生，切記要學習它的精神，以及背後一套培養自我能力、解決問題並且能夠獨立思考的技術。很多人說讀研究所沒有用，甚至連讀大學都是浪費時間，其實，不論是在高中的專題小論文、大學的期末專題報告，一直到研究所的期刊論文、學位論文，不都是在訓練這些技巧和能力嗎？不可能「沒有用」。經過這些扎實訓練的人，不但不會浪費時間，反而將培養更多他人所不具備的能力。簡而言之，大概有幾個面向：（一）主動取得並正確運用專業知識的能力。（二）自我批判與辨別是非的能力。（三）自我創新的能力。[80]這些知識不僅是寫論文有用，將來求職乃至於未來進入業界，研究方法都會成為自己寶貴的資產，所以你的大學、研究所學位絕對不會白念。我常常跟學生說，探索研究方法不是只能用來寫論文、寫書評、寫感想而已。觸類旁通，文史的研究方法是一種態度，具有科學化的步驟。先尊重自己的興趣和意願，不違本心，努力去掌握各種二手研究與資料，這就是一種對學問和事業的專業態度，商業上寫企劃案、工業上的產品創新企劃，不都是需要先掌握市場行情（好比研究回顧中對二手研究的掌握，有什麼東西是別人已經做過的，要先瞭解）和評估自己能力之所及嗎？好比一個題目到底有什麼樣的史料，可以開展什麼研究，要進行縝密的分析與評估，這種能力難道商場達人、業務高手不需要嗎？所以，若你未來想讀研究所或已經在讀研究所了，我不能說那是最好的選擇，但總是一個不錯的選擇，它對你未來的工作不可能完全沒有助益。

我寫作的地方總是換來換去，研究室、老家的電腦桌、新家的餐桌，其中，後者是我最常寫作的地方。我並沒有一個專屬的書房和書桌，目前那堆疊著滿滿書籍、資料、雜物的長桌，已不具備餐桌的功能了，主要是用來閱讀寫作。那張桌是全家人讀書之所在，包括這本書在內的許多文字，都是在那張大桌子上完成。寫作不分地方，只要有心寫作，一個與外界隔絕的僻靜角落就可以進行；你的靈感只有手上的那枝筆可以駕馭，不要被雜務俗事所打斷。大學教我「遼金元史」和「中國古人日常生活史」的蔣武雄老師，在上課時曾說，他很多文章早期都是趴在床上完成的，那時因為家中空間有限，書桌總是先讓給兒女讀書。蔣老師為人低調，不喜出鋒頭，但觀其著作即可知其努力。我還是那句老話，文章著作可以傳世，風光一時則常讓人遺忘，寫作的孤單乃成就永恆價值之必經歷程。當我在那名不符實的桌上寫這本小書的時候，臺灣正處於一〇八課綱的改革浪潮中，我和太太對坐，因為她是高中歷史老師，所以我們常常針對課綱的內容交換意見。我發現新的課綱有相當多重視實作與作品產出的部分，純知識的灌輸變少了，特別是高二的「探究與實作」、高三的「加深加廣選修」等，特別需要產出實作成果，對於大學文史哲、法政、社會與心理、大眾傳播、外語等學群的入學，具有深刻的影響。不管是未來大學入學要看的是小論文還是創作、成品、報告，其實都是一種探究與實作的形式，也就是以「閱讀與寫作」為基礎所進行的拓展。其形式如小論文、展覽、紀錄片、新聞稿、劇本等等的呈現，都需要有文字稿、腳本的先期規劃，考驗著學生未來的寫作與敘事能力。另外提醒大家，在經歷閱讀、整理思緒、書寫文字（講稿）後，可以訓練自己口頭發表。我在第一線教學時，常發現現代學生受電子媒體和社交軟體的影響，已不太會與他人溝通，有時問學生意見或請學生發表見解，常得到「默默」的回應，全班一陣寂靜，感覺「很乾」。古人讀書，還重視朗讀、吟唱，現今學生則多不開金口，只專心低頭打遊戲，遇事沒有自己的見解，那求其發揮創意、思考人生，如何可得？我認為，良好的口語表達能力與寫作能力，絕對有正相關性，一般都強調要聽、說、讀、寫，現在多數學生只能聽課，其他功夫皆顯被動，這將導致任何學問的進步都要減少一半，且思想閉塞，未來也容易做出各種錯誤的判斷。[81] 前期的閱讀是專業寫作的基礎，也是擁有良好口語發表的基礎，一如本書前面所談。而接下來要談的專業寫作，則可供讀者參考，當然，這裡面有許多個人經驗，讀者可意會，運用到自己所從事專業領域的寫作，一通百通，必能有所助益。

想要學習獨立研究的方法，可以進入研究所，研究所就是一個逼你必須產出作品的地方。但或許讀者不一定想念研究所，可以先看看我所揭櫫的方法與經驗，對你的創作必能有些啟發，理解大概後，再進一步思考未來念研究所的可能，也是一條不錯的進路。任何一門學問都一定會有基礎知識、最基本的內容。每門學問都不是死的，所謂探究、研究，必先有基礎知識和解決學問內各種疑難的辦法，熟稔了從提問到找資料、分析（理工科用「實驗」一字比較精準），做出合宜的結論，這個過程就是在訓練解決問題的能力，道理萬法歸一，永恆不變。操作、獲取知識的技術會改變，但真確的理念和探究精神則不會更改，這就是做研究最美好的地方。現在大學教育常講：老師都在研究，沒有思考到學生的就業與解決問題的能力，這句話大錯特錯。研究，就是在學習解決問題的方法，如果老師都不研究了，空談解決問題，還值得被學生信任嗎？這種把大學變成就業訓練所的思維，只崇尚空談的風氣，必須要打倒。

筆者進入研究所就讀是二〇〇〇年的事。當時我考上六間研究所，但因為我的志向最初是當一位中學歷史老師，所以選擇比較容易修到教育學程的國立臺灣師範大學歷史所就讀。剛上研究所，根本不知道「研究」是什麼意義？論文如何撰寫？一切都是摸著石頭過河，慢慢體驗與學習的。最初，「研究法」是碩二才修，那時擔任這門課的教師是林麗月老師，在一年的課程中，上半年要根據你未來可能的題目寫一篇學術書評；下半年則是交出碩論的緒論或研究計畫，須包含研究回顧、問題意識（筆者按：基於上面的研究回顧，帶出自己文章想問的核心問題，要交代為什麼值得問這樣的問題？解決這個問題可能對學術或實務產生什麼樣的實際幫助。）及書目等等，經過這些磨練後，我才慢慢瞭解研究法大概的樣子。我先強調，研究過程中所學會的方法論，可以永遠伴隨著個人的成長，不會最終只讓你帶走一張學位證書而已。胡適在一九二三年七月二十日的日記中寫下一段話：「我屢次在公眾演說內指出我們做學問的人，必須常常有一個——或幾個——研究的問題，方能有長進。有了問題在腦中，我們自然要去搜集材料，材料也自然有個附麗的中心，學問自然一天天有進無退。沒有研究的問題的人，便沒有讀書的真動機；即便他肯讀書，因為材料無所附麗，至多也不過成一隻兩腳書櫥！何況沒有問題的人決不肯真讀書呢！我常說，留學生回國之後，若沒有研究的問題，便可說在知識學問方面他已經死了。」[82]可見不斷思考問題，著手研究、寫作之重要性。只是，我當時只想趕緊畢業當高中老師，並沒有意會到研究方法對我一生的影響和它可能的價值，那些是慢慢理解出來的。而研究論文，只是寫作的一種形式而已，但寫作的進行與文章由無到有的整個過程，其原理原則之技巧，卻是互通的。

在念碩士班之初，一年級的修課過程，就是為了讓你能提出未來論文要撰寫的題目。其體會正如王汎森所言，老師常常是指引，而非丟題目給你，因為你要學著自己探索問題和解答。所以老師常常會問：「有沒有什麼新發現？」你發現的，終究會比老師知道得更多，如果你努力了幾年，寫的東西仍都是老師或大部分人都知道的，那就不是一個好的研究。有意思的對照是，近代學人顧頡剛在大學教書時，常常會主動出題目給學生寫，很像國文課的作文，但顧所給的題目卻是史學論題，例如楊向奎（一九一〇－二〇〇〇）上課時就被分到「共工問題」，共工是《堯典》中的人物，楊用了一個學期來考察這個問題。顧上課時有很多種講義，其中一種就是學生的論文，可以進行好壞之檢討與評量，「文科做題就等於理科做實驗」，這對文科學生的成長有所助益。[83]這是屬於在大學時，學生還不知道怎麼問一個好問題的時候，教師主動引導的一種方式。但到了研究所階段又不太一樣，蕭公權在康乃爾大學讀博士時，指導教授對他說：學生經過一段時間的專精研讀，對於某一主題的瞭解，未必會輸給指導教授。指導教授的職務，不是把自己的意見交給研究生去闡發，而是鼓勵研究生自尋途徑（to find their own way），協助研究生養成獨立自主的研究能力（capacity for independent research）。[84]正如嚴耕望指導學生寫論文，慣例即是由學生自己訂題目。嚴在課堂中明言：老師若直接給題目，學生僅就「題目」來讀書找資料，範圍就很局限，往往見樹不見林，不容易寫好文章；且因為背景知識缺乏，很可能提出外行的錯誤判斷。再者，若只閱讀與題目相關的史料，太過局限，論文寫完後，研究也就停止了，因為對題目之外的問題全無涉獵，故很難在題目之外發展出更新的研究和看法，對擴展學生視野沒有幫助。相對地，若老師不給學生題目，而是學生靠自己閱讀相關朝代的正史和史料，對有興趣的主題有較為全面的瞭解，才發現很多問題都可以再研究，如此再選擇自己有興趣、最適合的問題來作為論文題目，因為是透過「讀書有得」的撰寫，故論文成果常能令人滿意。而對一個時代已有比較好的瞭解後，也較不會提出外行的謬論，貽笑大方。更重要的是，學生閱讀史料時，幾乎是有興趣的問題都會加以注意，等到學位論文寫完之後，就可以繼續研究其他問題，學問就能愈做愈大，平地起高樓，著作等身則指日可待。嚴耕望提示學生的閱讀寫作合一法，正是史家的閱讀寫作，可以幫助讀者尋找當前的論文題目，也可以擴展成未來的題目。[85]余英時訓練研究生的討論課一樣如此。王汎森回憶，主要是以誘導、擴充為主，盡量鼓勵學生形成論點，擴大心思與拔高思考，這才是好的課程與訓練。[86]

筆者碩士班一年級修習的課程，偏重近現代史，恐怕已形成我研究範圍的主要時代斷限，在你還未確定題目時，研究所修的課已開始影響你的日常閱讀，當然也將影響論文的選題。正如王汎森先生所言：「不管是對於碩士時期或是博士時期的研究而言，都應該準備要開始製造新的知識。」由接受知識到創造知識，是身為一個研究生最大的目標，所以研究生不再是對於各種新奇的課程照單全收，而是要重視問題取向的安排。所有的精力、修課以及讀書，都應該要聚焦，不能像大學那般漫無目標，而最終的目的，就是要完成論文。[87]我碩士一年級放棄了隋唐史、秦漢史和宋史等課程不修，也是基於我個人喜歡的斷代（近現代史）而修課，是有策略的選課。在修課過程中，我覺得思想史很適合我的興趣，因為我曾在大學時修過「西洋政治思想史」，授課老師王慶琳先生已給我很好的指導，我那時甚至想做西方近代社會主義史，專攻費邊社會主義，王老師還借我不少英文書閱讀，可惜我當時不太用功，只想先完成碩士學位，趕緊找高中教職。那時還被他責備一頓，他教我做研究就是要扎扎實實，在往後的日子中影響我很大。每當我軟弱和偷懶時，想想王老師當日說的話和他那張板起來的面孔——但卻不失微笑與溫情，筆桿就會不停地寫下去。而碩班王爾敏老師則是近代中國思想史的大師，評論犀利、著作等身，上課時又略帶幾分霸氣，曾說胡適所言「有幾分證據，說幾分話。有七分證據，不能說八分話」，根本是胡說。他打個比方解讀：史家未嘗看見北京人用火，那怎麼可以說北京人已會用火？歷史是一種「推論」的科學，有七分證據，當然可以推論成八分話，甚至十分話，史家如果沒有這種解釋力，反倒成了無能學者，所以說胡適此語是胡說，有欠周詳。

那時期，我對中醫很有興趣，正在自學中醫，甚至想透過考中醫師檢考、特考（已於二〇一一年廢除）成為合格的執業中醫師。可以說在碩一的時候，這個想望曾一度超越我要當一位老師的志趣。當然，那時我根本沒有想過要當學者或在大學教書，碩士都還沒畢業，很難想到這麼遠的事業。當時為因應中醫師考試，我常一邊修課，一邊偷讀中醫經典《傷寒論》、《金匱要略》、《醫宗金鑑》、《醫方集解》、《內經知要》、《本草備要》等書，而研究所的課程到了期末大多要交報告或單篇論文，所以我就思考如何來「結合」，畢竟不能只讀醫書，因為我念的是歷史研究所，所以要如何將醫學和歷史結合呢？答案其實就是上個世紀九〇年代中臺灣學界興起的「生命醫療史」。但我當時還不知道這個領域主要學者的研究取徑，我只是個小碩士生，而且系上未開設相關的課程，所以沒有人對我提及這個領域的研究。當時就是單純想偷懶，一石二鳥，讀完碩士並考上中醫。漸漸地，我開始看一些醫療史的著作，在沒有任何知識基礎下，當然就要先從中醫的通史讀起，影響我比較大的還是鄧鐵濤的《中醫近代史》、趙洪鈞的《近代中西醫論爭史》、陳邦賢的《中國醫學史》、謝利恒的《中國醫學源流論》和鄧鐵濤、程之范主編的《中國醫學通史·近代卷》。是的，開始做研究前，總要先對大背景有一個認識，這些書都具有通論的性質，這樣閱讀只是踏出了專精寫作的第一步。記得我說的，論文與報告選題的開始，一定是基於你「有興趣的疑問」，興趣絕對是基礎。但有時很多做學問的樂趣，是要進入了該學門探求，才會逐步發覺的；也就是說，「興趣」是可以透過積累的閱讀和寫作來培養的。而有時候，某些疑問也不一定背後就會聯繫著很大的理想，例如我做醫療史，一開始也只是因為要考中醫師而讀了一些古籍，才興起踏入這個領域的念頭。是在研究多年後才發現，中醫的生命力和未來走向，甚至關乎到未來的重症、難病、老人病之處理，竟都牽絆於歷史進程當中，研究的興趣才愈發濃厚，而且開始有使命感，中國醫療史才逐漸成為我研究的主軸。所以，有時興趣的培養是有一些巧合的，但你總要想辦法抓住那些生命中的巧合，轉而成為自己的興趣，閱讀寫作這件事才會變得有意思。

你發現了嗎？這些巧合已將「近現代」、「中醫」和「歷史」這幾個元素結合起來，我想要寫作的題目範圍已愈來愈聚焦，這是寫論文必經的過程。不過，當時我雖對中國醫療史感到興趣，但系上卻苦無相關師資，因此必須靠自己摸索，我還跑去參加中研院史語所「生命醫療史研究室」的活動，記得第一個聽的報告人是陳元朋，主持人是李建民，時間大概是二〇〇一年。但碩士班一年級下學期要確定指導教授時，就遇上麻煩了。我請王爾敏老師來擔任指導教授，雖然他表示自己不懂中醫理論而婉拒了，不過他上課時有一個很好的建議，他認為文史論文從人物的歷史開始研究是最容易的法門，因為人物較為具體，而且資料又比較集中，但通常歷史人物都被反覆研究過了，沒有新意，所以找一個比較少人研究的人物來著手，就會比較容易完成論文。

回想李國祁（一九二六－二〇一六）老師在二〇〇五年九月上課時曾說：寫人物，最重要的是影響這位歷史人物的重大事件與轉折。胡適曾談及梳理一個歷史人物背景的重要，他說：「社會的生命，無論是看縱剖面，是看橫截面，都像一種有機的組織。從縱剖面看來，社會的歷史是不斷的；……個人造成歷史，歷史造成個人。從橫截面看來，社會的生活是交互影響的：個人造成社會，社會造成個人。社會的生活全靠個人分工合作的生活，但個人的生活，無論如何不同，都脫不了社會的影響；若沒有那樣這樣的社會，決不會有這樣那樣的我和你；若沒有無數的我和你，社會也決不是這個樣子。」[88]每個人都受到他所處時代思潮與環境、文化的影響，不可忽略。研究人物最難的，莫過於探索他的內心世界。例如郭廷以描寫孫中山過世後國民黨內的權力布局，其中當然有俄國的力量，鮑羅廷的支持顯然是關鍵，但他或俄共怎麼抉擇要支持哪位領導人呢？郭寫道：「胡（漢民）個性耿介，難與人相與，汪（精衛）富於感情，夙少主張，易於操縱。」[89]描寫得非常到位，為汪當時搶下廣州國民政府主席下了一個人性化的註腳。而前幾年，民國史因蔣介石日記的公開而興起一陣研究「蔣學」的風潮，有別於過去冷冰冰的政治軍事史，學者們紛紛從日常生活中蔣介石的好惡、情感、休閒生活與各種個性進行剖析，[90]我承此風，也發表了幾篇與蔣相關的論文，分別探討蔣介石的疾病、他對中西醫療的態度和對近代中國發展衛生的一些看法，我用了許多回憶錄和口述歷史資料，這些都是建構一個人真實個性、好惡的極佳參考資料。[91]而人生的每個階段都不相同，不能一概而論，這是必須注意的，所以寫傳記最重要的就是分期，幼年生活、求學、中舉、為官、家居、退休、養老，每個階段可能都有不同的歷史意義與發展。分析歷史人物，不能抱著看八卦、窺隱私的心態。心理分析對書寫人物的啟發，應該是提供一個具體方法來分析歷史人物的作為，他行為特性之趨向以及意義，可以幫助後來的人瞭解，某個人物為何當時如此行事？這樣的人格特質又會幫助我們理解更多史料中無法記載或閱讀到的人事情感，從而達到更寬廣地去認識一位歷史人物的各種可能。李國祁老師說，要把握外在的環境與刺激對一個歷史人物產生的種種影響，進入內心世界後，會激起一些轉譯過後的思想，此即他的內心世界。有了這個基礎後，要探索歷史人物基於這些思想所發出的言論與行為，而這些又將成為新的刺激，和環境共伴，持續形塑歷史人物的思想，這是一種探究人性的循環概念。[92]

中國傳統史書常常忽略一個人性格的養成，人生中因各種瑣事而造就的心理狀態，會影響一個人一輩子。例如光緒皇帝就極怕慈禧太后，不是他先天就怕，一定是後天政治環境的影響，造成他嚴重神經衰弱，罹患遺精，以致做事畏首畏尾，沒有決斷力，這是導致他政治上失敗的一個重要因素。抓到這一點，就可以寫出生動的人物敘事，與過去生硬的歷史分析產生區隔。[93]李國祁老師那時說，有些狗被人毆打就會撒尿、夾尾，有些狗卻會更凶反撲。狗有各種不同反應，正如人也有天生的個性，寫人物最難的就是寫個性，必透過歷史書寫，設身處地進入歷史情境，才能使歷史人物重生。好比《史記．淮陰侯列傳》所載：「當是時，楚方急圍漢王於滎陽，韓信使者至，發書，漢王大怒，罵曰：『吾困於此，旦暮望若來佐我，乃欲自立為王！』張良、陳平躡漢王足，因附耳語曰：『漢方不利，寧能禁信之王乎？不如因而立，善遇之，使自為守。不然，變生。』漢王亦悟，因復罵曰：『大丈夫定諸侯，即為真王耳，何以假為！』乃遣張良往立信為齊王，徵其兵擊楚。」透過司馬遷的妙筆書寫，張良等人的機智、劉邦個性中的善於變通，都可躍然紙上，這種中國傳統學術中的歷史敘事，可以透過閱讀古典文獻領略。又，余英時先生指出：「史學必須與文學融化為一體，然後才能產生雅俗共賞的敘事作品。」而且東、西方都有這種傳統。描寫人物，要像余稱讚史景遷（Jonathan D. Spence）那樣，寫作特色在於「並不僅止於外在的描寫，而是讓讀者對他們（歷史人物）有親切的認識，有如曾接晤過其人一樣。」[94]

每個人都有許多禁忌，將導致他一定要做什麼事或不做什麼事，個性中的偏執，往往造就某種結果，此即歷史書寫中的因果論述。例如蔣經國嫉惡如仇、蔣介石則不然，效忠才是第一要求，有時下屬犯錯挨了一陣痛罵，反而沒事。蔣經國自我意志與律己皆不及成年後的蔣介石，後者是軍人，著重紀律，對待自己往往比對待他人嚴格。蔣介石外表雖然威嚴，不苟言笑，但對人相當忍耐與仁慈，比較念舊情，仁慈而少絕情；蔣經國比較親民、外表和善，但做事情看是非，一旦有錯，即刻翻臉不認人，而且更為深沉，外界往往猜不透。[95]又如寫毛澤東（一八九三－一九七六），因為缺乏檔案，所以只能從其他人的日記、回憶錄、言論集等資料著手，但有時在描寫時卻面臨很大的歧見。例如李志綏（一九一九－一九九五）撰寫《毛澤東私人醫生回憶錄》，就引發不少爭議。[96]其實，合於西方口味的毛澤東傳記，大部分要寫毛的黑暗面，比較容易受到認同，[97]對於閱讀毛這樣具有重大爭議的人物傳記，不得不考慮東西方文明衝突與冷戰架構的思維，讀書要能理解每位作者書寫的文化脈絡，方不致被作者的主觀所牽制，而成為過於偏激的讀者。在李志綏筆下的毛，具有一切帝王的特質，包括沉迷美色與權力；[98]但許多親近毛的人，卻覺得作為一個人來說，毛仍具備公正廉明、不謀私利的特色，甚至很有幽默感，[99]他小時候受母親信佛教與接濟族人的影響，個性上具有柔和的一面。但政治上，共產主義與唯物史觀造就了他現實的一面，[100]政治上的毛和作為私人的毛，恐怕還是不太一樣的。我認為人的好與壞、善與惡，都是相對的，沒有人是絕對的惡或善，個性往往是通過對比而形成，所以很多老師傅都會說，評價歷史人物「持平」最難，卻也最重要。寫人物時需要多注意這些細節。此外，書寫人物時，特別是近代人物，資料較多，要注意身材、身體的特徵，包括聲音、面貌、脾氣（深沉、刻薄、大而化之還是耿直）、個性等細節；如何寫活一個人？要讓讀者印象深刻，才是最難的史家技藝。例如毛澤東少年時對下層民眾較有溫情，與母親的教育有關，這與他日後接受社會主義的思潮絕對有關係；而父親則是他反抗權威的對象，所以毛喜歡和威權鬥爭，反抗國民黨。當然這種鬥爭，也包含鬥倒可能傷害他權力的人。寫人物還要重視比較，同時代的人、朋友，相似或相反的人物等等。歷史人物之評價往往會犯著僅舉一、兩點來評斷功過的誤謬，這是不對的，應該要綜合，學歷史本當培養這種能力，不要只看一處。現在網路很多「懶人包」，往往用片面的資料評價一位歷史人物或政治人物，皆充滿偏見，歷史學教育應該首先打破學生主觀之偏見。胡適曾當面批評學生羅爾綱（一九〇一－一九九七）寫的《太平天國史綱》（一九三七），認為他只寫對太平天國的讚揚，卻忽略這個事件對中國元氣的破壞與傷害，胡適說：「做歷史家不應有主觀，須要把事實的真相全盤托出來，如果忽略了一邊，那便是片面的記載了，這是不對的。」[101]所以史家閱讀寫作所依靠的文獻，不是照抄即可，下判斷前必須不預設結論，必須分析史料的來源與時間、空間、情境概念，讀出文字和文獻背後脈絡化（contextualization）的資訊，擁有這樣史學的素養，才是史家的閱讀法，依此來檢視資料，就能分辨合理性與其相對位置上的真偽，不至於被文字表象所蒙蔽。[102]

李國祁還注意到，每個人物都有一個關鍵的年代，對歷史研究者相當重要。像是探討明清的人物，「成進士」絕對是一個重要事件。而在傳統社會男尊女卑，結婚雖是一件大事，但妻子對男人的影響可能不大，現今社會則剛好相反，要注意觀察與書寫歷史中的關鍵細節，把人物與時代寫活。我曾書寫過數篇有關蔣介石的論文，發現在一般政治、軍事史的論文中，蔣是一種人；但在日常生活中，他卻是另一類活生生的人，他重視細節、略有潔癖、重視規律，討厭別人放屁、吐痰等等。我們寫歷史不只要書寫作為軍政人物的蔣，也要書寫一位「凡人」蔣介石，這構成了我後來寫作《國族、國醫與病人：近代中國的醫療和身體》的一個思路，從醫療與疾病中，去書寫活生生的歷史人物，探討他們的苦痛，彰顯人文關懷的意義。[103]

說到寫活一個人，我覺得我在碩士論文階段寫一位晚清中醫唐宗海（一八五一－一八九七）的傳記時，碰到一些困難，因為歷史上醫者的資料往往不多。談到選題的經驗，我碩論選取唐宗海還有一個重要原因，就是研究他的人非常少，而醫療史當時在歷史學界還算新領域。這與王汎森說的一致，選題選個新的領域，總是比較能受到關注，諾貝爾獎大部分都是新領域。王指出，如果一個問題或一個學門或研究主題已太過「擁擠」，通常投入下去，不會獲得很大的成果，[104]除非有新的資料出現，不然我當年若再寫自強運動、魏源、維新變法、曾國藩、左宗棠、丁日昌等這些過去研究已多的題目，恐怕不會有太大的成就。

反之，雖然是舊題目，但能找到不同類型的資料與書寫的視角，則往往能出奇制勝，有新的突破，例如梅爾清（Tobie Meyer-Fong）對老題目「太平天國」的研究，就顛覆了既有的政治史視角，而獲致佳評。[105]當初幾經思考，配合前面的基礎閱讀，我選擇唐宗海的生平為主題來進行碩士論文的寫作。這位醫者很少人研究，而他著作又很多，形成一種極特殊且反差的現象，切記「題目不太大，資料卻相當集中」是最好的寫作策略，無論是小論文或學位論文皆如此。唐宗海生平的醫學著作，大部分都在他人生最後二十年內寫成，包括：《血證論》、《醫經精義》（又名《中西醫判》）、《中西醫解》、《唐氏中西醫解》、《中西醫學入門》）、《醫學見能》、《醫易通說》、《金匱要略淺註補正》、《本草問答》、《傷寒論淺註補正》、《痢症三字訣》與《六經方證中西通解》等書。其中，《血證論》、《醫經精義》、《金匱要略淺註補正》、《本草問答》、《傷寒論淺註補正》五本著作在一八九四年由上海袖山房合印成書，名曰《中西匯通醫書五種》。可以說這位中醫本身就是一位專業寫作的「快手」。他是清末最先提倡中西匯通說的醫家，而此套叢書遂成為以「中西匯通」為名的第一種著作，「中西醫融合派」的名稱便由此而來，這在中醫史而言，重要性實不言可喻。針對要寫作的資料，研究者一定要弄清楚什麼是一個論題的基礎史料，這些史料的內在關係和脈絡為何，亦即史料的製造者、時間、地點、形成的背景等等，理解了以後，史料論述起來才不會散亂。正如王汎森先生所談的，你要不斷地跟老師商量尋找一個有意義、有延展性的問題，而且不要太難。選對一個有意義、有延展性、可控制、可以經營的題目是非常重要的。選題的工作要盡早做，選題之後所要處理的材料最好要集中，不要太分散，每一種寫作工作都有時效性，或長或短，除非隨筆寫作，不然還是集中一點，[106]當時我認為我就是找了一個這樣的題目，擁有多量且集中資料的主題。

這只是我讀書寫作生涯的開始。二〇〇四年畢業後，張哲嘉老師曾建議我到美國念書，但因為當時正思考「終身大事」，所以最終沒能出國。喬治城大學歷史系的一位博士曾跟我說，在美國，博士生最重要的工作就是寫好博士論文，他們一般不用被要求發表任何一篇文章，因為他們認為博士生還不夠成熟，不必一定要發表文章。但在臺灣，除了嚴格的第二外國語考試外，有些博士生甚至需發表三篇以上的學術文章或書評，故在臺灣念文史學位是相當辛苦的，可惜這些所謂土博士，命運大多不濟，因為臺灣愈是高等的大學或研究單位，愈是不愛用這些自己本土培養出來的人，那國內博士班存在的意義究竟為何？而在中國大陸的博士生，若是能發上兩三篇好的CSSCI期刊（一般簡稱C刊），基本上就能進入不錯的大學，就算是洋博士，沒有幾篇C刊，還是寸步難行的。每個地方的狀況不同，整個東亞地區，臺灣、香港和新加坡，還是比較喜歡喝過洋墨水的洋博士，有時不見得寫很多文章，但只要有西方名校的光環，工作一般都較為好找；而中國大陸也有這樣的趨勢，但差別在於，若沒有好的期刊論文發表，有時尋覓工作機會反不如土生土長的博士來得吃香。所以，若讀者想要深造，有繼續往上念博士的考量，就要評估工作與一地之需求和看待人才的方式，當然也要衡量自己的情況，不要走錯路。我讀了博士班後，前期先拜了李建民老師指導，他詳讀古典中國醫學醫書的方法與精神，給我起了一個很好的榜樣與示範。我那時讀書和寫作，逐漸由一人（唐宗海）拓展到整個中醫學體系，一步步建構自己的知識架構，而且已逐漸由點走向面。我透過這些微不足道的經驗，想和讀者分享幾件事：首先，若能出國念書、開拓眼界，是很不錯的抉擇；若情況不允許，則應該在有限的時間內訓練自己對古代文史知識的架構，好好讀幾本古書，並練好英文，拓展自己的跨界閱讀，這幾件事情就夠一個文史學生忙的了。總之，不要心急，我上面說的已是十年間的事情，我只是在中醫典籍和文獻中打轉而已，要通達一個領域，絕非簡單的事，要進行專業寫作，就要持續專精閱讀。

在碩士班寫作訓練起始，我先就唐宗海的生平與著作這些資料寫就一篇文章，寫作的方式就是一般論文的「緒論」，沒有人教我怎麼寫，訣竅就是把過往不錯的碩論、博論盡量找出來，看看他們的形式、架構，一般來說總是有研究動機、研究回顧、研究方法、預期成果、參考書目等幾個重要部分；架構訂定後，再往裡面填文字，慢慢就會取得成功。這就好像前面說的，在摘要、書評的過程中，就可以學到很多優秀作家的寫作方式。要能模仿好的著作與寫法，總要選一、兩位榜樣與作家來看看他怎麼鋪陳、寫作，怎麼安排句子、章節，在這個過程中，你的寫作功力一定會增強。不獨寫作，以前我高中時一度想當漫畫家，曾經看過一位漫畫家說，畫畫的訣竅一開始就是「臨摹」，書法也是如此。要動筆之前，先要臨摹前人的字帖，臨摹不是要你寫出跟原來字帖中一模一樣的字，而是要你發展出自己的特色和獨特風格，練久了，巧思與創意自然就會形成。這種經驗累積與技巧獲得，只有實行過摘要、臨摹的你才會瞭然於心，別人是搶不走的。這也是曾國藩叮嚀他兒子的求學法，所謂：「不特寫字宜摹仿古人間架（筆者按：指文章的安排與架構），即作文亦摹仿古人間架……即韓、歐、曾、蘇諸巨公之文，亦皆有所摹擬，以成體段。爾以後作文作詩賦，均宜心有摹仿，而後間架可立，其收效較速，其取徑較便。」[107]模仿好的句子與架構，是訓練寫作好文章的良好策略。這些功夫在寫作上來說就是「摘要」好文章與專題的技巧。臨摹和模仿都有抄襲的成分，但有意識地學習一段時間後，就會有自己的風格誕生。一開始可能在寫作上會有幾個知名作家的影子，但當你成熟時，就可顯現出自己的風格，跟抄襲的意義已相差十萬八千里。日本漫畫《灌籃高手》的畫家井上雄彥，就曾擔任過《城市獵人》、《豔陽少女》的作者北條司的助手，協助他完稿；於是乎你可以看出《灌籃高手》裡面的人物「晴子」，頗有北條司畫女孩子的那種清新脫俗之感；而《火影忍者》的作者岸本齊史也心儀《七龍珠》鳥山明的畫風，刻意學習，所以漫畫中的格鬥場景與構圖，也能找到《七龍珠》的影子。是以多寫、多模仿好的作品，也是成為優秀作者的要件之一。

回到碩一下學期，我預計中的「緒論」寫完了，我完全沒有浪費期末報告的機會與時間，將寫好的論文直接拿去交呂實強先生課程的期末報告。呂老師人很好，他跟我說他只能給我很表面的意見，因為醫療史很專門，而那時張哲嘉先生剛從賓大（University of Pennsylvania）畢業進入中研院近史所服務，所以呂老師幫我拿給張哲嘉老師看，他給了我很多意見，幫助很大，但我還是找不到校內的指導教授，當時校內規定指導教授要有在研究所內開課才能擔任。後來，我碩二上修了呂芳上老師的「中國現代史專題研究」，所以我又登門拜訪，尋求指導的機會。他那時擔任近史所所長，平日相當忙，我等他半個上午，有時只談話十分鐘。呂老師主要研究政治史，他不輕易答應指導我是正常的，但在同所年輕一輩張哲嘉老師同意加入共同指導後，最終成為呂、張二師的「雙指導」狀態，我才能順利完成指導教授的簽核。這幾位老師都算是我的貴人，但我想告訴讀者的是，其實我當時沒有想得這麼縝密，一切都是隨緣。但這樣的雙指導實有很大的幫助。我有一位專精政治史的老師指導，也有一位專精醫療史的老師指導，對日後發展跨領域的研究有很大的幫助，我後來發表的論文中有醫療史也有政治軍事史，可說是拜這種跨領域指導的好處，不同的老師總能給你不同的視野。有些學者一輩子研究一個領域中的一小部分，我認為並無可厚非，但畢竟比較狹窄一些，能夠在培養獨立研究能力時就得到不同老師或前輩的指導（或許你的寫作是需要前輩或主管指導，例如新聞、企劃案的撰寫），對一個人的寫作能力將有很大的助益。總結就是，選擇指導教授不能靠「隨緣」或「巧合」，必須有意識地去評估自身的情況和學界的大環境，可以多詢問、打聽，再下決定，就能找到比較合適的「寫作指導者」。

論文題目既然已確定往唐宗海這位中醫的歷史來書寫，接著就是決定問題意識、章節和細部內容。當然，我那舊的緒論也須修改，因為問題意識一改變，緒論就要跟著變動，才能向讀者說明。寫作必有其目的，帶著問題很重要，研究生「選對一個領域和選對一個問題是成敗的關鍵，而你自己本身必須是帶著問題來探究無限的學問世界。」[108] 我當時對中醫非常感興趣，想要瞭解它的歷史，而且我想要理解當代中西醫論爭或匯通、合作的困境與成效，究竟何來？這跟許多同輩的關懷可能很不一樣。我關懷的歷史現在依舊是「進行式」，故言「有生命的醫療史」，[109]中醫是一門活著的歷史和科學，但一般歷史學者研究的許多事實，卻與現實極度脫節。凡是研究任何一種學問，都免不了探索、回顧其過往的歷史，與當代學術發展、社會思潮之間的關係為何。關心中國醫藥學史發展的廣大群眾，在迎接未來中醫藥發展的前景與挑戰時，必定要對過往的中醫歷史有所瞭解，才能掌握時代的脈動，並認識前人遺留下來需要珍惜的寶貴經驗，以及懸而未解的各種問題。對這些歷史事實與問題有所掌握之後，方能知道自己所處的位置與環境，而後對發展中醫藥事業產生一種切身的使命感，能真正為中醫藥做出一些貢獻。我想，鑽研中國醫學史，其積極的學術意義也正在此。因此，我對我研究的主題充滿興趣與探索的慾望，這是支持我持續寫作的動力，希望讀者同樣能找到對於寫作這件事有意義的提問與求索，對你任何形式的寫作工作，絕對有正向的幫助。

做人文研究視野宜開闊、具有時代關懷。胡適認為，史家若沒有證據與史料，便沒有歷史，但自然科學家卻可以用顯微鏡或化學的分解法，將原來不存在的原子或微生物分化出來，這便是「創造新證據」，意即紙上材料是被動的，而科學方法是主動的，可以藉新材料來逼出新結果。胡適舉哈維（William Harvey，一五七八－一六五七）研究血液循環的例子來證明，哈維曾說：「我學解剖學同教授學解剖，都不是從書本子來的，是從實際解剖來的；不是從哲學家的學說上來的，是從自然界的條理上來的。」[110]中國傳統考證學的方法儘管精密，「只因為始終不曾接近實物的材料，只因為始終不曾走上實驗的大路上去，所以我們三百年最高的成績終不過幾部古書的整理，於人生有何益處？於國家的治亂安危有何裨補？雖然做學問的人不應該用太狹義的時利主義來評判學術的價值，然而學問若完全拋棄了功用的標準，便會走到很荒謬的路上去，變成枉費精力的廢物。」[111]所以寫作不能只思考「為研究而研究」，還是必須與現實有些連結，正如錢穆所言：「研究歷史，應該從現時代中找問題，應該在過去時代中找答案，這是研究歷史兩要點。」[112]如此寫作才不至於迷失方向。我研究的中國醫療史，其實際意義也正在於此處。

如果碩論選取的主題範圍和資料都不算多，該怎麼著手進行下一步呢？張哲嘉老師教我一個很好的方法，所謂師父領進門，修行看個人，老師教你的方法，都是他個人經驗的累積，一定要先盡量試著去做；退一步來說，即使這種方法不太適合你，你也會在這種訓練中找到屬於自己的技巧。當時張老師叫我將這位中醫的書一本本細讀，把有意義的資料和想法先打出來給他看，並試著解讀其意義。我一開始把這件事當成苦差事，心中很是抗拒，心想何必浪費時間呢？直接撰寫不就好了。但我後來才發現，當你心無定見時，要下筆時真有如千斤之重，「你確定下筆後論文不會寫壞掉嗎？」這個問題時常縈繞於我心頭。後來就照老師的方式，去讀原始資料，慢慢地累積對這位傳記主人的認識，一邊摘錄傳主的書，一邊寫一些自己的想法，然後再趁空餘時間補充一些相關的前人著作（二手研究），整體想法就慢慢出來了。把這些文字再給老師過目，他就會給我一些意見，問我史料上為何會如此呈現？別人為什麼對唐宗海有如此那般的評價或定位，他們的論述文字真確嗎？這時我才發現，有些二手研究對唐的評價是錯誤且模糊的，正如陳寅恪教導學生讀書要讀原書，他說：「原書中的具體史實，經過認真細緻、實事求是的研究，得出自己的結論，一定要養成獨立的精神、自由思想、批評態度。」[113]轉引或轉述常會出錯，看書須返觀原始資料，才能得到較為真實的史實。再透過對資料與二手研究的綜合反思，自己思考的主軸就會慢慢清晰，你逐漸會知道怎麼論述是最有趣、最好發揮且能得到讚賞的。其中，二手文獻回顧是一定要花功夫去經營的，能夠搜索、分析、判斷二手文獻，這種研究方法，就好像理解、分析企業界各公司的優勢和劣勢一樣，這樣的分析能力與思辨方法不只對論文有幫助，對未來就業也絕對有幫助。[114]並且，要非常小心，現在資料庫如此方便，可以輕易查到哪些題目是已經有人做過的，如果有人跟你未來要進行的寫作題目一樣，那就要檢視自己的資料，有沒有辦法掌握得比別人更加齊全，問的問題有沒有比他人更加新穎，評估自己寫作的優勢與劣勢之後，再決定要不要發展這個題目。即使某段歷史有人寫過，你掌握的史料也非獨門，但依舊可以寫作獨樹一格的歷史。王爾敏認為，學術乃公器，史料為共享的資材，有賴學者學養識力從而造就不朽論著。他舉研究太平天國的歷史為例，說明其歷史全程不過十四年，但卻出了簡又文（一八九六－一九七八）的《太平天國全史》、《太平天國典制通考》等書；郭廷以的《太平天國史事日志》和《太平天國曆法考訂》；羅爾綱則有《太平天國史料考釋集》、《太平天國史》等著作，他們利用的資料幾乎相同，著作則全然不同，精神價值各有千秋，遂同登大師之位。[115] 所以，同樣一批材料，對兩個史家來說可能可以得出不太一樣的見解；即使運用的資料相同，但見解、切入角度不同，還是可以寫出好的作品。我不是鼓勵你去做別人已經做過的題目，而是你要有自己的想法、別具巧思的問題意識和獨到的選取、剪裁史料的眼光，那麼自然可以輕鬆駕馭你的論題，寫出較為理想的著作。此外，寫作千萬不可只抓到幾條獨門的史料來論述，以為擁有祕笈，但僅就資料而論資料，不管歷史脈絡、時代背景或相關連結的事物，這樣即使文章寫就數十篇，所知也不過餖飣之學，對讀者的幫助不大。

學習、瞭解他人的長處是非常重要的學習歷程，透過搜索、閱讀前人研究，你會知道：關於這個人物或主題，有意義、有價值可寫的地方在哪裡？沒有解決的問題有哪些？於是，細部的章節慢慢形成，架構、章節就都有了。再加上若你在原始資料的摘錄上也已累積不少文字，這時正式動筆寫作就會容易許多，駕輕就熟，心中更有定見了。最後要提醒，章節之間是可以挪移的，而且你要有這樣的心理準備。因為在論述過程中，會因著史料的呈現而有不同的文字風貌，前後調整、甚至調換章節，必須以重視時序、因果關係為依歸，有了這樣的心理準備後，就可以持續地寫作，有時停下來再讀自己文章時，也可以反覆思考文句和章節間的邏輯與通暢，進行最好的調整。此方法在手寫、稿紙時代是無法達到的，特別是在短時間寫大量文字時，往往有字句章節不盡理想之處，此時就可以利用這樣的技術調整，不然像以前用手重新抄寫一遍，還是會浪費不少時間。

當你開始一章一章寫下去時，平日的摘要功夫就可以發揮作用了。在前期閱讀時，若已做到腦勤、手勤、筆勤，多想、多翻、多寫，遇見有心得或查找到什麼資料時，就寫下來或打在電腦中；多動手可以避免忘記，時間長了，就可以積累不少東西，有時把平日零碎心得和感想聯繫起來，就逐漸形成對某一問題較為系統性的看法，蒐集的資料到用的時候，就可以左右逢源，非常方便。而且，當你的書房和書架亂得一塌糊塗時，你會非常感謝你之前看過的資料已經打在論文檔案中，減去東翻西找的煩躁；那種伴隨寫作而來莫名其妙的脾氣，將傷害自己的健康，也傷害你與身邊人們的情感。要善用零碎時間找資料和寫一些片段的文字，「時間」需要靠省下來，但絕對不要犧牲過多睡眠，這是我非常強調的。訓練自己能用簡短的時間，把史料、引註、想法、靈感一一記下。最好讀書、讀史料時就把這些東西記下，隨時整理成電子檔。將靈感與資料內的隻字片語逐步打成資料之後，慢慢就會形成一套系統，在零碎的文字紀錄中，再加以分門別類；分類的辦法有訣竅，在讀很多資料時，你的歸類可能會很細瑣，但切記不是隨意亂摘，而是要不斷扣緊核心問題意識，再往裡面填東西（文字）。慢慢摘錄資料後，你就會發現有些概念或方向是比較集中的，這樣就可以慢慢把枝葉（不必要的文句）修掉，論文的主幹就出現了，再加以整合排序，一篇文章的章節架構就可以初步成立，論文主幹和章節支架都有了後，再往裡面填血肉。當然，適度的修正永遠是必要的，端看史料和論題的最後方向而定。

閱讀資料和二手研究時要能觸類旁通，有些可能的小題目可以先寫下來，有靈感要能迅速記下。在研究一個論題時，往往還會衍生相當多的疑問，它不可能只被你手邊在寫的那一篇文章解決，或在一篇文章中被呈現。所以勤於記錄小題目，未來就會成為具有延續性的新研究課題。只要你動筆，每一個問題的意義就都會不斷延伸，直到你停筆、中斷研究的那一天為止。所以研究與寫作是一輩子的事，靈感不太會枯竭，除非你停止動筆並關閉思考。我自己的感受是，很多想法如果沒有隨筆記下，過了一段時間就會忘記，當想起曾經有個好想法卻「怎麼也想不起來」時，就會有很深的懊悔感。蕭公權曾說，他看書時喜歡用紙片將重要的文字抄在紙片上，每晚休息時就將紙片分類，放入木盒內以便日後採用，當要寫論文時，看看盒子已積累數千紙片，勉強做到過目不忘。這些紙片既是其參考資料，而且由於抄錄過，也更有印象，寫文章時就心有所恃，不再難於下筆。[116]顧頡剛寫筆記的功夫更是學人之箇中翹楚，根據其子顧洪回憶，顧從一九一四年至一九八〇年，一共累積兩百冊、四百萬字的讀書筆記。顧不論讀書還是生活，一有發現、一動靈感，立刻隨手寫下看法、聞見與體悟，使得筆記成為一種隨手可得的文字資料，為寫作打下良好基礎。顧頡剛曾說：「（筆記）其為文可以自抒心得，亦可以記錄人言，其態度可以嚴肅，亦可以詼諧，隨意揮灑，有如行雲流水，一任天機。此學術界之小品文也。」[117]所以讀者不可忽略勤寫筆記的好處。如果你在動筆之時，就已在讀書一關做了大量的札記或感想、史料抄錄，那麼便已具備進入讀書與寫作合一的境界，寫作自然輕鬆。切記靈感稍縱即逝，故須以最簡便迅速的方式記錄下來，若是靈感來得太過，用筆或打字都追不上，用錄音的也可以，最好還能運用語音辨識，順便形成文字，則後續處理將更加省時。

切記，當任何寫作開始之時，每天都要寫一些文字，若真的太忙或為事情耽擱了，隔天也一定要動筆。為什麼呢？因為寫作往往是一種具有連貫性的工作，一段時間不寫，再專心投入既有稿件的文句當中，常會找不到靈感、悵然若失，嚴重者可能拖延寫作時間，甚至放棄寫作，這都是常有的情況。凡事動念易而起頭難，寫作也是一樣的。王仲孚（一九三六－二〇一八）曾回憶與其師李國祁在師大校園相遇數次的故事，李老師常問他：「最近有沒有寫文章？」或問：「怎麼都不發表呢？」作為學生的王仲孚則回應：「太忙了，沒時間寫。」李老師笑著回應：「你們比我還忙嗎？」讓王一時無辭以對。他記得有一次回應李國祁老師：「不是不寫，實在是寫不出來，寫不好。」李老師則回應說：「先要有，再求好」、「不寫，則永遠不會好。」此謂讀書寫作之事，常需要一種氣勢和衝勁，一旦開啟了興致，則能不斷往前邁進，不持續寫作，則功力永遠不會進步。[118]所以季羨林也曾說：「寫東西就怕不開頭，一開頭，想停都停不下。」季羨林還說，一個多月沒寫，就會感到生疏。[119]以前我的一位高中數學老師曾說：「三天不念，三年白念」，意思是警醒學生不能離開書本太久，他是教數學的，幾天不算數學、不做題目，自然就會生疏，成績必定要一落千丈，其實寫作又何嘗不是如此？我曾幫一位長者做口述歷史，這位長者也是大學教授，但因為久當行政職，已很少研究、寫作、發表，這是很常見的狀況，臺灣的教授行政壓力實在過重，浪費不少時間。結果，我將口述歷史的逐字稿給他閱看時，據其助理說，他根本無從、也無法改其文字，因為很多人會口說，但平常不寫作，自然就會對文字的書寫和修改相當陌生，臨到要寫作時，當然就不知所措、語無倫次了。所以諸位不論是看什麼類型的教導寫作祕笈，幾乎都會強調要「常常」寫作、甚至「每天」寫作，才不會對既有的文句感到陌生、抓不到文章脈絡中文字流動的靈感。

寫作必須日積月累、聚沙成塔，作家史蒂芬．金曾提供他的作息給大家參考。他在時間的劃分上非常清楚，早上屬於任何新的工作，即手邊正在進行的創作。因為早上思緒比較清楚，是寫作的最好時刻，據他所言，年輕時一天寫作的時間大約是四小時到六小時之間。下午則用來小睡片刻和回信，晚上的時間則是留給閱讀、陪家人，偶爾看看紅襪隊比賽，或是修改任何即將要交稿的文章。雖然他不是學者或研究人員，但是他身為專業的全職作家，生活作息其實正是理想學者的寫作生活，核心就是寫作、讀書、休息、陪伴家人和娛樂，沒有太多外務的纏繞紛擾。史蒂芬．金說，一旦他開始一項作業，除非逼不得已，絕對不會停止動筆、也不會放慢速度，如果他不每天寫作，故事中的人物就會在自己的心中漸漸走味，故事的結構也不再分明，作家也將失去對故事情節的掌握。最糟糕的是，「所有編織新故事的興奮感都會開始褪色，工作開始覺得就像個工作，對所有作家而言，這是個死亡之吻。」他說，最棒的寫作總是發生在作者靈感啟動的時候，史蒂芬．金說必要時，「我可以很冷血地寫作」。他喜歡在想法仍然新鮮、好似握不住般燙手時來寫作。其寫作的時刻，還包括對美國人極為重要的聖誕節、獨立紀念日和自己的生日，也就是毫無疑問地「每天寫作」。對他而言，「不工作才是真正的工作」，當作家在寫作時，一切經歷都像是在遊樂場，他說就算是在寫作時遭遇到困難，他都還是能保持快樂的心情，因為他熱愛閱讀和寫作。[120]我也希望讀者能保有這分心情與熱忱，如此，寫作或發表文章的困難已解決一大半，文章的產能和質量必將日益提升。

人文學類的博士學位論文大多要十萬字到二十萬字，其實加上註釋、參考書目，大約二十至二十五萬字之間，已是一本學術專書的適當字數，處理複雜的問題，則另當別論。當然，寫超過這個數字的學位論文比比皆是，我的碩士論文大約二十六萬字，博士論文大約四十三萬字，顯然是過多了一點。要寫出這麼多字的著作，不經過一些訓練，根本無法完成。正如王汎森指出，「寫這麼大的一個篇幅，如何才能有條不紊、脈絡清楚，並把整體架構組織得通暢可讀？首先，必須要從一千字、五千字、一萬字循序漸進的訓練，先從少的慢慢寫成多的，而且要在很短的時間內訓練到可以從一萬字寫到十萬字。」為了完成一個大的、完整的、有機的架構模型，必須要從小規模的篇幅慢慢練習，這是最有效的辦法。[121]黃永年曾說，有些老先生讀了很多書，很有學問，但對文字謹慎，一輩子沒有寫什麼東西，黃認為這種人現在已經很少了。現代的問題則是，有些人學問還不足的時候就急著出書，寫出來的東西總是淡而無味，好比喝茶卻無濃郁香醇之感。黃認為，文章是一定要寫的，但可以先從學術性的小文章和讀書札記寫起，同類文章寫多了、書讀多了，自然就能寫專書。很有意思的是，黃認為那些小文章、札記若是能匯集印成一本論文集，也相當精采，老一輩的學者都如此，可惜現今學界不重視學術論文集。[122]

實際上，寫作是一個充實但又孤單的過程，特別是為研究而寫作。有時候你覺得很有意思或興趣的主題，對別人而言卻相當沒有意義，這時需要一顆堅持的心才能夠繼續走下去。一旦開始寫作，就不能離開寫作太久，吃喝玩樂與放鬆是必須的，但不可過度，不然再回到文稿上時，往往需要一段時間才能再找到靈感與對資料的敏銳度。顧頡剛在燕京大學任教的時候曾寫道：「近日放假，客來頗多，遂失工作時間，甚悵惘。將來如遷入城中，當堅決拒客。並在學校中定會晤時間，除星期日外，更不使客到我家也。以我會客寫信時間從事於一種外國文字之攻讀，必可精通。可惜我現在已為社會上的人，更無求學之自由矣。」[123]對一位閱讀與寫作的工作者而言，雜事、會客、被俗務打斷，都會降低讀書與研究、寫作的效率，需要多加留意。我曾經試過，在某一段時期將寫書稿、寫論文、寫計畫、修改稿件、整理史料等工作切成五份，在一天內平均地做這五件事，但是我終歸失敗了。因為我發現，若在平日教學日，要處理教學的事務和備課，還扣掉回信、開會、學生或助理的約談等等，一天大概最多只能擠出四個小時來寫作，根本不可能做五件事。在臺灣，於大學教書的教授授課鐘點實在偏多，教書與學術能兼顧最好，但常常不能相得；何況大學還需要教授進行「服務」，包括招生、擔任導師、社團指導、輔導學生等等，難怪臺灣很多大學教授的研究水準都被俗務困住而下降，特別是擔任行政職之後。民國學人錢穆就說，他在擔任小學教師時，讀書最為快樂，待到大學教書後，書籍與參考資源變多了，可以請教的人也變得更多，但是他看到教授們為教學、俗務等牽絆，讀書反而不盡興，「無沉潛深細之樂」，徒增知識上的痛苦，可見讀書的心境與環境非常重要。[124]

寫作這項大工程需要醞釀與準備，打開文檔，還要一段時間才能進入狀況，所以在平常工作日，是不可能達到一天做五件事的。一般工作日，我常利用晚上寫作。因為白天雜事多，又要上課，很難集中注意力，但可以集中火力先將雜事處理完，晚上再專心寫作。缺點就是，你總是感覺一直在工作，但只要你喜歡閱讀寫作，心情放鬆且愉快，就不會感覺那是一件苦差事，閱讀與寫作的「工作」都可作如此這般看待。不過，筆者一定在晚上十點半至十一點半之間就寢，這段時間我會在床上看看閒書或電視，那也算是個人的休閒吧。有時躺著看書，看著看著眼睛朦朧，也就睡著了，若讀到有意思的書，也不會撐太久，頂多十二點半前一定會睡著。但要提醒讀者，臨睡前讀的書最好不要是嚴肅的學術書，因為會影響睡眠，我曾經為了節省時間，睡前總是看與寫論文有關的學術著作，結果腦中思緒一直亂轉，遂導致失眠，後來是以「看漫畫」治癒，大概是心情較為放鬆吧。現在臨睡前大多看看口述歷史、回憶錄或學術隨筆等較為輕鬆的著作。人體自有生理時鐘，你應該依循著應有規律，不要隨意變動睡眠和起床的時間，對身體而言比較健康。故第二天我通常都在六點五十分前後起床，即使假日多睡一些，早上八點左右也必定會起床。平常上課日，只要不是八點上課，也會運用去學校前的零碎時間寫作，一般大學十點的課程或會議開始之前，扣掉約半小時左右的盥洗、穿衣、車程，我還有約莫一個半小時的時間可以閱讀或寫作，零碎時間就是這樣產生的。每逢假日時，我也盡量保持一致，作息才不會亂掉。切記人體自有生理時鐘控管，靠熬夜閱讀寫作，假日再好好補眠，這是最沒有效率的工作方式，規律的生活可以為你創造最有效率的閱讀寫作狀態。

筆者在大學教書，時間尚能彈性安排，一個禮拜可以有很完整的三天可以進行我的「學術寫作工程」。不過，無事在家，還是有雜務，包括帶孩子上課、幫忙打理一些家務等等，仍會花掉一些時間，但總比在學校悠閒一些，所以還是能寫點東西。但是，我努力到極限，一天還是只能做四件事，而且真的很容易精神衰弱，因為要不斷轉換寫作的主題，還是相當困擾。我的體驗是，大概粗分為早中晚，做三件事還可以，四件工程就有點太多了。至於我之所以面臨這樣的困境，實在是自己招來的「稿債」，所以我也提醒讀者，有時要衡量自己的時間，若是無法應付，推掉一些稿約也無妨。我有個壞習慣是讀博士時培養來的，當時我只是一介微不足道的研究生，有前輩找我發表論文，我一律來者不拒，深怕拒絕別人邀請而得罪人，以後沒人會邀請，所以常常勉強允諾。但這是不對的，參加過多會議，只會讓自己疲累不堪，所以要斟酌情況，量力而為。當然，凡事皆有一體兩面，這些經歷培養了我的寫作速度，而且我的會議論文常常小修就可以發表，因為很怕隨便交會議論文將被他人恥笑「拿這麼爛的論文也敢來參加學術會議」，所以我一定盡量將會議論文寫好。筆者認為先有這樣的體認，再著手去寫會議論文、參加會議，才不會浪費時間，因為你已經朝出版論文的方向來謀劃了。最後，一天若能認真進行兩件學術工程，其實已經不錯，而且會比較有效率，可以更為專心，此為經驗之談。

現代學生對於讀書的專注不如以往，但若情況允許，鼓勵大家還是好好讀自己喜歡的書，因為將來進入職場後，將更難有完整的讀書時間了。蕭公權指出，讀書與寫作絕非苦悶之事。苦悶乃源於錯誤的工作態度，讀書做事，勞心費力，其實打牌跳舞、打電動，也一樣勞心費力兼傷眼。若能將讀書寫作看成是一種放鬆與開心的活動，便可以成為生活上的娛樂，也就不以為苦了。[125] 我知道保有這種心境很困難，但讀者不妨放在心上，慢慢在閱讀寫作生活中體會，你的態度一定會朝正向進步的。我建議將閱讀寫作與你的日常生活結合，善用零碎小時間。可以試著用統計圖表或隨筆記錄，重點是誠實，去記下你每天閱讀和寫作的時間，並在旁邊記錄哪些因素會影響你的工作，你今天善用了哪些零碎的時間寫作呢？例如你昨天明明可以寫稿兩小時，今天卻二十分鐘都寫不到，為什麼？檢閱之後，你可能會發現，回信、追劇、滑手機、聊天、應酬等等，讓你失去很多寶貴的時間。在記錄幾次或一段時間後，你就可以發現影響你閱讀寫作的「負面因子」為何，此時逐步加以改進，這對你的閱讀寫作，乃至工作狀態，都會有極大的幫助。

我寫論文時，常會先用電腦做札記，待正式開始寫作時，幫助雖不小，但缺點是常常捨不得刪除已寫的文字，想把它們都堆疊上去，篇幅雖增加了但文字卻漸漸無法駕馭。張哲嘉老師跟我說，多餘的字句有如贅肉，割去比較好，所以要捨得慢慢刪除；論文或書都一樣，絕非愈厚愈好，主要是求通順且能說明問題，才是最好的寫作策略。註釋或參考書目也不是愈多愈好，只要能清楚說明問題，交代出處即可，重要的還是自己的想法、觀點與論證。知名學者威廉·鮑斯曼（William J. Bouwsma）的書 *The Waning of the Renaissance,1550-1640* 註釋就非常少，因為其學問已成熟，情感與形式的統一已經融合，「根據作品中的註釋數量來估計天才作品，那是永遠不會正確的。」[126] 所以寫作要知道取捨，不是什麼東西都愈多愈好，字數與註釋的數量，皆應求適宜即可。王汎森曾舉他以前念普林斯頓的一位荷蘭同學為例，每個教授都誇他好，說他對很多領域都專精，但他最後寫出來的博論卻是最差的，「因為他太瞭解每一個東西了。」太重視每一個細節，而每一個細節又都要釐清，論文最後成了很多片段問題的集合，卻沒有一個核心的問題。寫作不能拘泥在小細節，要知道哪裡該將小問題和零散的資料拋棄。[127]總之，在寫完文章後一定要自己多讀幾次，就可以發現某些多餘的東西，去試著刪除或修改過長的句子，使其簡潔有力、辭以達意。除非要刻意寫散文、小說、新詩，不然文字簡潔、通順即可。蕭公權初寫博士論文時，曾試著刻意在文辭上雕琢、咬文嚼字，結果為其指導教授狄理指責了一頓。蕭後來理解，他舉孔子說：「辭達而已矣。」朱熹註解時說：「辭取達意而止，不以富麗為工。」這就是寫文章的最高指導原則，[128]不刻意雕琢的文句讓蕭終於通過指導教授的認可。[129]不過，須在此說明，優美與豐富的文句與用詞，仍是一篇好文章的概念，我們雖不用刻意雕琢安排，但若一篇文章中運用的字詞太單調、沒有生命，那麼寫出來的東西自然無法吸引讀者，文章的組成是句子，句子的組成則是字詞，想要訓練好這些書寫元素，前面所提到的摘錄、模仿功夫還是有用的。曾國藩談及自己作文的訓練，說到以前參加鄉試時，詞句貧乏，差點無法寫作成篇。所以他說：「爾作時文，宜先講詞藻，欲求詞藻富麗，不可不分類抄撮體面的話頭。」[130]曾氏建議，可以找一些好的書籍，例如《經義述文》、《子史精華》、《淵鑑類函》等書，將裡面好的文句分類抄錄，一則抄錄本身就是一種學習，二則可以隨時分類以備參考，這是一種「學問之捷徑」。這類辦法，其實和筆者所言的摘要功夫相同，只是我們現代可能不會抄古書，但拿好的今人專書或論文來模仿也是可以的，當然你可以參考古籍摘錄，或許可以得到與多數人不一樣的體會與功力。

寫作過程中，不斷重複讀前面的句子與段落是重要的，有些人寫的字詞結合都沒問題，但總覺得說理不太明確，而且文字愈多、篇幅愈長，於整體架構之破碎感愈強烈。其實，字數一多，本來就比較難以駕馭，但你必須從最簡單的訓練開始，不斷去讀前面的字句，使你的文筆跟思考產生一致的連貫性。史學寫作的基礎是史料，寫作之初，一般人很容易一直往文章裡堆資料，所以整篇文章顯得相當破碎，張哲嘉老師提醒我要注意一段與一段之間的邏輯性和相關性，之所以要不斷反覆回頭看文句，就是因為寫作者必須串起章節與章節之間的關係。在這個過程中，你還要體貼讀者，因為你很熟悉的細節，你可能不會一一交代，但一般讀者卻不見得能理解作者的想法，所以必須牢記「讀者可以理解嗎？」這句話，有些關鍵的解釋還是必需的。當你著手撰寫文章時，要能形成一清楚的論證，也就是對題目的一個寬廣、整體的看法，再開始動筆。不要太仰賴資料庫或者其他太多雜亂、零散的資料，有些資料不引用也沒關係，並不會影響你的主論述，全部用上，堆疊一堆無關痛癢的珍稀資料以求正面評價，徒然浪費時間，反增加讀者閱讀理解的困難。先有一個清楚的想法與架構後，再運用這些資料，會比較有效率。王汎森指出：論文題目的論證概念，實際上是近代西方引進來，和中國傳統做學問的方式不全然相同。[131]過去讀書人多已有思想整體架構才來論述，我們今日則是面對資料爆炸、零碎，無法完全吸收下，又要「命題作文」，所以對寫作一事而言，今難於古，必先心存架構與問題意識，才能處理、取捨大量且零散的資料，抓取有用的資訊，去蕪存菁，豐富自己文章的論述。

一九六〇年代，嚴耕望至香港新亞書院歷史系教書時，有一學生名譚宗義，拿了一篇發表的文章〈諸葛亮南征考〉請教他。嚴氏對其文章批評之語，乃是很多年輕學生會犯的錯誤，提供給讀者參考：第一資料太少、間接又間接的資料太多，其中又夾雜以想當然之推論。把結論先做一肯定，然後用間接、附會的資料，夾以想像，逐步求證其最初所做的肯定，此一治學方法，最要不得。當然，這是就史學與史料論證的嚴謹性而言，屬於純學術寫作的討論。而事實上，用少量的資料講大量的話，夾以想像、神入的文學筆法，彷彿穿越時空，本為西方後現代史學乃至新文化史的特色之一。這箇中翹楚之一，即廣為人們喜愛的歷史作家史景遷。筆者讀博士班時，指導教授呂芳上曾讓我們在課堂上讀他的《婦人王氏之死》和《胡若望的疑問》等著作，看著是津津有味，但我問了一句話讓老師思考許久。我問，若我們寫博士論文也用這種風格和寫作方式，下場如何？答案當然是不可以的。但是用這種不受史料限制的文學想像來寫作，有時卻能創造出高度可讀的作品。更為人們所熟知的是《槍炮、病菌與鋼鐵——人類社會的命運》，這本書在臺灣正式翻譯上市時，筆者還在讀大學，直至今日，這本書仍霸占暢銷排行榜，甚至成為各類人文社科推薦書單上的常客。當時世界史的老師推薦我們閱讀這本書，最初直觀的感想是：這能算是歷史書寫嗎？為什麼可以這樣呈現？儘管它對某些文明的高度概括性文字略嫌簡略，但這本書帶來的啟發性卻是震撼人心的。最令我感到有趣的，是作者認為這本書其實是「歷史科學」，而非傳統人文學的範疇，他的跨學科、跨區域分析，將歷史研究的領域和解釋方法，都進行了一次具有顛覆性的擴張與創新。[132]我們應該思考的是，為什麼西方的學界可以、或容許生產這類著作，以致於臺灣出版社大量翻譯西方專著，但我們自己的本土作家卻很難寫出這樣創新的著作？近三、四十年來，西方史學界的各種轉向，無論是語言學轉向、文化研究轉向，都豐富了原有歷史論述的形式和論題，儘管傳統政治、外交史還是不乏青睞者，但細分化與多元化的趨勢，卻使得人們逐漸瞭解所謂歷史因素的複雜性，而審慎地不輕易提出具有高度概括性的結論。[133]對於這些轉向，雖然在研究上的利弊得失仍有許多正反意見，但我們必須思考的是，為什麼我們沒有自己本土的創見？而總是在西方理論後面跟風，感覺永遠慢了一步？

現在這個時代，學術書籍不好看、沒人看，銷路很差等刻板印象，都是人文素養的警鐘。很多人說，研究本來就應該是小眾的，這句話只對一半，而且有推卸作為一位公眾學術人應有職責的嫌疑。對科學而言，精密且高深的科學技術，本來就不可能人人皆知，但中國古代的書籍，或說一種人文精神的普世價值，只有少數人應該知道嗎？筆者是絕對不贊同的。為什麼學術界寫出的書愈來愈難讀？這是值得檢討的，閱讀只有在讀者真正實行、發生實際意義的時候才有真實用處。若只有作者或審查人覺得有意義，出版後只能束之高閣，則未免太過狹隘。回到嚴耕望的叮嚀，他建議自己的學生，寫作要有榜樣參照，可以多讀錢穆、陳寅恪、陳垣、呂思勉等四家著作來學習寫作，[134]本書後面以錢穆、呂思勉為主論述，也是這個道理，至於二陳，因為筆者沒有深究，不敢輕言，特別是陳寅恪，屬於高資質的史家，而論者已多，讀者可以自行參看。

史語所四十週年所慶時，臺大文學院長沈剛伯（一八九六－一九七七）到所上講演〈史學與世變〉，含蓄地指出史語所所謂的「新史學」是與社會脫節的純史學，固然有其可貴之處，但與社會時代都是隔離的，所謂純之又純的學術型史學，如何能維持不間斷的創新力，以免於枯竭？如何接受外界不斷的刺激以產生新觀念？寫作新史書，如何從時代社會的轉變中尋找靈感，以開展研究的新路徑或新境界？這些都是史界一分子不能不認真思考的問題。[135]近代中國乃史語所成長茁壯的時代，一九四九年後，時代丕變，史語所轉往臺灣立足，依舊執學界之牛耳。沈如此言，不是針對史語所，而是針對偏重學術純研究、脫離實際的「為學術而學術」類的寫作發出警鐘。胡適在一九五四年就曾說：「中國文史界的老一輩學人，都太老了，正需要一點新生力量。……要有中年少年的健者起來批評整理他們已有的成績，使這些成績達到 generally accepted 的境界。」[136]就是一方面要有後進繼承學術，進行一種批評與精進，另外就是要把既有研究成果轉化成大多數人可以接受的知識，進行類似通俗化的改造，將專業知識擴散。

開拓一條通俗歷史學的路，我認為有其價值。做學問是要讓人家知道你在做什麼，不能閉門造車，學術文章若只能孤芳自賞，生產出再多的文字，也對實際問題與人生意義無益。何茲全（一九一一－二〇一一）指出：使歷史知識通俗化，最好的方式是寫歷史小說，當然他不是說研究不需要做，而是取得一種平衡，他說：「我們研究歷史科學的人應該兩條腿走路：一條腿要深入研究歷史，研究歷史越深入，越符合歷史實際，歷史科學的真理性就越強。一條腿要把歷史知識通俗化，通過文學藝術手法的表達，把歷史知識、經驗教訓送給廣大人民群眾，提高民族的文化素質和修養，使人們懂事，對人對事有見識。」[137]有一次一個出版社的編輯來找我，說想要規劃一套像是「給人類看的中國史」這樣的主題。我噗哧一笑，當然知道那位編輯多少帶有一點開玩笑的性質，酸一下學界之人，寫的書常讓一般讀者消化不良，以致銷量變差，出版社自然不會考慮本土作者，老想找外國的著作來翻譯。這一點都不奇怪，因為學者出的書，主要還是以升等、評鑑為第一考量，當然只能以中規中矩、四平八穩的文字來呈現，這類書較難觸動一般讀者。尤其是學術論文的呈現，註腳落落長，論證纏繞不休，反覆解釋，還加上一堆專有名詞、理論和學說，這種文章當然不好讀。以前有位學弟考上某歷史研究所博士班，我在恭喜他之餘，也和他的朋友們分享這則喜訊。結果他的朋友竟然說：「他很適合念歷史博士，因為他講的話別人都聽不懂。」當下一聽頗為尷尬，這位學弟同系的朋友與他並無過節，可能只是一句玩笑話罷了，但也可見很多艱深知識的呈現方式，頗令人卻步與不敢苟同。

筆者認為學界的評鑑與寫作方式的訓練，還是過於老舊，無法給新一代年輕學子寫作的養分與自由，這是非常值得思考的。眾人寫作的形式都一樣，釐訂題目與章節時都有一定的套路與語言，但在這變化如此快速、思想如此多元的時代，已經失去了既有的功能與光彩，對於「不走學術」的寫作，在大學非中文系學術單位內的訓練與教育，並不算充分。讀者若每次有新的閱讀，特別是閱讀不同種類或觀點的著作，總是能啟發自己的某些靈感與思想，這有時也提醒讀者，平日閱讀的主題宜寬宜廣，寫專業論文時，再走向宜窄宜專；寫作則不能獨重專業寫作，也要能兼顧大眾需求。我們來看個跳脫既定寫作模式的觀點和例子。有家出版社曾委託我上電臺談一談《醜陋史》這本書，我那時還想：「是不是我長得夠醜，出版社才找我幫忙啊。」後來編輯才說，因為我寫了一本《虛弱史》，我當然也不是過於虛弱才寫這本書，寫作總要找創新、找靈感，論點若都一樣，就沒什麼意思。[138]出版社編輯認為我的寫作選題與《醜陋史》內所探討的身體概念、感覺史與醫療史等有所關聯，才會找我評論。我讀了這本書，發現這本書內容豐富，文句卻失之跳躍，我想多少是與翻譯和西方的行文有關。更重要的是，我發現我寫《虛弱史》還是基於學術界的觀點，學界的人寫作仍然很難將「學術升等」這件事完全拋諸腦後，我用學術眼光來看待這本《醜陋史》，才會產生這樣的刻板印象。但事實上，寫作有很多模式，這本書的作者曾在美國教導創意寫作，本身就是寫作高手，所以我想文筆或構思應該絕對不是門外漢；待我讀完全書後，發現這本書有很大的特點，就是作者可以用歷史學、美術、人類學、法律、身體、醫學、政治、心理，甚至是感覺史等各種觀點來切入，反覆解析歷史上「醜陋」這個概念，[139]讓這單純的字詞，被賦予無限寬廣的含義，這也是通俗寫作應該學習的，更是某些西方史著的特長。在專門學術著作中，一次在書中塞進如此多的概念與分析方法，在臺灣學界一定會被抨擊「不夠專業且失焦」，但仔細看這本書，作者其實引據皆有出處，甚至有嚴謹的註釋，但是她構思與行文卻不受僵化學術寫作模式的影響，故能從一個毫不起眼的「醜陋」概念，寫成一本專書，這種巧思與寫作，頗值得讀者學習，透過多讀同類或同模式的著作，必定可以不斷啟發新觀點，對自己的寫作有所幫助。西方史著還有一個很大的特色，就是常常可以用簡單的主軸和概念來寫一個具有通貫歷史風貌的專書，特別是跨區域和跨時代的幅度，都超過一般中文學術專著的想像與規範。例如全球史、跨國史會誕生於西方學界而非亞洲學界，一點都不讓人意外，[140]寫作風格決定內容的呈現，這當中像是史景遷等人自是不在話下，挪威史家文安立（*Odd Arne Westad*）的 *Restless Empire: China and the World since 1750*，用一本書來寫作中國近代兩百七十年的歷史，他不是用通史筆法，而是用民族主義與對外關係的切入視角來解析中國的歷史發展動力。[141]這種大範圍的歷史分析是一般中文研究著作很難寫就的，因為易遭致寬泛且不夠扎實的批評，但這卻是西方歷史學者頗為擅長的寫作方式，過於細緻的考究和細節不是他們重視的。當然，也不是說這類寫作取向沒有問題，菲立普・費南德茲－阿梅斯托（Felipe Fernandez-Armesto）的《食物的歷史：透視人類的飲食與文明》（*Food: A History*），同樣規模宏大，探討的可以說是食物的全球史，但是一句「傳統中醫有一套現已廢而不用的體液理念，這套理論說不定源自西方」，顯然完全誤解了中醫的發展史。[142]也就是說，在論述大歷史，跨時代與跨文明分析時，常常禁不起細緻的檢視；但這本書依舊為人所知，且極具可讀性，此為西方史著的一大特色。其優點是展現敢於跨出熟悉文化，去論述不同文明的膽量，缺點則是細緻處常有錯誤和想像之詞，好壞之間，或許讀者可以取其利而避其弊，想辦法創新自己的書寫模式。

前面已略為談到臺灣現代出版社都大量翻譯外國學者的著作，可以看看暢銷榜，理解一下臺灣讀者喜愛的學術或文史書籍，大多是外國學者的譯著，本土學者生產的可讀著作愈來愈少，這種本土知識的貧乏，使得臺灣文史知識分子喪失了與公眾生活的連結，「知識生產的供需失衡」，才導致學習沒有實際用處，然後教育單位再說教授的研究都沒有用、沒有在地連結，要做USR（實踐大學社會責任，University Social Responsibility，簡稱USR），這其實是本末倒置了。我想沒有一個學者設計計畫的初衷是要把大家累死的，計畫背後總有一些理想，但讓大學教師把精力花在執行、核銷、報告等各種行政的瑣事上，卻無法認真做研究，陪伴、教導學生閱讀、訓練他們寫作表達與培養良善人格，這樣的風氣還要在大學中蔓延多久？教授若也能去寫作科普乃至史普的書，不就是最真實的USR嗎？盡到大學教授將知識通俗化的責任，也盡了大學教授作為公共知識分子的功能。最終，我們不能只單純地去怪罪出版界「崇洋媚外」，主要還是華人學界要思考對學術書的定義、評鑑是否應該放寬，鼓勵學者生產更多較為通俗的學術著作，容納更多創意，而我們在專業系所教導學生的寫作，也應略為朝多元活潑的現實議題導向來發展，才能有所突破。

值得注意的是通史的撰寫，似乎落入教科書的領域，許久不為學界所重視。但是好的通史著作，往往具有好的觀點，每每能成為長銷書籍，且在暢銷書市中歷久不衰，或許一般對通史的「教科書」印象，並不一定會阻礙讀者的喜愛。市售具備通史性質、具有學術意義者，包括錢穆的《國史大綱》、徐中約的《中國近代史》、黃仁宇的《中國大歷史》等，都很有代表性。世界通史則幾乎都是外國翻譯著作，學術性的暢銷書竟然還有王德昭的老書《西洋通史》，可見本土西洋史學之不振，大概只有孫隆基的《新世界史》還算有理念又暢銷的本土著作，為近數十年本土西洋通史之佳作。[143]而有別於傳統史學紀傳體或斷代通史著作之新式通史的誕生，在晚清興起的改編國史運動影響下，首先在教科書上展現成果。受到日人那珂通世（一八五一－一九〇八）中文本《支那通史》的影響，夏曾佑（一八六三－一九二四）於一九〇四年出版《中學中國歷史教科書》（一九三三年商務印書館出版大學用書，即以此書為底本出版《中國古代史》），劉師培（一八八四－一九一九）也於同年出版《中國歷史教科書》，距今不過一百多年。[144]至抗戰時期，顧頡剛在成都時寫給葉聖陶（一八九四－一九八八）的信中說到他在齊魯國學研究所時擬定的工作，寫道：「擬集中精力於整理廿四史上，使散亂材料串上系統而成各種專史之材料集，為將來正式作通史之基礎，再將範圍擴大至廿四史之外。此事甚大，我輩生命中未必能親睹其成。但欲引史學上軌道，固非此不可也。」[145]可見史家於閱讀、整理資料後，總需要時間進行整體消化，才能書寫新篇章，這是歷史學家的寫作。亦即要先讀資料，把書本先看成一種史料來整理、分析，統整後心有所會，才能有所得。而現今教寫作技巧的書，都是純方法論，只是一種「空想」的技巧，著重堆砌詞藻，並不是建築在實際的材料和作者的識見上，而這後者的「史識」尤其重要，又可見寫作良善之通史著作，必須花費大量苦心處理資料。

顧頡剛在抗戰時遷移到了昆明，至一九三九年初，受聘擔任雲南大學教授，教導中國上古史和經學史兩門課程，他當時想寫一本具有通覽性質的《中國上古史講義》，但卻碰到困難，他在日記中寫下：

以語體文字撰述講義，使讀之者弗為考證之語所困，然古史材料少而問題多，不加考證即無以定其然否，故亦摘取人我研究結果作注語附文後，備有志治史者之尋省，而先書之於筆記冊中。前在北平，雖多披覽，以正式工作為專題研究，常集中精力於一二問題，筆記之範圍不廣。及至是，甚欲以現階段之古史研究施以系統化，俾初學得承受較正確之古史常識，民族、疆域、政治、社會、宗教、學術各方面無不當注意者，規模大擴；……所憾者所提諸問題，獻疑固可，欲考核以歸於一是，所望即嫌太奢，是則注語與正文之有待改寫可知也。146

亦即通史的撰寫相當不容易，特別他僅只是針對上古史的通史教材而論，寫作時還需注意考證、資料的性質和待解決的問題，看看能否用注文呈現，和寫作專題式論文是不一樣的。顧頡剛的想法偏向完美主義，想要把這些東西全部寫進講義內，主要希望能給後人一些啟發，而問題、疑惑太多，寫作上常發生困難已是意料中事。顧的這個願望，直到一九四〇年有初步成果，該年他應《文史雜志》邀請，將在雲南大學所編《上古史講義》點校發表。他寫作〈引言〉曰：

> 許多年來，我常想系統的編出一部《中國古代史》，給一般人看。……前年到了雲南大學，就用通俗體裁編寫上古史講義。人家笑我寫的是小說，我說，我正要寫成一部小說，本不希罕登大雅之堂。不幸……身體驟壞，只寫成九章就擱下了。現在《文史雜志》累函徵文，……檢出舊講義塞責。讀者諸君如果覺得這個體裁可用，希望大家起來這樣寫，讓一般沒福享受高等教育的國民能看我們的正史，激起他們愛護民族文化的熱忱；那些大學生呢，也可看了我們的注釋，自己去尋求史料，作

深入的研究。[147]

可見顧氏當時的通史體裁，其理想是著重通俗可讀，又能在細節上重視事實的考證，對學生產生助益，又可以兼顧普及度和專業性，其想法超越同時代人著述的視野。這個例子可以告訴讀者，只讀任何教導閱讀寫作的書，都很難達到顧這樣的境界，因為要寫出一本有創見、有價值的書，必須要先做到在很多小問題的書寫與考證基礎之上，才能逐漸產生自己的觀點，又要能兼顧文筆的通俗性，使大眾可以接受、願意閱讀。這樣的寫作功力和寬廣的視野、對各類問題的全面關照，必須累積很多閱讀、資料之搜索與整理、消化的工作，才有可能達到，特別是當書寫的主題充滿各種問題時。所以我認為史家的寫作還要「有系統」，要有一個整體的計畫，寫的一篇篇文章，彼此要相關，它的背後可能是一本書，甚至是可以寫幾本書來交代的一個大問題、一個有意義或也可以是很實際的關懷。筆者的研究是中國醫療史，雖是歷史寫作，但因為中醫還活在現代，它面對許多挑戰與問題，我認為自己總能夠在歷史變遷中找到一些關鍵的啟發與應對策略，提供給中醫界的朋友參考，這成為我寫作時很重要的動力。[148]例如我研究流感的歷史、SARS的歷史，當然也就會對二〇二〇年初新冠肺炎（COVID-19）的消息感到興趣，並與切身研究相關。包括新冠肺炎疫情中的各種檢討聲音，例如整合中西醫藥資源之效率、訊息透明度、通報系統、人力掌握等狀態，都可以在處理疫情的過往歷史中找到蛛絲馬跡。[149]而對於中醫史而言，各地中醫醫療團進駐武漢後，若能公開更多治療的資訊，讓外界知道中醫藥的能力與處理狀況，究竟能發揮哪些確實的功效，則為未來中醫史研究的關鍵問題。它不只代表中醫的歷史，也是中醫未來發展之關鍵。

筆者仍要提醒讀者，寫作無法等準備周全才開始，總要邊讀邊寫才好，抓到訣竅後，速度就會練出來。寫作一篇文章有時會對另一篇文章也產生旁觸之靈感，需要立刻打開該文件記下來，以免忘記。可以用不同字體標示靈感或具有發展文章意義的文字，下次轉寫另一題目時，就可以再看看這些隨手記下的文字，有時甚至又能觸發另一些靈感。靈感總是接續前一個靈感而來，那些記下的文字不一定都有作用，但大多是有用的。我自己也記下一大堆這類文字，其實最後都變成某些論文的題目或內容架構。

王汎森曾說起他就讀的普林斯頓大學旁一間舊書店的老闆，他精熟每一本書，可惜卻永遠無法完成學位論文，因為他不知道要在哪裡放手，文章寫不出來，讓一切都只成為空談。論文的寫作只是個訓練過程，不能苛求完成經典之作，史料無限，必須知道開始的問題意識與收尾結論之處的巧妙配合，不能無限制地延續下去。我認為王說得非常到位，他認為：「我在我求學的生涯中，碰到太多聰明但卻一無所成的人，因為他們很容易困在自己的障礙裡面。」[150]有些人一直讀書，卻寫不出論文。對一般人來說不成問題，但對需要以「寫作」為生或以寫論文來畢業、升等的人來說，這就是個很嚴重的問題。在我就讀研究所的過程中，碰到不少這樣的人，其實就算勉強寫出論文，這樣拖延的態度，也總成為日後寫作的困境，最後在寫作的工作上沒沒無聞或逕自消失，這是非常可惜的。王仲孚先生曾在上課時對我們說：「文章寫不出來怎麼辦？降低一點標準就容易多了。」這不是要你取巧，而是要你對文字有所節制，不能無限寫下去，只要保持「雖然我寫任何東西我都不滿意，但是在過程中我都絞盡腦汁希望把它寫好」這樣的心態就好，[151]拿捏得宜，存乎一心，自己的狀況還是自己最清楚。要記得隨時「有意識地」調整自己的各種狀況，因為很多人都是渾渾噩噩地寫文章，未嘗時時檢視自己寫作的情況，千萬不可撞進論文問題意識的死胡同中繞不出來。

寫作與論述時需不需要有「理論」來支持？在筆者剛唸碩士班時，常常想引一些西方理論來為自己的研究「壯聲」，但事實上那相當愚蠢且幼稚。如今，我個人認為有合適的社會科學理論架構來作為支持，當然也很不錯，但千萬不能「硬套」；以後設的架構與理論拿來解釋社會上的事物，常為政治、社會學者所採用，但這些理論皆為「後出」，拿來套在千百年前的各種社會史的狀況之上，難免有瑕疵與不合之處。我曾在書中提出「重層醫史」的想法，[152]它雖然也是一種架構，但實際上是基於自己的研究有感而發，算是研究方法，而不算理論架構。筆者建議後學不要亂引西方社會科學大師的研究，來比附自己的題目，還是要基於什麼資料來說怎麼樣的實話，依據史料、證據來說話，是不需要理論的，能透過資料來解決真實問題，才是研究的正途。王爾敏說：「今日實際現象，大概所謂社會科學學者，最喜探討理論與方法，往往人各一詞，實際又不免大致雷同。固已使初學者無所適從，更嚴重關鍵，則在於理論雖多，而均有漏洞，方法雖新，亦多不適用」、「即令再次不斷出現創新理論與方法，而實不過多出一種理論與方法，以增加原已繁亂雜駁之現象而已。」王氏認為，新的理論不斷出現，固然顯示學術一直處於進步當中，但這些所謂「新理論」，又不過是學術發展過渡之參考而已，「或竟轉眼之間，而成明日黃花。至莘莘學子何其不幸，而隨新理論新方法任其播弄一時，隨風波流轉，甚至奉為真理不二法門，終生不悟。」[153]我另舉李小龍在電影《猛龍過江》（一九七二）的例子，相當傳神。在電影中，李小龍是這樣詮釋中國武術的：「（他）無所謂門派的，只要能夠無限制地運用自己的身體，隨便什麼劇烈的動作都能夠隨心所欲，一心一意，儘量表現自己。」我想用在中國學術研究上也一樣，無論什麼研究路數、門派，只要抓住核心問題意識，盡量蒐集和運用各種資料，盡力展現自己（史家）的觀察和詮釋力，即能做出好的研究，寫出漂亮的文章。至於史料的辨析，我想許多史學方法類的書都會解說，倒不用我在此重複一次。我只舉顧頡剛在廣州中山大學歷史系任教時，傅斯年說他有「上等的天分、中等的方法，下等的材料」，勸顧往民俗學方面發展。後來顧在一九七三年回憶這段談話，提到：「材料是客觀實物，其價值視用之者何如耳。豈能分高下乎！」[154]真是一語中的。我認為就研究與論題來說，有大有小，但就學術的價值與材料而言，只要有貢獻、能夠發現第一手的資料或發現前人未挖掘或未加以重視者，並進行解讀，則都是一個好題目、好材料的基本元素。背後處理問題的大、小差別，就純學術而言，並無損於真理的價值；而真正材料的價值，乃取決可以解決、印證問題的程度，而非人為主觀地去分類資料的價值。

總結一下，我曾在二〇一七年三月二十二日在中原大學幾位年輕的老師所組成的「人育學院 Power 教師研究寫作社群」中分享〈年輕研究傑出獎的心得及時間管理〉，筆者就記憶所及，將之化為文字，分享給年輕的讀者，希望能對年輕人有所幫助。首先，無論什麼研究、報告、書評，第一步都是要「選題」（或選書）。若以研究而言，年輕人選的題目最好能由一系列的小問題組成，但有一個大的主軸，要能不斷地擴展出去。有些人批評，文史研究的題目往往過小，是餖飣之學、破碎之學，史學上則稱「零碎化」。這當然也有其道理，但是也僅是一個面向。因為所有大問題的思考與解決之道，都是從基礎的小問題著手的。只會處理大問題，結果交代細節亂七八糟、錯誤百出，何以成就大文章？又如何能培養寬廣的視野呢？就像蓋一高樓，卻不細究鋼筋、水泥的品質，蓋出來的樓房也不會穩固的。大凡學者講話都很謹慎保守，因為常常自己沒有研究，而不亂發評議。沒事喜歡講空話、講大話、亂出主意的人，通常都不是好的研究態度，只能說是聊天態度，我們公眾媒體上就經常充斥這樣的人，反觀真正專業學者的聲音卻出不太來，這是臺灣社會最大的問題。

因此，研究的問題可以盡量小一點，小題可以小作，也可以大作，但是大題小作，則容易受人批評不夠嚴謹，而大題大作，則累死自己、顧此失彼、吃力不討好。我覺得題目不妨小，但太小則沒有意義，又將落入舊式考據學的窠臼。重點是，我們研究的許多小題目，背後必須要懷有一個大的架構和大問題來支持，就不會落入研究零碎化的困境，顧頡剛認為：「天下事只有做不做，沒有小不小，只要你肯做，便無論什麼小問題都會有極豐富的材料，只要大家努力從事於小問題的研究而得到結論，則將來不怕沒有一個總結論出來。」能夠「心懷大問題而又不放棄對小問題的精雕細琢」，這就是近代學人的治學風格。[155]你將要選擇的任何題目，至少「目前」要對你非常有意義，你也對其非常有興趣，想要解決當中的某些問題。繞個彎說，我們的研究不可能十幾年都不改變，但變更研究路線之前，一定要掌握學術動態和相關的史料，轉換研究題目才能更順利，不致於把研究做到死胡同內。你可以從一條主軸慢慢做出去，有一些延伸的小題目是可以慢慢做的，甚至如果有他種興趣與主軸不相關的，也可以寫一點小文章，但不宜太過偏離主軸。一個好的學者一生大概也就著力在幾個方向，沒有人可以樣樣研究都精通。研究主軸明確，深耕數年後，才會有所成就。當談到一個領域或問題的時候，學界的人就認定你是專家，這就已經達到初步成功了。未來的學者遇到相同的問題，都會參考你的文章或研究方法，這就是學術能夠傳承的意義。

再打個比方，所謂一條主軸的核心題目，應該是一個你覺得非常有使命感和熱忱想要完成的主題，但旁人不一定覺得有興趣。也就是說，你自己的興趣和思想、動機、熱忱才是最重要的，旁人的眼光不要太在意；若要老師硬塞一個題目給你，常常很難做出真興趣。題目要怎麼找？什麼樣的題目才是好題目？這當然就要透過不斷閱讀史料和二手研究了。所以年輕人要時時掌握相關二手研究的趨勢，各式新書、期刊論文、外國研究趨勢等等，要能提早進行閱讀與掌握，可以透過網路社群來瞭解一些最新的研究動態，國內外一些重要的研究群體動態也要時時注意，平時生活中多留意，勤記勤寫，當然就會不斷有寫作的靈感。

## 六、完稿的最後一哩路：修訂及發表

寫作的過程就是一場耐力賽，唯有靜得下心的人、摒棄過多外務者，方能成就不朽之作，學問之事，不容馬虎，心性不定、好樂安逸，都是大忌。有一次，李亦園（一九三一－二〇一七）在畢業前去找李濟先生，李先生問他：「假如一個網球掉在一大片深草堆裡，而你又不知道球掉進入的方向，你要怎麼找球？」李亦園很緊張，面對老師兼大師，一下說不上話，李濟告訴他：「只有從草地的一邊開始，按部就班地來往搜索，絕不跳躍，也不取巧地找到草地的另一邊，才是最有把握而不走冤枉路的辦法。做學問也如找網球一樣，只有這樣不取巧，不信運氣地去做一些也許被認為是笨功夫的工作，才會有真正成功的時候。」156學人文學沒有捷徑，走過的路不會白走，太聰明想獲利、抄捷徑的方式或取巧，是無法念好人文學的。筆者於研究所修習呂實強老師的課程時，他曾說起以前念書時交報告的糗事，有一回過年前他去找郭廷以先生拜年兼交期末報告，郭先生總是板著一張臉，相當嚴肅。呂將報告交上後，坐在旁邊不發一語等候，郭先生則仔細閱讀，沒想到突然將報告往庭院一丟，隨即靜默不語，呂老師尷尬得說不出話，身體不敢移動，也不知如何回話，兩人就這樣對坐了一會兒。最終，是郭師母到庭院中將報告撿回，遞給郭先生，說道：「再看看，再耐心看看。」呂師當然是為了強調郭先生的嚴謹，但從這邊也可以看出，文稿即使寫成，也還有不少精進的空間，要有很強的耐心和毅力，反覆修改文字和句子，這個歷程需要耗費極大的時間和心思，甚至還要考慮找到一個有經驗的前輩幫你審閱，不能抱著寫好就一次到位且不用修改的想法。好比曾國藩在家書中提醒他弟弟為學之道，認為讀書時「倔強」二字不可少，讀書寫作與人生功業，都需要有這二字灌注其中，正如孟子所言「至剛」、孔子所謂「貞固」，缺乏了這一股衝勁與力量，什麼事都做不成，「柔靡不能成一事」[157]，套一句今天的話來說，就是只能「耍廢」，最終一事無成。

在日常生活中，寫作要能順利地成就最後一哩路，有些特質是值得和讀者分享的。研究近代史的知名學者章開沅在其口述自傳的封底落上了幾個字，我認為很可以和現在學子共勉：做學問的最佳精神狀態是什麼？簡單地講，就兩個字，一個是「虛」，一個是「靜」。「虛」即是虛空，腦中沒有絲毫雜念，沒有柴米油鹽醬醋茶的羈絆，沒有計畫項目、沒有考核，甚至於沒有自己以前的一切理論知識，將自己完全放空。「靜」即寧靜，不生活在熱鬧場中，才能寧靜；心不為外界誘惑所動，才能寧靜。能虛能靜，方能神遊萬古，心神專一，思慮清明。擁抱「虛」、「靜」的學者，在旁人看來，可能是「發瘋了，癡呆了，入迷了」，但這確實是做學問的最佳精神狀態。擁有「虛」、「靜」的學者，是純真的學者；愈「虛」愈「靜」，純真度愈高，他不是為了計畫獎金或評鑑需要而寫作，而是真的樂在其中。一個學者最終能達到什麼樣境界，開創什麼樣的局面，和他的純真度是大有關係的。[158]

當稿子初步寫完後，總是需要校對與再讀一讀，藉以修改文句、潤飾觀點並修正可能的任何錯誤。羅爾綱曾自述其從胡適問學，一九三四年，他寫了一篇文章〈上太平軍書的黃畹考〉，初稿先呈給胡適過目，胡認為證據不足，不要趕著發表。於是羅又增添一些證據，重寫一遍給胡過目，胡認為比第一稿好，但證據還是不夠，羅再增加史料，動手寫成第三篇草稿呈給胡過目，胡才認為站得住腳，將該文送至《國學季刊》發表，這是羅發表的第一篇學術文章。羅爾綱寫下：「從此以後，我知道要做一篇證據充足，結論站得住的學術文章，真不是一件容易的事。適之師常常教我做文章應該一改、再改、三改，方才少免錯誤。」[159]改寫如此不易，校對也很繁瑣，要不斷重讀、細讀，中間還會被各種事情打斷，要訓練自己無比的耐心。王汎森曾提及他非常怕校對，他說讀書和寫作都不難，就怕校對。甚至有一本書放了十年才出版，就是怕校對。王的解決方式有二，一是想辦法讓時間變成壓力，讓壓力變成動力。另外，有些人很會讀書、很會研究，但有想法後，不論基於什麼原因，就是不想寫出來或寫不出來，王的建議是每天都寫一點，一段一段地寫，就會很有條理，這跟自然科學不一樣，後者將實驗數據呈現出來即可，並沒有這麼複雜，[160]人文社會的研究成果則是緩慢積累的，不可能在短時間就寫成。修改是一個漫長的過程，你可能最難專心，因為舊的稿件還未修好，新的邀約與雜事卻不斷地襲來。所以常聽到文史學者答應某出版社寫一本書，卻十年未寫成，甚至最後退回簽約金者，就是因為前事不斷為後事所耽擱；[161]或雖然有這樣的寫作理想，但困於資料和精力無法在幾年內支持這樣的計畫，到最後把靈感和雄心壯志都磨光了。由此才可知，時間對於作家或學者之寶貴意義，不可虛擲。顧頡剛曾說，別人總看他寫作產量高，但其實寫作之苦，不足為外人道。他寫道：「將已有底稿之文字改作，亦需費整整三天功夫，天下哪有容易事。別人每謂予所作文流利，有力量，其實只是一點一滴修改之功，每一個字都頓一頓重量，寫出後又看幾遍，讀幾遍耳。獨惜此種普通法門，現在青年都無此耐性，寫出就算，不但不改，亦不復看，此我輩之偶像所以終不能倒也。悲夫！」[162]可見寫出後的修改和檢視，才是困難的硬功夫。不論何種寫作，在不斷動筆時總要想著將來會透過某形式——紙本、數位甚至影音來出版，抱持一種信心與期待，就會增加你的寫作速度。若是專門寫作，必須留意，一個你正在進行的研究，稍一不注意就有人先做了，所以要發表的文稿也不能等得太久，好的點子總是很快就被人學走，所以需要注意速度，不要拖稿。另外，李國祁老師曾說過，好的結論，要讓讀者不斷思考，餘音裊裊、繞梁三日不絕。寫一段歷史，好像那段歷史就在眼前發生；寫一個歷史人物，彷彿他就站在讀者面前，栩栩如生。李老師講出了一種意境，我到現在還達不到，我的寫作還是太制式，以至於無法將美感融入學術論文中，這一點是很可惜的，但也正是要提醒讀者，清楚自己寫作的形式與風格，每一種有目的的寫作，都有其慣用與既定的體例，必須花時間去摸索才可，至於文字的美感和藝術，要磨練、也要一點天分來支持，是無法看幾本書就學會的。

更重要的是，並不是多讀書、多寫作就會進步。寫完了，一定要讓有經驗的人幫你讀一讀、改一改。還可以找不是你寫作的這個領域的讀者先試讀，確認是否看得懂；也要找專業領域的人給你意見，幫你修正，包括你的長輩、老師、主管（例如企劃案），或是期刊的主編、審查人等，都是可以給你意見的好對象。胡適曾說：「學寫文章，最要有朋友指摘毛病，否則手筆滑了，將來更難挽救。」[163]就是這個意思。透過這樣的練習，會使你的文筆跟思考產生一致的連貫性，特別是深入且專精領域的寫作，就需要專業的人來看，看了能給你意見，你再慢慢修正，瞭解自己行文、取材的缺失，逐步修正，日積月累，好比練功，一重一重往上走，自然會成為武林高手。專家或高手，就是這樣練成的。至於為什麼要給一般不是這個領域的讀者看呢？因為很多專家們彼此間流通的知識，其實一般讀者大多看不懂，這就導致知識交流上一個很大的障礙，你大可以說你的東西是專業的，只需給同儕專家審查通過即可，不需要一般讀者認可，這樣的心態也不能說錯誤，但若考慮將你的專業知識用一般文字寫出，傳達給更多人知曉，有更高的理想，乃至改變人心與社會，就必須做到這一點。

筆者通常不會要求學生寫作的格式，當然，如果你是一位立志讀文學或歷史研究的學生，這個訓練其實可以在高中就慢慢從小論文開始著手，從新課綱探究和實作的操作中，就可以慢慢去熟悉。到了大學以後，更是馬虎不得，幾乎成了基礎能力了。但對於廣大非文史科系的學生來說，搞清楚格式、註釋的方法、徵引書目的技巧等等，真是一件苦差事，所以我通常不會嚴格要求理工科的學生，我只會跟他們這樣說：把這一套註釋、徵引書目的技術放在寫企劃案、計畫案，會吃虧嗎？當然不會，學了就是你的。這些技巧，只會對你將來研究問題、寫各種計畫有幫助而已，學了一時還用不上，但等你真的用到了，就會發現這些枯燥的訓練是有用的，你的評審者或上司會看見你的用心與專業。我相信很多學問的基礎知識是互通的，至少在人文社會學科內都有很強的連結性。不可否認，當你寫出一篇具有嚴謹文句組織且前後格式一致、思緒清楚的文章，你在各種研究、工作的評價體系內，已取得基本的優勢，它是一項非常值得學習的技巧。

當一切具備，稿件也完成後，就是投稿了。現在發表的管道很多、評選方式也很多。當你決定投稿期刊、報紙、雜誌時，一定要注意該載體的屬性，你的文章寫作取徑是否為它想要收錄的？你要發表在某一刊物上，沒看過或沒引用過該刊物，那是絕對說不過去的。要先分析自己的文章與報刊的屬性，再決定要投哪個報刊。投稿成功固然可喜，但是若被退稿，實在是司空見慣的事，先不要氣餒，仔細讀一讀審查意見或編輯的建議，再決定修改的方向。記住永遠把你用心寫的文章當作你的「孩子」，好好照顧他、教育（修改）、呵護他，不要任意刪除文檔。一篇文章會成長成熟，有時還會成長成一本書，作者也會成長，不忘初心，就能產生極大的修改耐心。通過審查刊登的文章，也未必是好文章，有時候是取決於你遇到的審查人是「殺手級」或「佛心人」，這審查結果就差很多。舉個例子來說，史家顧頡剛曾於一九四〇年提出一個研究與寫作《三皇考》的計畫，向中英庚款董事會申請補助，但後來被否決。顧也是一方之霸，他打聽出來這個計畫原本是交給傅斯年審閱，但傅卻分卷讓給李濟之審查，顧氏在日記中痛罵：「濟之以其不在考古範圍內而去之。孟真借刀殺人，其術如此。而究其根，只因拱辰（筆者按：楊向奎）和我合作《三皇考》耳。為淵驅魚，為叢驅雀，我雖不欲自成一派亦何可得！」[164]也就是審查人常會因你的學養、主題、派別而衍生歧見，進而退稿或否決你的申請計畫，這和你自己的寫作技術其實關係不大。雖然傅斯年也有可能無意為之，但顧卻認為傅純屬故意，就是衝著「顧派」而來。所以「審查」這件事，還是有很多主觀因素存在，而且充滿了學界大老個人與學術派別間的彼此較量，對學術之正向發展相當不利。我和同儕聊過這樣的現象：他曾投稿一個很好的刊物，結果兩位審查人的意見卻差距極大；一位說他的文章完全沒價值、炒冷飯，但另外一位審查人卻說寫得非常好、有創見。是的，審稿本來就是很主觀的，後來這份期刊把文章送第三審，終於讓它通過。正因為兩份審查意見差距甚大，故第三審其實就是最後的把關者，有這樣的機制還是比較好的，這個過程保證至少還有一人可以衡量前兩者衝突的意見。所以，學術期刊審查固然有它的問題，但還是具有一定程度的客觀性，若刊出或退稿只取決於總編或編委會幾個講話比較大聲的委員，豈不更糟？所以維護學術的合理與公平性，是學界甚至是出版界最重要的事，好的寫作成果要讓其冒出頭，這才是學術的價值。

面對審查意見，我的習慣通常是打開期刊編委會給的信件，先看有沒有通過，若被退稿，我就會放在那邊暫時不處理，去寫手邊其他的稿件。筆者建議不要立刻被退稿意見影響，即使它可能是對你有幫助的，放一放、緩一緩再看。面對各類審查意見修改時，若心中不服氣或不知怎麼修正，卻埋頭硬改，其實效果反而不彰，不妨放著，多找找資料，思考後再行修改。人文學科需要時間涵養，修改自己的稿件，採納別人好的建議，本身就是一種修養的功夫。正如王汎森所言：「一天總也要留一些時間好好思考、慢慢沉澱。」思緒被很多材料和敘事枝節淹沒的時候、遇到瓶頸的時候，都要適時跳出來想一想，所看到的東西有哪些意義？這個意義有沒有廣泛連結到更大層面的知識價值？[165]這樣適度的思考與修正，有助於文章本身的價值彰顯與文字的流暢度。進一步說，這個過程往往是漫長的，理工科收、退稿因講究時效，所以速度都很快。但人文社會科的期刊，從投稿到刊出，有時甚至長至一年多，時間耗費更久的也有，當然也有順利的，寫完後三個月就刊出來，但總之平均都比理工醫科期刊要久得多，所以把所有大學教師放在同一天平，用論文數量來評比，那絕對是不公平的。從閱讀、探究到成文，轉而至投稿出版的過程，往往要面對一連串的挫折。經過挫折、沉澱、反思後的論文，通常能有更高的創見。

我以前年少輕狂不懂事，急於回應。事實是，大學到研究所的老師，很少教導學生面對「被退稿」的態度與處理方式。我曾有一篇學術文章已通過審查，結果指導教授說要收入某專書，必須再審一次。結果，專書審查意見下來，因審查人換過，故我那篇已通過的文章竟變成未通過，最終意見是「不予採用」。指導教授問我對該審查意見的看法，我身為學生，怎麼敢對審查意見「有意見」呢？但指導教授說：「不要急，讀一讀，審查意見也不一定是對的。這樣，你寫一份回應報告給我吧。」其實在此之前，從未有人教我怎麼寫回應意見，但我只抓住指導教授說的「審查意見也不一定是對的」這句話，開始理直氣壯地撰寫我的回應表。我忘了我最初用的語句，大概是「別人審通過，貴委員卻不通過，可見有心為難」這樣的語氣，一一用酸言酸語反駁審查意見。結果回應表交給指導教授後，他把我大罵一頓，直說這份意見要怎麼回覆給審查人看呢？現在回想起來，當時的我實在不智且幼稚，論文審查意見回應表不能這樣撰寫，這是擺明要得罪審查人，而且他還應該是我的老師輩，有時得罪一個和你同領域的前輩，可能極難修補印象，甚至未來每逢該審查人必定被退稿，冤冤相報成輪迴，故回應能不謹慎平和嗎？我那篇文章，是目前拖最久的文章，從被退稿修改到最後被專書論文接受而出版，前後竟達七年之久。

前面藉由自己意氣用事的例子告訴讀者，若以發表為第一要務，面對審查意見，必須逐條回應，一一改正，最好能製表，不要遺漏意見；若無法在一篇文章中修改，也要剴切陳詞、說明困難與未來可努力之處，相信多數審查人都能感受你的用心與細緻。切勿用攻擊性或反批的語句，這對你文章審查或今後學界的名聲，都會產生負面影響，不可不慎。另外提醒讀者，有時投一個期刊不通過，轉投另一個期刊卻能通過，這是為什麼？因為兩份期刊的審查人不同，有時結果就不同，所以不要灰心，再接再厲。但筆者建議還是稍微修改後再投，被退的原稿不要完全不修正就投到另一份期刊，若該刊找的審查人巧合重複，則印象可能大壞。雖然現在學術期刊號稱匿名審查，但其實審查人上網搜尋，同領域百分之七十以上都猜得出來作者是誰，所以通過審查也不見得產生好文章，因為裡面實在太多人情與權力關係，甚至主編、編委會的好惡都會影響稿件的評選，有時很難說得清楚。投稿者其實有時也猜得出審查人是誰，審查人也有惡意、偏見者，經常用不是問題的問題來挑毛病，例如你的論文主題是A面向，他偏偏說你B面向沒有討論，評審意見也常見「文不對題」，刻意刁難。我想，學界自有公斷，常常「亂審」的學者，大家心照不宣，我建議寫作還是不要想太多、猜太多，胡思亂想終究不太健康，大部分的審查人其實都是善意的。那麼，你能掌握的是什麼？就是好好就自己稿件的文句、觀點修改，才是作者該專注的事。好的稿件終究不會被埋沒的，吳文星老師曾說：學術界終究會有一把尺，努力的人、好的文章，大家還是都知道的，靠關係、關說博取虛名者，學人大都瞭然於心。

最後，趕文章、寫學術論文最常做的幾個噩夢，簡單歸納一下有下列幾項，希望讀者們可以注意，先做好心理建設，不要為其阻礙。例如：（一）辛苦打的檔案壞掉了，打不開，全部白打；或是電腦突然無緣無故當機、死機、中毒等不可預知的狀況，導致先前打的文字流失。為避免這樣的情況，請作好備份，養成好習慣，連結儲存至雲端硬碟。（二）到研討會場，才發現自己寫的文章是學術同儕團體中最爛的，一塌糊塗、悔不當初。（三）很努力寫稿，就快完成了，結果發現別人已經寫過這個題目了。所以你要瞭解學界狀況，知道哪些題目是已經有人做過的，或是已有人在研討會上提出，準備要出版了，這些都是值得注意的訊息。（四）自以為寫得還不錯，結果被指導教授痛罵一陣。要避免這樣的情況，就還要慎選指導教授，多打聽、多詢問，不要亂找指導教授。（五）被各種可能的嚴厲的、意想不到的口試委員或審查人批評，導致信心嚴重低落。面對這種情況，我想寫再多文字安慰你也沒用，還是先給你打預防針吧，你終有一天會面臨挫折的，但如果你真心喜歡寫作，就要繼續堅持下去，珍視自己的初衷。（六）錯過截稿日或口試日期，沒救了。（七）辛苦想的題目，覺得很有意思，一定是一篇擲地有聲的大作，結果發現根本沒資料。這是很現實的，所以先期的閱讀很重要，你總要知道自己的核心資料在哪兒，寫作才不會「卡關」。（八）就在最後關頭要拚鬥的時候，竟然生病了。要注意，壓力最大的時候，往往疾病隨之而來，所以當你忙碌時，還是要注意休息與放鬆，以免罹患疾病而影響寫作的進度。（九）趕論文時，突然戀人說掰掰（這不叫「兵變」，叫「論文變」）；或父母突然說沒錢了，頓失經濟依靠，需要你去工作等。然後，大家（特別是你的朋友或親人）常在你耳邊說一堆「寫論文、寫書無路用，會餓死」的話來刺激你。終究，你還是需要一顆堅強的心智與堅定的信念，才能正向面對這些事。

# 七、人際關係與學術江湖

不論是當一位研究者、大學教授還是作家，都將面對各種明槍暗箭的學術江湖。一群聰明的人一起投入同一類型的寫作行業，誰也不服誰，高來高去，競爭總是難免的，顧頡剛曾說：「文學學士，有己無人。」並大嘆知識分子難以合作，主見太強，「雖以孫武吳起之才，終不能將智識分子組織起來。」[166]我們純研究的生活，本來就是把自己孤立起來，與同儕之間，很多只有競爭關係，除非你沒有強烈的慾望，不然不管是申請研究計畫還是獎項、甚至是謀求教職，其實都是在孤立同道，因而無形中樹立一種學術競爭關係。這種研究的極致化同時也是去人化，相當不健康，但我們一朝投入閱讀寫作的進階，總會面對「誰是專家」的問題，這時就要有良好且健康的心態，才能面對各種人性的負面陰影。很多學術書不談這一塊，但我卻覺得非常有必要讓青年寫作者、未來的文史專家知曉。如果學界大多是良性競爭，就差可告慰，但難免觸及惡性的一面，這時就要有相應對的策略與正向的態度，這無論對寫作、學術研究還是職場應對，都相當重要。學界中好人緣者不少，近代學人嚴耕望就是一顯例。一九六五年後，時任新亞書院歷史系主任的孫國棟回憶，當年香港學術界的風氣有點澆薄，教授之間常常相互批評，唯獨嚴耕望沒有受到一句閒言攻擊。為什麼呢？因為他淡泊名利，待人淳厚，治學精勤，且溫良恭儉，實在無可非議。大家都說嚴是無人敢訾議的，「因為誰批評嚴先生，誰便會被視為壞人。」能夠在眾人心中受如此尊敬的，恐怕除嚴先生之外更無他人，[167]所以一個勤學、個性善良的人，在學界還是非常有用的。

顧頡剛先生就是另一個反例。顧氏學術成就沒話說，但為人比較剛直，學術事業做得又大，所以常常招人忌妒。他曾說自己：「好大喜功，永為怨府；貪多務得，何有閒時。」[168]可見不論在學術事業或野心上，顧皆堪稱耀眼的學術明星。但是，問題來了，批評他的人可不少，一九二九年顧氏在日記中自省：「近來有一感覺，許多人對我不是捧我，便是忌我，捧我者為名位在我之下之人，忌我者為名位在我之上或與我相齊之人。換句話說，就是我不做一班下級人的領袖，便是給上級人打倒了。其實真冤枉，我並不想奪取他人之地位，亦不想做青年領袖也。」[169]由此可見，處世或工作職場，須知不少高知識分子的心境，讀書一定會讓眼界變寬廣，但卻無法阻擋心胸狹隘。顧自言他已謙虛至極，都仍遭受不斷攻擊，所以學者絕對忌諱奪取他人地位，或想作青年領袖。事實上，顧也深知此道理，曾寫下：「班曉三來，言學生方面對我極欽佩，目為本校第一流，且謂學力駕胡適之先生之上。予聽此話，心中懼甚。青年們的捧又來了！青年們的捧既來，同事們的排擠是不會不來的！」[170]這當中簡單的道理，就是樹大招風、才大招忌，要盡量避免出鋒頭。此外，若有人捧，也絕不自滿，而且要以此為戒，因為毀謗往往隨之而來，而忌妒攻擊你的人，常常都是同輩或同領域的人，這很難避免，有時甚至要看運氣。但是，若處處小心、謙虛、迴避、擔憂、閃躲，倒也不必，反而丟失了人情的基本互動。年輕作家與學者須將自己的心態調整好，謙虛自持，紛擾之言但當馬耳東風，不要深究黑言黑語、不必怨恨人不知己，時時保持平靜樂觀之心，多交幾個好朋友，總好過在同領域內樹敵。

顧頡剛的日記中，還記載不少他與學者、同事之間的糾葛與纏鬥。一九三〇年前後，顧頡剛離開廣州北上至燕京大學教書後，記下：「與適之先生書云：自來燕大，生活比較安定。校中固有黨派，但我毫無事權，且除上課外終日閉門不出，人家也打不到我的身上。北平城中固然有人替我作反宣傳（編按：毀謗、講壞話），好在我輕易不進城，就是有人告我也只當沒聽見。如能這樣的做下去，過了幾年學問一定可以打好一個基礎了。」[171]可見顧氏對於這些流言蜚語和攻擊毀謗早已習慣，並且一笑置之，因為自己的閱讀和寫作，還是比較重要的。但是，顧氏自己也說，他幾乎到哪裡，都會有這些攻擊的話語跟隨著他，可能學界、業界就是有一些你的死對頭，基於各種看不順眼的原因而到處詆毀你，就像魯迅（一八八一－一九三六）對於顧那樣的各種攻擊、刁難，對於這種「學術冤家」的狀況，實在是沒什麼好辦法，只能勸當事者盡量放下，做自己的事，盡該盡的責任即可。

早先顧頡剛考慮從燕大轉北大任職時，流言蜚語就已到來，抨擊說顧氏到一個地方，一個地方就會掀起波瀾，甚至還傳到美國。顧在日記中寫下：「我的聲浪不但傳在中國人的耳裡，亦傳至外國人耳裡。煨蓮云：『許多人反對你，有三故，為胡適之弟子，反胡者即反顧，一也。你自己的怨家，如魯迅等，常為你宣傳，二也。在學問上，你自己打出一條新路，給人以不快，三也。』」[172]我認為他的反省帶給我們幾個很好的啟發。首先，你的老師或指導教授，常常會讓你在學界乃至業界「被定義」，社會與人際關係將產生連動，是你老師這一派的，當然就比較會維護你，但與你老師結過怨的，則此怨也將隨之轉移到你身上，這在學界乃至業界都是屢見不鮮的。因此，你能控制的就是抓緊你的優勢，善用人脈、又能認清自己的敵人。但我不是勸你也去攻擊別人，而是保持距離就好，見面時該有的禮貌還是要保持，廣結善緣，多一個朋友在學術江湖上一起行走總是好的。當然，我也覺得這種基於門派、理念、師承不同的互相攻訐，即文人相輕的寫照，實在要不得，希望讀我書者莫犯此舉，則學界平靜，學術當自然進步矣。而最終，這一切學界自有公斷與公評，正好像顧和魯的關係，已有許多人將之當成歷史論文來探討，是非曲直，終有歷史公斷。[173]總之以低調自持為上，若心無所愧，則可對外界黑言黑語一笑置之，如此身體、心靈自然健康，學問日增，才是人生樂事。

此外，作家、學者結派結黨的問題，也很令人厭煩，這些往往在學術著作中都看不到，卻在活生生的日記或回憶錄中上演，也是寫作、研究生活最真實的一個面向。一九二九年，顧頡剛的好朋友錢玄同（一八八七－一九三九）告訴他，他從文字學、音韻學者馬幼漁（一八七八－一九四五）那邊聽到流傳在學界一些有關顧的壞話，大意是：「你如何與顧頡剛往還？他這樣的性情，同魯迅鬧翻了，同林玉堂鬧翻了，同傅孟真也鬧翻了！」顧氏聽聞後大驚，這流言蜚語亂傳真是可怕，顧認為：「別人和我鬧也是我的錯處？魯迅處心積慮，要打倒我，我沒有還手。玉堂與孟真則因地位在我之上，要支配我（玉堂要我幫他和林文慶翻臉，孟真要我幫他和戴季陶翻臉），而我不肯（為要保全廈大之國學研究院、中大之語言歷史學研究所），所以把我罵了，於是亦成了我的罪狀了。在現在的世間，我很明白，做事是要結黨的，黨員是要聽黨魁的話的。但我的良心上過意不去的時候，我總不能滅沒了自己的良心而做黨魁的機械，所以我便應受許多攻擊了。」他還說：「像我現在這樣，沒有一些權勢，只關門讀書，或者他們可以放過我了吧？（孟真來平之後，大約很講些我的壞話，所以幼漁先生們都知道。）我自誓於此：如果燕大不辭掉我，我決不再進國立的機關做事了，我寧可受『洋奴』的惡名。我還是圖百年以後的勝利吧！」[174]受著這些人事的糾紛與謾罵，正是顧決定去燕大教書的原因之一，總是顧有學術上的成就與野心，這不是缺點，因為想做一番事業者，若沒有一點血性或野心，往往成不了大事；但也必須知道，別人也很有野心，在同一領域一旦衝撞或重疊、爭勝，就會有人事衝突。一九七三年顧氏回憶：「自蔡元培先生任中央研究院長，以傅與我及楊振聲二人，籌備『歷史語言學研究所』，我三人即在粵商量籌備事宜。楊好文學，對此不加可否，而我與孟真胸中皆有一幅藍圖在。傅在歐久，甚欲步法國漢學之後塵，且與之角勝，故其旨在提高。我意不同，以為欲與人爭勝，非一二人獨特之鑽研所可為功，必先培育一批班子，積疊無數資料而加以整理，然後此一二人者方有所憑藉，以一日抵十日之用，故首須注意普及。普及者，非將學術淺化也，乃以作提高者之基礎也。此意本極顯明，而孟真乃以家長作風凌我，復疑我欲培養一班青年以奪其所長之權。予性本倔強，不能受其壓服，終是遂與彼破口，十五年之交誼臻於破滅。予因函蔡先生，乞聘我為通信研究員，從此不預史語所事。然自此孟真之政治欲日益發展，玩弄所識之貴官達人，操縱各文化機關事，知之者皆以『曹大丞相』稱之，謂其善挾天子以令諸侯也。蔣政權退出大陸，渠亦以戰犯名逃臺灣，越年而死。思至此，殊自幸我之不就範於彼也！」[175]顧氏最終沒有成為史語所的支柱之一，也未能來臺灣，實在是史學界的憾事，這可能和顧、傅之間的恩怨多少有些關聯。但這就是現實，兩個能力很強的人往往無法共事，必須有一人願居老二，才得以和平，這還只是兩人的關係，一群能人在同一單位，則必然更掀無數波瀾。傅斯年一直都是掌控史語所的第一號人物，這一點沒有人可以質疑，但一個研究單位或系所有好幾個人想當老大，則互相攻擊之事史不絕冊，情勢將更難處理。

桑兵曾考證一九三四年北大國文系教授馬裕藻（一八七八－一九四五）的解聘風波，背後基於學術理念、派系之不同，即使馬氏受學生歡迎且並無違反學術倫理之虞，胡適、傅斯年等人仍用盡方法將馬氏攆走，桑兵認為：「近代以來，打倒前人、樹立自我，成為學術界一種揚名立萬、行之有效的普遍形式。世風與學風變化之快，與此緊密相關。」[176]真是道出了學界最現實的一面。如此學術機構間與機構內之人事鬥爭，史不絕書，不少學者出幾本書，有了一點名氣，竟轉而鉤心鬥角，不但誤人，兼且誤己。[177]顧頡剛在抗戰時要在齊魯大學辦理國學研究所時，引起哈佛大學來信批判，認為搶生意，當時齊魯校長還極力辯駁，足見西方勢力干預中國學術之力道強勁。顧頡剛認為，這是洪煨蓮（一八九三－一九八〇）玩的把戲，也就是洪氏懼怕顧所辦理的研究所，聲望與貢獻將超過燕京大學，所以不樂見其成功。顧在日記中氣憤地批判：「燕大研究所為洪氏把持，不想向好處走，保守、敷衍，孤立於學術界之外，而欲保持其一尊之地位，不讓別機關辦好，此非所謂『己不能修，又畏人修』耶？洪氏如有本領，看能把我打倒否？並能打倒賓四與誠之否？」[178]洪氏不願別人辦好，還拉外國學術勢力來打擊自己國內同道，真可謂挾洋自重，打擊中國學術之獨立。又，一九四二年後，當時顧有意漸漸放手，讓錢穆繼續辦理下去，但胡厚宣（一九一一－一九九五）少不更事，常常向校長打小報告，攻擊錢穆，而校長劉書銘（一九三五－一九四三）又怕錢穆坐大，也挑撥他們之間的關係。就這樣，以錢穆的個性，最不喜歡這種人事糾紛，所以顧氏認為，錢氏必定想要離開研究所，只能哀嘆：「看來此研究所就要塌臺了，只可惜了我兩年多的精力。」[179]以上總可見文人間常互看不順眼，往往互相攻訐，不做實事、又想控制資源，往往只能在小文章上談心得，終無法成就現實之大事業。

一個反差的例子是，一九七三年，香港中文大學歷史系講座教授牟潤孫（一九〇九－一九八八）於秋季退休，職位空出，朋友力勸嚴耕望去接，並使出激將法，說道：「你不做，一般人總以為你不如人。」但是，擔任中大講座教授還必須負責行政工作，而該大學的行政工作又以繁瑣著稱，故嚴氏認為這個名頭對自己有害無益，並認為一般人的看法最無關緊要。嚴耕望表示：「居高位，人事關係定較複雜，社交應酬也必增多，增加許多麻煩；而且就我個人言，只有犧牲，並無好處。就收入言，原有薪入已很夠用，再增加，亦無必要。至於一般人所看重的名位，我自信已不必任何高級職位頭銜來做裝飾了！這不是我過分自負，而是覺得，若有志事功，名位權力誠不可少；但就一個純學人而言，任何高級名位頭銜都是暫時的裝飾，不足重視；只有學術成就才是恆久的貢獻，必須堅持。」[180]由此可見嚴氏的低調自持，他的好人緣不是沒有道理的，所謂人怕出名豬怕肥，出頭椽兒先朽爛，學者處事還是低調為宜，好好做學問，盡量避免人事紛擾，才能快樂過生活。

嚴耕望還有一事值得稱述，他在一九七〇年當選中央研究院院士，所以校外的演講邀請非常多。他常常在課堂上以身示範，勉勵學生不要因為外務而妨礙研究的工作，他說邀請他演講的人都是慕名而來，並不是為了追求學問。所以你答應一個演講，其他的演講亦難推辭，日後恐不勝其煩，不如一概回絕，以息事寧人。[181]嚴氏拒絕過多的演講，其實是秉持他老師錢穆所言：「學者不能太急於自售，致為時代風氣卷去，變成了吸塵器中的灰塵。」[182]過早擁有頭銜、名望，結果四處演講、到處參加活動，總是對寫作工作有害，所以必須節制。桑兵也不認同那種獲得大眾喜愛的歷史講述，認為受歡迎的學問往往是對聽眾感官刺激的結果，因為大眾無法理解經理性判斷的高深學問，所以只能降低標準來演說，這對學者的學問並無幫助與益處。[183]當然我前面說過，有些有意義的演講或基於人情的邀請，還是不宜全部推辭，例如中醫系的學生找我演講，我會思量中醫歷史能對他們實際的技術、態度或執業的信念產生助益，用歷史告訴他們有多少傳統中醫的技術可能是被忽略的，若有學生能從歷史文獻中找到未來創新的靈感，這樣的演講就具有實際意義；若只是單純講自己的研究，宣揚一己的研究成果，就不需要了。選擇參與或推辭，需自我思量揣度，存乎一心，過猶不及皆非良策。

大凡學者心高氣傲、事事求第一、原則太多、不容易與他人共識、忌妒他人研究而竟反為眾人所怨者，都無法好好專心做研究。很多在學術界發展得很好的人，未必是研究能力最好、最聰明的人。人有境遇與運氣，有些人寫了很多文章，但得不到人家讚賞，有些人沒什麼著作，靠老師、學長關係卻能很快找到工作，此皆境遇之事，與學識不一定成正比。甚至有很多年輕學者是被內定、被關注而輾轉介紹，進而找到工作，這是早期比較可能發生的，[184]現在則較難，因為不管到大學還是研究院內，都要經過該單位層層投票，影響因素很多，但總是名校洋博士比較吃香，若能加上好人緣，則更形加分。通常靠關係、介紹而被選到的人，日後研究能力卻不一定能臻於上層，最終學界自有公斷；而且將學者的著作攤開檢視，其實人人都心知肚明，有料沒料，一覽無遺。現實生活中，不是每個人都能按照自己的理想發展，才氣縱橫但弄到鬱鬱寡歡，甚至最後自殺的人，都有先例。[185]因此一個好的史家或作家，不能太計較得失與一時之困境，對於別人乃至讀者的批評與背後謾罵，需有接受與忍耐的雅量，遇到挫折自能平順而過，正向去改進自身的缺失，閱讀寫作功力就能精進。而無論處在順境還是逆境，都要保有一顆「隨遇而安」的心，好好讀書、寫作，自能有所成就，不用介意自己的出身與條件，老話一句，學術自有公斷。例如本書所論的呂思勉，在民國時就不被主流學術界重視，但死後迄今，著作一一重現天日，其學術地位之歷史定位自然被擡高且建立起來。學術乃公器，終究有一把尺在那兒，重點是堅持自己的讀書、寫作，一旦放棄，就結束了。說了這麼多，其實就是希望讀者能避免捲入各種不必要的人事爭鬥之中，這些瑣事會把一個人閱讀和寫作的動力、時間和興趣完全消磨殆盡，不可不慎。

最後要提醒，現代交通、通訊軟體太發達，人與人的接觸與聯繫愈發容易，有志於做研究的學者，必須要尋找相應的研究群與團體，也就是建立自己在學術社群中的位置，成員間研究有相互之關聯，審查也比較容易遇到友善的內行同道。其他如資源共享、研究正向壓力之施予，例如辦研討會時「被催稿」，有時候就是一種正向的動力。此外，共同研究群內成員還可彼此交換研究情報，吐露心事、聊聊學界大小事，這未嘗不是一種紓壓方式。筆者雖然強調閱讀、寫作之外的雜事不要太多，但你若想以此為業，適度經營人際關係還是必要的。研究群的成員、朋友間，共同提出一次性主題研究或整合型研究計畫，各人發揮所長撰寫細部內容、統整成一個大型的期刊專號或專書，有時更能獲取能見度。目前大部分人文學者皆喜歡單打獨鬥，自己寫期刊投稿，當然未嘗不可，但年輕學者的作品往往不容易被注意到，拚「I」級期刊（指SSCI、CCI等國際期刊）的風氣，大多是被理工醫的思維綁架，但對人文學來說，絕對是非常糟糕的發展與評鑑方式，人文學應重視一次性專著與具有創新主題的學術專書，對人文學者來說，精確很重要，但創意與巧思更重要，而後者不容被其他人的主觀過度挑戰，審查是應該要的，但審查太過，落入拚「I」級期刊的軍備競賽中，則相當不利人文學發展。不論如何，當你有幾個固定的學術團體後，自然很快地就能抓到學界的脈動與規範，而且隨時有人可供請教，前輩適時提點、同儕互相砥礪，對你日常的閱讀和寫作，絕對有正向的幫助。

# 八、史家的日常態度與身心狀態

如果我寫這本書只是教寫作技巧，那就太普通了，市面上有好幾車這種教寫作技巧的書，大同小異。我想告訴讀者的是，什麼是歷史學方法的縱深？歷史就是生活上的一切事情，包括身心與態度。接下來要談的問題，如果你想當一位文史研究者或作家，或即便你不當作家，可能都會對你的生活和工作有所助益。

我們先談談態度吧。很簡單的一句話，要成為一位好的寫作者或研究者，必定要對閱讀這件事有興趣，而閱讀絕不是為了追成績、考試，而是一種要探索未知、求得解答的動力。顧頡剛的兒子曾回憶他的父親，談到：「父親的這種考古思想，在私塾中讀書的時候，已有了萌芽。他到任何一個朋友或親戚的家裡，不喜歡多講話，只是在書架上尋書翻，從早至晚，戀戀不忍去，至今猶是如此。」[186]沒有一位成功的作家或文史研究者，是不喜歡泡在書堆或圖書館內的。而顧自己說：「對於學術和事功有深切的內在衝動和持久努力的人，必然會忽略物質的享受。」[187]這一句話更適合鼓勵青年學者，若凡事都要講求名牌、追求享樂之人，不如早點選擇從商賺大錢，比較愉快，身體和心靈無法安定下來的人，是無法好好做研究、探索學問的。所以顧曾記載自己的個性：「忽思予之為人，有目的，有計畫，有恆心，有定力，故得不避艱難，不畏險阻，不慕虛榮，不見異思遷，雖有種種之缺陷，仍無礙其成功，只要不受大力者之摧殘，身體亦支持得下，積以歲年，當然有成。回思才幹學問比我好的人何限？顧以缺乏如此之情感與意志，故終不能勝我而惟有妒我耳。若今日之青年，則急於小成，只肯做表面的工作，惟以虛聲作恫嚇，徒成為隨時淘汰之分子耳。」[188]嚴耕望也認為，對青年學者而言，研究文史需要的特質是興趣專一，不能變來變去，若不能在一、兩個題目範圍內努力鑽研數年，很難見到真正成果。所以文史學者的特質有時是需要專一固執的，太聰明而且善變的人，反而不適合固定的研究工作。[189]一個好學者的養成，必須有相對應的環境才可能產生。就好像旁人觀察顧頡剛那樣，他生活在具有歷史的古城北平，有著萬千書卷與各種碑帖金石，這樣的環境容易造就一個讀書人好學與考古的習慣。[190]

還有一件非常重要的事，就是身心的健康。常常聽到有人說：「某某人讀書讀到腦筋壞掉了。」這當然是一句負面的攻擊話語。讀書是為了更聰明、更理解世事，這才是人文學科的價值，何以讀書會讀到不解世事或沒有雅量呢？做人文研究切忌偏執，「很有個性的人常常忘記別人也很有個性」，這句話真是一針見血，人最糟糕者莫過於不自知，過於自大而致忽略他人感受，實非學者風範。我認為，呂思勉的話很有啟發性，切莫以為「讀歷史」就可以處理一切的事，因為歷史上所發生的事件背後纏繞千絲萬縷，只知其一，就偏執地去相信、去執行，常常會犯錯，而且固執己見、不懂變通，這正是學歷史的大忌，[191]知此道理，才知道凡事要持幾分保留，莫要獨斷、固執。而有些學者讀了許多具有政治立場的書，變成一個偏執的政治狂，不同立場的言論都無法採信，這更是讀文史的大忌。顧頡剛認為：「站在學問的立場，不管是復辟黨或共產黨，是平等看的」、「我們研究學問，在蔣介石治下如此，在張宗昌治下如此。」顧氏以民國政治界做說明，認為做學問若還與政治糾纏，必不能求真。[192]不要涉入政治太深，切莫憤世嫉俗，專心讀書、寫作，拚自己的事業，才是過一個學者的人生。

二〇一五年加州大學柏克萊分校的研究發現，百分之四十七的碩博士研究生有憂鬱症傾向。該校更早於二〇〇五年的研究甚至顯示，百分之十的研究生曾考慮過自殺；根據二〇〇三年《新科學家》（*New Scientist*）發表的澳洲研究指出，學術人員患精神疾病的比率比普通人高出三至四倍。同篇文章還提到，英國學術人員患精神疾病的比例約占了百分之五十三。該篇報導更指出幾位匿名的博士：「對未來充滿不確定和茫然，例如能不能持續獲得研究資金，以及拿到博士學位後又該何去何從。普遍的孤立和隔離感，也能壓垮博士研究或畢業生。」如果指導教授沒有在其研究生涯中適時伸出援手，研究生的孤獨感就會更嚴重。[193]史學家內心情感豐富且敏銳，渴望寧靜且平靜的生活，「客里生涯原寂寞，最憫人事是無書」，甚至不修邊幅、不問旁騖，只專心於讀書寫作。[194]這樣單純的讀書人，一朝深涉社會這大染缸中，真正認真做研究、寫作的人，皆容易承受較大的精神壓力，王汎森的觀察相當真實：「很多很有名的大學者最後都陷入極度的精神困擾之中。」就是忘了培養一些小小的興趣或嗜好，用來好好調解或是排遣自己。[195]學者有精神困擾的，不在少數，一史學一文學，顧頡剛、錢玄同兩人皆患有嚴重的神經衰弱和高血壓。顧身體差，日常讀書、寫作工作一多，立刻犯病，一九三〇年就在日記上無奈地寫道：「今日天氣較涼，本可工作，不料點了廿餘頁《偽經考》，肋骨又痛了，氣又悶了，只得停住。恨極，擬謝絕一切文字。我的野心與我的身體背道而馳，互相破壞，真無法。」[196]連顧自己的學生也是一大堆身心問題，一九四六年，顧感嘆：「丕繩（筆者按：童書業）神經有病，常疑其稿子將被人盜竊，雖理智知其不然，而此念糾纏彌甚。予所提拔之人，若侃嬨（鄭侃嬨），則死矣，若逢原（筆者按：鄭逢原）則罹心臟病，一事不能為矣，今丕繩又如此，天之厄彼正所以厄我也，悵甚悵甚！」[197]可見學者身體多半不好，需要留意。另外則需注意眼睛，適度休息是必要的，陳寅恪、錢穆的眼睛就非常不好，影響了學術寫作；我的老師輩如李國祁、王爾敏、呂實強等先生，早年多坐立於微捲機前看檔案，史料要靠自己點校，還要熬夜寫作，他們多少都有視網膜剝離的毛病，[198]晚年多無法再看資料。胡適體弱多病也是相當有名的，[199]據說他到臺灣擔任中央研究院院長時，所有的辦公、應酬都在早上十點開始。忙了一天，沒空讀書寫作，所以他晚上必須要熬夜讀書和寫作，常常忙到凌晨兩、三點才睡覺，[200]這對他的健康造成了重大的損害，最後胡適心臟病突然發作身亡。目睹胡適倒下的呂實強就認為他是「太疲勞，（談話）又很興奮，以致心臟病發。」[201]若常常犧牲睡眠時間讀書寫作，長期累積的疲勞必定導致重大疾病。故才說身體健康比什麼都重要，這一點沒什麼好懷疑的。休閒與學術之間，有時可以相輔相成，但若偶爾為了創作的時效性，必須犧牲休閒時間，我只能奉勸讀者不要犧牲到睡眠時間，娛樂則可以少一點，盡量爭取零碎卻可用的時間，而適度的動態休閒或運動絕對是必要的。筆者也常和學生說，你在大學學的專業，可能不會陪你一輩子，因為你未來做的工作可能與大學時的專業學習完全不同，但那些運動的習慣與伴隨而來的健康，卻是你一輩子的資產。

我自己有一種體會，學者要能勇敢面對自己內心的黑暗面，面對打擊要能視之為鞭策動力，而不致消沉。毛澤東（一八九三－一九七六）曾對他的護士說：「中國有兩部大書，一曰《史記》，一曰《資治通鑑》，都還是有才氣的人，在政治上不得志的境遇中編寫的。

看來，人受點打擊、遇點困難，未嘗不是好事。當然，這是指那些有才氣，又有志向的人說的。沒有這兩條，打擊一來，不是消沉，便是胡來，甚至去自殺。那便是另當別論。」毛本人曾通讀《資治通鑑》十七次，可證其言非虛。司馬光寫史，自言：「臣今筋骨癯瘁，目視昏近，齒牙無幾，神識衰耗，旋踵而忘。臣之精力，盡於此書。」[202]可見寫作耗費心力之巨大。所以讀書與立志是同一件事，肯讀書又有堅定志向、信念的人，「受打擊」只會豐富人生，而不會走上叉路。[203]也或許你的心中不時會冒出一些疑惑，為什麼我努力寫文章，整日伏案疾書，身邊的朋友卻可以吃喝玩樂？朋友侃侃而談歡樂之事，我卻老是插不上話？其實，我也是慢慢才瞭解，真正的學者是要耐得住寂寞的，但並不是說他不快樂。作家或學者的內心，可能因為閱讀了很多有趣的書籍，涉及了人生百態、世事的方方面面，而富足了心靈，隨時書寫自己心中所思、所困惑，一朝煥然冰釋、豁然開朗，那種成就感絕非吃喝玩樂可以比擬。當然，我不是說作家、史家不能吃喝玩樂，但宜保持一定的安靜、耐心，做學問才能有成就，若是偶爾郊遊、踏青，則完全無妨，因為那有時還可以激發一些寫作的靈感，量度合宜、存乎一心，自己要能控制。

偶爾運動、偶爾娛樂，但閱讀寫作、研究的時間總是不夠，該怎麼節省時間呢？顧頡剛的建議非常有代表性，它牽涉學者的生活要如何上軌道的問題。顧在一九二九年統整，我稍微修整成白話，供大家參考：（一）來信交給助理起草作覆，經改正後謄寫，亦即事情太忙需要有助理可以協助。（二）每日必有運動，必須出大門一次，不可整日關在家中。（三）辦事時間最好規定，有規律才有成效。（四）勿輕應人家寫文章，不要輕易承諾稿約，因為每答應一件事，時間就少一些，到最後顧此失彼，文章寫不好又得罪人。（五）添置書架書櫃，把書房布置好，使物件一找即得。（六）勿想多印書，顧頡剛很喜歡出版專書，但雄心壯志，往往累死自己。（七）勿輕易開新事件的頭。（八）金錢須控管，每年作預算。（九）每天做一點娛樂活動，如寫字、看畫、聽音樂等。（十）零碎（文件）或紙張當日處理完畢。（十一）切記少事、緩進、有休息、有秩序。[204]這裡面幾乎包含了一位學者整體的日常生活，因為他總是抱怨時間不夠用，加上身體不好，學術願望又大，故總想多節省一些時間進行讀書寫作。另一個例子是郭廷以先生，晚年時寫作依舊認真，但常感腦力衰退，夫人勸其減少工作時間，郭反對並說：「時間有限，要做的事太多，希望再有十年工作時間，清理一下未完之事。」[205]可見郭的寫作規劃、理想，已與其生命歷程結合，跟顧一樣，感到要在離開人世之前，寫就一些具有價值的作品，而這些價值都會永遠留存，不像金錢和土地，死後是帶不走的。

既然要為自己的人生多爭取一點時間，就要好好保養身體。顧頡剛在與第三任太太結婚前寫道：「近日予胸中煩躁，逢不如意事易怒，而環境上又確有許多不如意事來相煎迫，因此夜中易失眠，睡中又易盜汗。靜秋知之，引為大戚。予自當注意身體，俾靜秋安心，亦使予事業能成。預計生活如上軌道，當如下列辦法：（一）重要工作盡量上午做，彼時精神充足也。（二）辦事在下午，取其不甚用心。（三）傍晚或夜間出外散步，弛散日間之緊張。（四）任何事不要心急，以致心宕（筆者按：心臟不適）。（五）不要為人太熱心，找許多麻煩。（六）注意營養，勿太刻苦。（七）節制興趣，勿太氾濫。」[206]以上這些都是很好的提醒，至少可以給年輕學者、作家當成一種參考。不論閱讀寫作還是工作，切記當你感到很疲累的時候，一定要休息，學者常常過勞，罹患各種疾病，史料斑斑可考。記住，壓力與疲倦為萬病之源，我再提供給大家幾個思考，第一、不要把自己看得太重，有些事情不是總要非你不可，適度與適時的「耍廢」、「擺爛」，自在健康，要學會立於舉足無輕重之地，得與失皆能淡然處之，則外物自然無法傷害你的本體。第二、要找出教學與研究之外的興趣，這點很重要，好心情總是可以幫助你對抗疾病和讓手邊工作更上軌道。第三、陪家人散散心、聊聊天，你有多久沒和家人好好聊聊了？第四、找到好朋友幫忙、吐苦水，培養能幹的助理來協助庶務或找資料。以上這些都可以幫助你在一生的閱讀寫作、工作上更有效率、更怡然自得。

此外，研究與寫作的「外圍條件」很重要，最基礎的就是家人了。以前讀到著名史家吉朋（Edward Gibbon）的故事，這位寫出數冊煌煌巨著《羅馬帝國衰亡史》的著名史家，儘管生前還算一帆風順，但在著作出版六年後，罹患水腫而病死於英國，死時極為淒涼孤單，身邊只有一男僕照顧。[207]年輕時讀到這則故事時，我都有一個很大的疑慮——是不是愈有名的歷史學家其實愈哀戚、悲涼與空虛？著作畢竟不比真人，我們的人生除了需要知識，也需要人性的溫暖與關懷。幸好我還有正向的例子，郭廷以夫人（郭李心顏）回憶郭的寫作，曾說道：「先夫性情積極而認真，尤重諾言，每次遷移，略作安頓，不是跑圖書館蒐集資料，就是晨昏伏案，埋頭寫作。每一細目，參考查證，從不苟且，遇有問題，廢寢忘食，縱橫參證，直至問題圓滿解決時，喜形於色，這時我為他的喜悅也鬆一口氣；有時我也充當下手，做些謄錄整理工作，一桌二椅，對坐工作，每至深夜。」[208]由這段文字可以看出，研究學問、寫作所帶來的喜樂，非一般物質享樂可以給予的。此外，妻子的支持與陪伴，甚至協助，我相信是支持郭持續寫作很大的動力。我的太太也是學歷史的，跟我念同一個碩士班，所以她深知寫論文的辛苦，每當我困於閱讀資料和寫作的深淵時，她都能夠理解並體諒，這是非常重要的一點，讓我可以比較豁達樂觀地去看待寫作上的諸般挫折。若你的家人或另一半不是學歷史的，也可以好好跟對方溝通，生活上有困難可以互相扶持、幫助，這是閱讀、寫作成功的要素。電影〈葉問〉第三集最後，葉問說的一句話：「其實最重要的，應該是你身邊的人。」真是貼近實際生活。家人的支持為什麼重要？當你需要專心一意的時候，總是希望旁邊的家人可以不要打擾你，甚至幫你處理一些雜事，讓你可以全心全力做研究。但切莫忽略家人的感受，要珍惜與家人相處的時光。就如顧頡剛在第二任妻子過世後，悲傷地在日記中寫道：「六七歲後即以『無悔』自號。然至今日，覺實有一事應當懺侮者，則對履安未能盡其情也。履安對我，無微不至，嫁後心力，畢萃吾身。而我專心於學問及事業，遂不措意於房闈。彼欲偕予出遊，予每謝絕，使其獨行，或便不行，彼之情趣乃漸臻於乾涸。彼需用之物，必開單與我，我乃購取，每次過市，絕不為履安代籌，亦不贈與一物以博其快樂。我總以為歲月正長，今日且不必為履安分心，而孰知至於今日，乃欲報而無從乎！此真我萬分痛心，亦萬分懊悔者也。」[209]這段話顯示，學者一生忙於寫作與事業，愈專心者往往愈自私，常未對家人付出關愛與責任，一旦親人離世，乃痛苦懊悔萬分。所以我才希望讀者能於平日多陪伴家人、親人，才不致為了工作或研究寫作而失去基本的人倫之責、情感之愛。當然，有幾個足以交心且相伴的朋友一起於生活中分享喜怒哀樂，也是樂事，只要志趣相投且聊得來，必定能給你很多生活上的啟發、寫作上的靈感。許多作家故事中的人物，其實是他某些朋友的真實故事所投射虛擬的，已不證自明。

最後，或許談得有些遠了，但這點實在太重要。若以研究、寫作為終身職業與信念之人，必須理解，人文學者老年多清苦，若家無恆產恆業，需盡早規劃退休人生。特別是現代社會，所謂永恆的價值愈來愈不值錢，新事物汰換率太高，包括老了的人文學者，可謂風燭殘年、無人搭理，若無規劃與堅強的適應心志，很容易抑鬱而終。我的研究所朋友曾在呂實強老師退休後寫卡片給他，呂老師回信說非常感謝，他一輩子研究、教學，作育英才，可惜自當上中研院近史所所長後到教書，一路努力至退休，每年所收到的卡片與問候卻愈來愈少，當年竟然只有我同學的一封教師節賀卡，信中難過之心情溢於言表。[210]我當時感到很自責，為何未對老師付出一點關心？但這樣的故事，我後來還聽過很多，或許有一天我也是這樣孤獨終老吧？那一點都不讓人感到意外。你只需知道，人是一代一代地來來去去，研究與人文價值卻是永恆的。多年以後，人已不在，能夠留在這世界上的，絕對不是金錢，而是學者與作家的名聲與著作。過多的金錢總是造成子孫爭產，只有創作與歷史貢獻足堪流芳百世。正如本書後面所談的呂思勉，生前並不算知名，但死後名聲卻因豐富的著作與深刻的見解而廣為人知，正是顯例。活到老、寫到老、健康到老、開心到老，才是人文學者應該追求的正向心理。

# 九、教授歷史與應用史學

書寫這一小節的目的，在於每個人文學者都曾經在學習、研究生涯中被教導，而將來也可能進入各級機關學校任教，所以教學是相當重要的。教授人文與歷史科目，須知學生最需要老師的陪伴與指導，學習「人的學問」，還是需要人的「溫度」來滋養涵潤。臺灣大學於一九四九年成立考古人類學系，當時第一屆學生只有一個人，後來還轉走，所以第二屆（變成第一屆）學生只有李亦園和唐美君兩人，接下去一屆也只有三人，其中一人即張光直（一九三一－二〇〇一）。但專任老師竟有七位，李濟、董作賓、凌純聲、高去尋等教授，各個身懷絕技，這種師生比在今日而言是無法想像的。據李亦園回憶，當時上課只有兩人，每一堂課都必須兢兢業業地準備，根本不可能睡覺或分心，師生互動也很多，常常到老師家吃飯、聊天，透過這種緊密結合的師徒關係所帶出之學生，當然可得到老師的真傳與精髓。[211]而現代社會，大家都被自己的工作、忙碌的生活綁死，人與人之間愈來愈無法進行有溫度的溝通，「師承」已成過往，即使學生與指導教授之間的關係，也不若過往緊密，學問當然也就逐漸失去傳承。

反思現今大學教師的特質與困境，不妨先看一九二二年十二月，時任北京大學教務長的胡適指出：「學校的組織與設備不能提高本校在學術上的貢獻，是一大失敗。」學術單位若每天為了招生、經費來壓榨教授，不能提升其學術研究之品質，這個大學就是辦失敗了；而現在的大學，很多是辦失敗的，行政工作、計畫案應接不暇，每週鐘點數又是全東亞最高，讀書研究的時間當然減少，研究能量自然下降。同理，不管讀者以後到哪個單位，這個公司不能提升你（員工）的能力與專業，不重視研發創新，只壓榨員工，視員工為不具價值、隨時可替換的物品，那麼這個單位也不值得留下來了。至於胡在同一篇文章還提到，教授應充分享有大學自治與研究上的自由，一樣的道理，大學或研究出版單位若是不能與教授（或員工）產生一種休戚與共的共榮感，這個學校（單位）就會沒落，此語頗值得學術機構或大學經營者思索。[212]

身為一個學者，從事學術研究或創作，總要有一份可以餬口的工作，一個可以提供你寫作環境的場域。而一般大學、研究機構、博物館等等，應該都要可以提供你一個好的工作環境，支持你繼續做自己喜歡的研究，這一點非常重要。以大學為例，一般研究型的大學，資源多數比私立大學或綜合型大學更多，若論研究機構，可能就屬中央研究院最好。大家都希望能在好的機構工作，但畢竟不是人人有機會，現在年輕學者就業不易，能有一份專任工作已非常不容易。目前許多臺灣文史科系博士畢業生都西進大陸高校找工作，或許在臺灣少子化衝擊愈來愈嚴重時，這樣的趨勢只會加深加劇，因為少子的關係，大學一般都不招聘年輕教師，這對年輕學者的前途影響甚鉅，加上辦學成本逐年升高，學費無法適度調漲，所以許多大學只能挖東牆補西牆，高教品質逐年低落，是可以預見的窘境，政府若不再投以關注與公平的資源，未來只會有更多年輕學人出走。再以閱讀寫作發生的場域為例，一般大學對教師的評鑑多分成教學、研究、服務三塊，能夠讓你兼顧到較多研究寫作工作的大學，一定是教學負擔較輕的地方，像是有些研究機構不用教學，負擔就更輕了。還有就是工作環境的資源，例如好的研究單位或大學會提供較好的圖書館，並且有能力購買大量的資料庫，這樣做研究就能事半功倍，在數位時代做研究，找思路找創意，若沒有資料庫就很難進行，這是年輕學者必須注意的。

至於現今中等、高等教育之現場，也是充滿問題的。我們看看民初學人的標準，立刻可知曉。胡適說他要有八年、十年以上的研究（at least eight years ahead of students）才敢教一門課，[213]現在的老師則被要求跨領域，自己領域的基礎研究都還沒做好，就奢談跨領域，甚至放言教學卓越、前瞻，這都是非常奇怪的現象。一學者基礎研究與學養培養好了，才能想辦法跟別人進行跨領域合作或教學，現在則是不問基礎，先因應教育部的各種教學計畫，先跨先贏，導致國家整體研究能量下降。面對這樣的情況，有另一種聲音，可以說陷入了兩難，即現今我國高等教育面臨之難題，是以教授專業的研究者為中心，但事實上，幾乎有九成以上的學生不會成為學者或專業研究員，多數很專業的課程其實實用性不高，大學教師的教學應該要為多數的學生想、為多數的學生負責，解決學用落差的困境。此語講得有理、談得容易，但施行起來卻相當困難。因為一般大學內的難題，在於教師多是受專業的研究法訓練出來的，他們多數的教學都是以專業為導向，要跨領域其實相當不容易，專業系所也不願意釋放出專業學分來進行某些改變。個人認為，香港一些大學的模式就非常好，學校分為教學型與研究型教師，前者也有專業，但可以專心研發跨領域的教法和技巧，於教學一事上精進；而研究型的教師則專事研究，其授課只要就專業的研究來進行即可，如此即可兼顧跨領域和專業性，而且互不侵擾，這點臺灣高等教育應該要學習，不能每次都要求老師「吃到飽」，必須樣樣精通。

臺灣高等教育的問題還在於，正如上面所說，一位大學教師要研究、要跨領域創新、還要兼行政服務，簡直是十項全能，樣樣都做當然就容易樣樣不佳。此外，教學現場也充滿各種無力感。我曾身處的大學通識教育現場，一班學生都是六十人以上，就本書所談，無論何種形式的閱讀寫作，一定要小班教學，我不知道一〇八課綱在各高中施行的形式，若以專題方式上課，一班要能夠控制在十五人左右是最好的，大學則一班最好不要超過二十人。現在很多大學開設閱讀與寫作的課，都放在通識教育中來施行，一班動輒五、六十人選課，根本無法好好教導閱讀寫作。閱讀要指導，寫作當然也要指導，協助修改文稿一次不夠，改兩、三次有時都是必要的，讓學生練就文句通順與文章組織完善，適當敘事、表達，這些都需要教師花時間培養、陪伴。所以，學生除非有意識地自主學習，或在研究所階段跟著一位優秀的指導教授慢慢磨練，才會有真實成果，否則在現行體制下學習的閱讀寫作，收穫並不大，甚至有寫兩篇作文敷衍、虛應之情事，浪費師生不少時間。

史家顧頡剛小時遇到不好的老師，他的兒子陳述其父：「他雖喜歡看書，但並不完全信任書，時有疑問，去請教先生。但是那時的教師，大半是絕對信任古書的，因此往往受到責罵，一次又一次，在戒尺的脅迫下，言語常常出口而止，遂養成了口吃的習慣，至今不能當眾演說。」[214]這當然是講一位守舊、顢頇的老師對年輕學者心靈的摧殘，現在的老師極少會這樣；但是現代高等教育卻轉而運用僵化的教學評量來限制教師專業與教師權威的合理發展，導致第一線教師往往得過且過，不敢要求學生認真學習，以免被學生給予負面評鑑，嚴重時甚至擔憂影響升等成績。《禮記．學記》載：「凡學之道，嚴師為難，師嚴然後道尊，道尊然後民知敬學。」現在老師地位下降，人文知識的授予已經「不尊」，學問與知識當然也就無法好好傳承。至於文史類研究所之授課，目前各大學也是問題多多。《禮記‧學記》載：「善歌者，使人繼其聲。善教者，使人繼其志。」但一般大學根本不可能談「傳承」的問題，聘人都是政策導向，沒有考慮長遠的發展和系所的特色，這都是大問題。竺可楨曾在日記中寫到浙江大學的聘人故事，他說：「哲學系近聘熊十力到校。熊已六十歲餘，雖對於國學、哲學造詣甚深，但對於學校能有多少貢獻大是問題。要發展一個大學，最重要的是能物色前途有望的青年。網羅龍鍾不堪之過去人物，直是養老院而已。」[215]可見一大學要發展和傳承，不能只聘一些已經過氣的老人，甚至找一些老教授來充當門神，作為酬庸，此皆為扼殺一大學生機之事。校方應該要積極物色年輕人，而且不能太分散，要有特色傳承的意義。當然，我在這裡講理想是很容易，但實際做起來又有實際的難處，為什麼呢？若發展一個系的特色，談學術傳承，就很可能會聘到太過相似的一群人，或成為學術近親繁殖之淵藪，導致一個大學或研究機構都是「自己人」，缺乏新陳代謝，也對學術發展產生極不健康的影響。我要提醒年輕人的是，若要投身學術研究，要有一位置，指導教授絕對需要慎選。一九二一年十月十一日，北大開學演講，胡適說：「我對於大學的希望，仍是提高。人家罵我們是學閥，其實『學閥』有何妨？人家稱我們為『最高學府』，我們便得意；稱『學閥』，我們便不高興。這真是『名實未虧而喜怒為用』了！我們應該努力做學閥！」甚至說要提高大學事業，「學閥之中還要有一個最高的學閥！」[216]胡適如此談，其實是希望中國本土學界強大起來，但胡本身就是大學閥，還有各地、各領域強大的學閥，他們必定割地為王、近親繁殖，造成學術資源過度集中，甚至排斥異己，此皆古今中外屢見不鮮之事。

我不想多說冠冕堂皇的話，作者應只對讀者說實話。郭廷以曾寫信給張朋園說：「研究工作理須與教學聯合，中外皆然，學術成就，更是取決標準，絕不當存有私見，傾陷排擠異己。」[217]這是郭的肺腑之言，可惜他與他的弟子李國祁和王爾敏、李恩涵等人，皆曾捲入學術人事紛擾之問題，[218]後幾人都算我的老師輩，上課多少會聽他們談一些，也是後來看資料才知，原來王爾敏老師的眼疾可能與機構內早年之紛擾所帶來的刺激有關，讀之不免驚心動魄。[219]我們非當事人，可能很難體會那種委屈。若想要在學界工作，有各種手段與方法，我總怕教壞大家，還是少談。學界有各種權力關係之運作，甚至是「分類鬥爭」的狀況。在發表論文與升等之事上，有各種派系團體和特定期刊，或稱「集體防衛系統」，學術派別、學院出身背景和人脈資源，已決定一切，反而學問不是最重要的，因為很難在短時間看出一個人的表現，只能從非我族類、其心必異來審視一個人。[220]這樣講不是貶低學界，而是說每一行當都有一些潛規則與人事交往之訣竅，恐非一本書所能道盡。只能勸導後進，多觀察、多請教前輩師長，總是可以避免走許多冤枉路。當然，若你的寫作形式非於學術體系內評斷，則標準又不一樣，每種寫作「被評價」的模式都不同，也都有其規則和潛在的權力運作關係，要以各種寫作為工作職志的讀者，不可不知。所以我在讀大學時，一位後來回美國從事研究工作的老師就告誡我：若希望投身於學術界，找一位有力的指導教授和強大的學術後勤團體（由各處學長姊、又都是小學閥所組成），是相當重要的。我當時非常不以為然，總覺得學術怎麼可以靠拉幫結派呢？但老師那時說，歐美社會就是如此，臺灣的學術體制和規範幾乎是抄自美國，差距應該不大。我當時仍舊大惑不解，等我看到許多學界優秀的年輕朋友拿到博士學位後卻還四處流浪，而有些人文章不多、品質不佳，卻能得到一份研究工作或教職，大概就理解老師當年的意思了。世間道理往往能互通，不用去強分對與錯，找指導教授跟找工作、找老闆是一樣的，好的教授帶你上天堂，不好的教授帶你去流浪，老師對一位學生的養成具有相當關鍵的作用，不只是他的「學養」，還有他的「權力」。正如那位老師當年對我的坦白，他不以臺灣的例子來說明，也許是不希望我對本土學界灰心，他希望我繼續念下去，而有真實貢獻。我很感謝他，他道出的是既存的事實與人性，其實無關地區和國籍的差異。當然，我必須提醒後進，真正自己能夠掌握的，恐怕還是平日的努力和寫作呈現的成果，有了基礎後，外緣因素才能正向相加，協助你走向成功；到處刻意拉關係，有時也未必得到善果，自己當需審時度勢。

關於老師的態度，還可再舉嚴耕望的故事來談。他在擔任新亞研究所教授時，研究室位於六樓，學生的研究室則處於五樓。嚴每日清晨即到校，晚上八、九點才回家。除了上課以外，他都在研究室內讀書、寫作。學生想要問學，敲門後即可進入。這一來可以顯示嚴閱讀寫作之認真，另外也需指出，閱讀寫作最怕一直被打斷，學生去找老師應該還是事先約定、按時赴約較好，有些老師是不喜歡被打擾的。學生若遇到大的問題，嚴常會回答說這個問題他沒有做過研究，就不再多說；甚至有時師生對坐無言、靜默片刻，但不會讓學生感到壓力。[221]反過來說，或許學生想獲得一些指引，隨便說兩句、舉幾個例子，就可以給學生鼓勵，只能說嚴的個性比較嚴謹，不善此道。其實，沒有研究就不多發言，才是學者風範，學者的內心可能常常想我怎麼很多事都「不懂」？但嘴巴常常講「不懂」的人，往往才是真學者，我們的社會還缺那種高談闊論的「專家」嗎？通常瞭解得愈深、學術涵養愈充實的學者，會愈加謙虛，遇到自己不懂的領域也謹慎發言，這才是真正嚴謹的態度。現在很多大學教師只講課而少著述，講的歷史都是書本或網路上的知識，沒有自己的研究。甚至有些老師，學生把他的研究和他教授的課程拿來一對照，才發現他教的科目內容都是他沒有研究過的，著作目錄上很寒酸，沒有證據顯示他有什麼獨創的研究或觀點。那麼，學生豈不可以自己回家念書就好，為什麼要來課堂上修學分呢？現在網路資料庫這麼發達，還愁沒有學習資源嗎？好的教師必定重視研究與實在的學問，而不用各種教學創新的名目來耍花槍。呂實強老師在我博士班二年級之後離開教職，當時系上很禮遇他，一再請他繼續開課，呂老師對我們說，他已很久沒有新研究，不能一直在研究所教舊的東西，沒研究就應該離開教學現場，這就是教研合一的精神。以前我的一位老師說，評估老師到底有沒有能力開課，就是先審查他的著作目錄，有時一查就可以發現，這位老師開的課根本跟他的研究成果沒有任何關聯，豈不兒戲？今日許多學者不懂又裝懂，隨意開設跨領域、社會實踐的課，缺乏基礎研究，帶學生一起亂學，美其名為「探索」，但缺乏知識深度，造成大學亂象。可能很多人也說，有些大學還是做出不少成果，我是這樣回應的，學生不用讀大學，直接投入職場實踐，會獲得更大的成果，而且能用最快的速度學習實踐，適應職場，何必來大學求學呢？教授的研究本來就不是職場或企業的實戰場域，一直在大學內談就業問題、解決學用落差，這不是叫外行人教外行課嗎？大學就是要傳授專業知識和博雅素養，不是來獲取工作經驗的，更不是淺薄的體驗。若直接奔入職場，投資報酬率不是更高？大學的價值究竟於何處安放，值得教育工作者再思考。

一位大學教師的養成非常不容易，不積累深厚的研究功力，如何成事？陳寅恪在清華大學開隋唐史與魏晉南北朝史時，上課時幾乎不使用已經出版的著作，除非涉及邏輯性的因果關係才會講述。他認為，如果有著作，學生就可以自己看，為何還要上課重講一次，在課堂上浪費光陰呢？所以陳氏講課，必發前人所未發，必要有新意，而且每輪課程所講不完全相同，大多來自自身別有洞見之觀察。陳氏特重《資治通鑑》、《通典》、《唐會要》、《唐六典》、《唐書》等，都是回歸原典，著重政治典章等史實。[222]所以他不重視後人著作，專重原始典籍。陳上課著重自然啟發，不認為問答式的筆試是觀察學問的好方法，認為聽完老師講解後，可以請學生提一、兩個問題，雖然老師不一定樣樣都懂，但卻能看出學生是否適當提問，還能看出學生是否下了功夫，周一良（一九一三－二〇〇一）曾從燕京跑到清華去旁聽陳的課，大讚聽陳上課就像聽了一場拿手好戲表演，大呼過癮。[223]另外一個重點就是，打學術根柢可能要用政治、軍事、經濟制度等史事，有強大的知識根基，才有辦法來處理文化史、思想史一類的專史。也就是說，教學與研究之間，雖然很難完全一致，但還是要能盡量配合。臺灣老師課程負擔過重，有時需要開好幾門課，但有些根本不是他的專長，很多課程都是依據教育部或學校的要求來開，大多都是一種拼湊式的概念。教學和研究最好能盡量配合，就像陳氏那樣，總是追求原創和新意；反過來說，學生的回應和備課的閱讀，有時除了啟發靈感，也是實踐自己研究的一種方式，這也是教研合一的概念。教師上課談的東西，若都是從網路、維基百科上擷取下來，上課放一放影片，靠著幾篇舊文章、幾本老教材，看一看YouTube，這樣的教學真無意思，對學生幫助少，對自己的研究也沒有啟發。

臺灣一般歷史系的教學，目前處在劇烈變動中，但無論是中國史還是西洋史的教學——特別是西洋史的教學——往往多看外國原文或翻譯的著作。治西洋史看外國著作，當然是正確的，但我期待臺灣的西洋史乃至中國史也能有自己的一套解釋脈絡，能形成自己的體系，用本國語言創作。對於西洋史，我完全不該發言，因為在臺灣治西洋史有其難度，自己完全沒有研究。我曾想，既然自己的研究內有中、西醫學兩種元素，為何不著手好好設計來開設一門「西方醫學史」的課程，至少趁著空餘時間把課程架構想出來吧？結果我的一位老師叫我不要想太多，說我治中國醫學史，這麼小的範圍都無法掌握大部分的原史材料，西方醫學史，我又能掌握多少資料？其實，認真地好好看幾本專書，還是可以開課的，但在「研究」的嚴肅意義前，我就站不住腳了。總之，我們喊了本土學術這麼久，還是在臺灣史裡面繞來繞去，還是未能建立起一套屬於自己的中國史、西洋史的整體解釋，實在不能說令人滿意。亦即生產自己本土的著作，只有臺灣史領域做得到，其他都還未好好統整。不少出版社也偷懶，只能翻譯、引進一些西方著作；雖說引進好的外國著作也是正向的，但卻沒有思考產生一種機制來鼓勵本土研究者寫出好的西洋史或中國史著作。這裡面還有結構性的問題，例如本土的研究社群偏好寫生硬的學術著作，他們被整個學術審查機制卡死，被僵硬的評鑑制度制約，在這些制度之下，普及、通俗的著作無法被認可，所以導致有能力寫作的人也無法達到創新。筆者自己也未寫出什麼了不起的、暢銷的學術著作，所以只能就感想發言，不宜過度陳述，當於此打住，只希望學界高層能注意學術審查制度的合理性，不要扼殺年輕學者可能萌芽的創新和創意。

本節最後的一些篇幅，想談談文史類課程改革和未來應用之間的關係，或許也牽涉一點解決學用落差的意思。現在想想，後來我們所理解的知識，並不都來自老師的傳授，許多經驗都要靠自己慢慢摸索。這不能怪老師或大學，而是整個結構使然。我們的歷史課程綱要，一百年來大體都是延續上古、秦漢、魏晉、宋元明清、近現代史這樣的「斷代」來開課，而且只有培養學者的思維，卻未顧及大多數文史科系畢業生其他的能力。現代社會變化太快，許多知識的傳衍和創新，靠的都不是古籍文獻，新的技術推陳出新、新產業也不斷更迭，使得舊有的文史科系課程面臨重大挑戰。現實情況是，大學或研究機構資源有限，在裡面工作的每個人都會喊人文精神很重要，但其實大家也都知道人文精神不能當飯吃。前教育部長蔣偉寧在接受《天下雜誌》五一一期（二〇一二）的專訪時曾說：「不管未來進入什麼職場，都要做決策，必須要具備基本的人文科學素養。」人人都會喊人文素養，每個學校也都會喊

「科學與人文並重」，可惜的是，我必須澆年輕學子一桶冷水，人文素養是無法立刻用來賺取金錢的，而且現在教育、研究機構大多缺錢、缺資源，於是會賺錢的科系與研究中心就成了學校或研究單位的金雞母，人文科系自然就成了大冷門。有一次筆者在某處和一群理工醫的教授開會，當時我的朋友提出一個人文類的整合型計畫，我負責歷史學的部分，希望能獲得研究經費的支持。經過一番報告與批評，回家後我很沮喪，生技醫學、高科技這些東西，講出來、報告出來，感覺就是比人文歷史來得賺錢，我母親還安慰我說：「你不也是做醫療的嗎？很好啊。」我苦笑回應：「我做的是醫療『史』。」他們也不知道怎麼把「史」的部分整合進跨領域的研發中，我完全不能幫這個計畫加值，在我受的專業教育中，並沒有教導我如何和理工醫技術的任何一個層面達成一種可能的合作。幸好，在二〇一九年，我有機會參加一個由電機系主持的跨領域計畫，用我中醫歷史文獻的專長形成資料與數據，和他們一同研發設計一款ＡＩ與老人照護的機器人系統，第一次嘗試到真正的跨領域研發。我很開心，雖然我對研發ＡＩ仍一知半解，但不斷研究、嘗試新創的技術，已是未來人文學者不能迴避的問題。

目前，不論在中等教育或高等教育，都興起一股「素養」風，學校開課逐漸著重跨領域的實作知識，大學端開始注重「問題解決」導向、活動誘發學習等教學法。其基本理念為，教育要能培養一種甚至多種解決問題的對應「能力」。解決一個問題，往往需要很多跨領域的能力，這些改變多數是正向的創新，應該予以肯定。但這樣的教學思維，也不是全然沒有問題值得檢討。一位大學教授在臺上侃侃而談，學生或聽講者怎麼知道、如何可能相信臺上的那位老師或專家真正懂得跨領域，如何「可信」？我認為，如果一種專業之「專家」的話都不值得參考或信賴，那我們為什麼可以信賴跨領域的知識？所以，我認為儘管大學的開課思維要改變，但專業總是不能忽視的，不能單純為了開設跨領域而去硬著頭皮跨領域，而應該循序漸進，改變課程和師資結構，以思索對學生最好的教育。

談到文史的應用與實用，不免還是要談到就業層面。史家的飯碗在哪裡？是一個值得思考的好問題。一九一九年，陳寅恪對摯友吳宓（一八九四－一九七八）說道：「我儕雖事學問，而決不可倚學問以謀生，道德尤不濟飢寒。要當於道德學問以外，另求謀生之地，經商最妙。」讀書人一旦有了位置，做官或當大學教師，「決不能用我所學，只能隨人敷衍，自儕於高等流氓，誤己誤人，問心不安。至若弄權竊柄，斂財稱兵，或妄倡邪說，徒言破壞，煽惑衆志。」[224]文人有了位置固然要論其道德，但一個謀生的「位置」（工作）都沒有，連維生都告艱難，怎麼談更高的理想？我的某位老師有一年不在研究所開課，他說他教得有點灰心，因為培養出一堆本土流浪博士，他已於心不忍。畢竟博士的學術訓練就是要培養學術人才，國家花錢培養一位博士，國內文科博士大多要念五、六年，國家或學界應該都不希望人才去賣雞排，縱使從事什麼職業是個人自由，他人無從干涉，但在國家高等教育的範疇內來談賣雞排，絕對不合宜。

其實我對文史科系學生的未來，有許多期許與擔憂。我自己走過來，覺得歷史學是一門很棒的學問，我在專心一意讀書時，絕對是開心的。但是時代變化卻又如此快速，令人目不暇給。現在大學最常喊「就業」，但是大學終究並不是職業訓練所，怎麼能用職業的觀點來辦大學教育呢？竺可楨曾在日記中記下他早晨看《耶魯評論》（*Yale Review*）的心得，裡面記載：「芝加哥大學校長 Hutchins 著文題為『大學教育』，謂在希臘時代知識之中心為玄學，中世紀大學中各科之中心為神學，惟其有中心故各種學問雖千門萬類，而求學者則精神頗能貫注於一方，惟時至今日各人惟知崇拜金錢，學校彷彿如工廠，以製貨為目的，實非所宜。故渠主張將農、工、醫各科須擯諸於大學之外，另設研究所專研其事，而大學則有神學、社會科學與自然科學三門，三科之目的亦不在於求事實或研求其歷史，而在瞭解原則，如世界變遷的原因、人與人的關係、人與物的關係等等。」[225]真可謂近代辦學的真知灼見。可惜，我們現在的大學滿是銅臭味與功利，學生心情浮躁，充滿了太多功利且現實的考量。有人就說：那是因為你有了一個學術工作，有了個位置，只會高談學術，你有沒有想過年輕人的未來？

我當然思考過，因為我讀博士班的時候，正是臺灣大量生產流浪博士的高潮。在那些年間，因緣際會，有一位老師希望我蒐集一下現在於網路上對讀歷史系的一些質疑。有網友認為，念完大學歷史系，「真的是對在社會上工作毫無幫助。」還質疑「歷史系以後會給予我們寫作的技能與資料整合的能力。這些話聽起來很有道理，但我不得不說這是歷史系老師的自我安慰與欺騙學生的謊言。從大一到我畢業，我的學長姊們畢業後都是從事非歷史系相關的，寫作能力與蒐集資料能力幾乎都用不上。」可以理解這位網友負面的發言，在西方，即使在十九世紀，歷史也大多是男性文人的書寫專利，他們多擁有富人、紳士、公務員、政治家等多重身分，「史家」的概念相當寬泛，而且多與從事政治事務相關。[226]而在近代中國，專業史家是二十世紀後才出現的概念，它透過制度性研究機構的培養與資金支持，培育出一批純粹以做學問為工作的史學工作者，例如中央研究院內的歷史研究單位可為代表。[227]這影響相當巨大，因為後來所有的歷史系幾乎都以培養這種專業史家為主，而忽略其他能力的訓練；但實際上，社會並不需要這麼多的專業史家，這些被訓練出來的專業史家有了位置後，也很少去在意超額的問題，或是思考文史教育更多應用的可能，這是很可惜的「學用落差」。其實西方也如此，特別是美國，史學發展的高度職業化引發不少批評，例如博士論文鑽牛角尖，擠滿了上千個註腳和冗長的書目，既呆板又無意義。歷史學者只會大量引註，卻不懂得想像與創作等等，這些發展都將歷史學的各種可能給扼殺掉了。[228]所謂歷史學的方法訓練，不應該只有寫學術論文而已，目前已有歷史系注意到應用史學的發展，但其成效仍在觀察中，若讀過本書前面內容就可以知道，本書所談正是閱讀、寫作的「史學方法」應用，此方法並不是只能用於狹隘地研究學問而已。「寫作」就是所有敘事能力的核心技術，敘事以文字寫出，乃最初步、原始的形式，所以才一開始就談寫作。但要活學活用，懂得實用，成為職場競爭力，就需要訓練從文字書寫到產出影音甚至口語的各種表達形式。閱讀寫作之能力，正是培養對任何專業之敘事、策劃、擬定策略、執行、評估等實作技術，因為不管什麼「能力」，雖不一定要透過書寫，但總需要「呈現」，讓別人（讀者、聽眾）看得懂、聽得懂，進一步感動人心，這一點是從大學一直到研究所都可以訓練的「應用」能力，不管什麼寫作、行銷、企劃、文案、業務、廣告、影劇等事業，不都需要寫作與敘事能力嗎？例如企劃和文案、博物館策展計畫，看起來好像很難，一般歷史系根本沒有開設相關課程，但其實蒐集資料，把過往的好企劃案拿來摘要、閱讀，不是就是前述「摘要」的功夫嗎？蒐集好的企劃案，問一個好的問題，找資料書寫，其實不都是研究或學術論文寫作方法的變形嗎？若能像史家一樣閱讀寫作，又怎麼不會產生相關能力呢？歷史書寫可以賦予「物件」生命力和意義，講得更明確一點，就是幫人物、老物件、老建築、記憶等進行具體且富有感情的書寫，寫活了、寫真了，那些死的東西就會有生命、有故事。拿一件毫不起眼的東西觀察、書寫，賦予生命，這就是文化創意中的加值應用，受過歷史訓練的學生，才能掌握這些技巧與過往的故事。所以我才說，從史學出發的閱讀寫作能力，是應該被高度開發且研究的學問。

無論怎麼看，研究歷史與人文，在這個時代都仍有它的市場，話說「現實是現實」，但很多時候，人生不是只有「現實」，新的歷史學要思索自己學科的本位，要能夠守住一些基本的知識論，再談創新。筆者認為，可以先將歷史系的能力化作實際且具體的能力指標，要重整教學方式，因為目前臺灣歷史相關系所的主流課程還是在訓練「學者」，但學者並沒有、也不需要這麼多人。廣義文史科系的大學畢業生，驟然投入職場，等於是不教而誅。臺灣太多的檢定、指標、數據，用固定的模式去培養人文素養，必定失敗。每個人都是特殊的個體，不能用絕對統一的標準，所以教學與課程也要適度創新與鬆綁。我認為，第一步就是要減少過往專業的必修學分，增加彈性選修的幾個「模組」，例如「語言模組」即重視第二外國語的訓練；「電腦程式模組」，則重視人文學科與數位人文、科技的整合應用；「影視與多媒體模組」，則著重訓練歷史與新聞、製作紀錄片、劇本理論等課程；「商業行銷模組」，則可訓練歷史系學生在金融行業中考取相關證照或分析資料、大數據解讀的技能。依此類推，模組可依各系所師資、特色與新趨勢，隨時靈活調整。以目前各大學的「應用史學」課程來看，略為零碎，學生不會修個一、兩堂課就產生跨領域的「能力」，至少要有一個「模組」，大約十八至二十二學分的課程，才會略有基礎，而且修課不能過於分散。還要注意，學院的老師聘任來源仍是來自學院本科系或國外生產的博士，他們的訓練大部分都是舊的，並非真有應用史學的專業訓練，而且也完全沒有應用的產學實作經驗，這樣的應用史學只有一招半式，闖不了天下。比如GIS或數位人文，會一、兩種技術，好像很不錯，但是業界並不需要這樣的人才，那些技術，訓練一、兩個月就可以隨便找一個研究助理來頂替，而且資工、資訊科系畢業的學生還比較好用，最終低技術導致低薪，市場結構並不會改變；業界需要的「專業」，往往是在業界中產生，而非於學院中被認證，這一因果關係必須釐清。你可能會問，是不是加修個「輔系」就好？但問題是，輔系的開課主導權不在文史科系本身，所以只不過是任他系來規劃，與文史科系本身所應訓練的專業能力和課程規劃又有差距、且有難以整合的困擾。我認為，既要談文史的「應用」，就應該由文史學者和專業的業師、技術人員一同來規劃課程，所以文史類科系若能增聘或合聘幾位業師，包括比較瞭解AI發展與數位人文趨勢的資工、資管科系人才，要能真實具有專門技術者，才可收課程整合的實效，也才是真的「跨領域」。設計不同的模組供學生選修，其實就等於是修一個應用實務的技術，讓不走學術的學生可以充實就業能力，這才是真的應用史學。

# 十、小結

這本書主要是藉由史學史中的人物和故事來談史學方法的實際運用，但在構思時其實跳脫了古板的史學方法寫作模式，也沒有為旁徵而亂博引西方理論，而是完全從本土視野與個人經驗出發，說一些故事給讀者聽。筆者認為，下個世代的史學必將發生重大轉變，將來一定會被寫入臺灣史學史中。歷史知識呈現方式的變動太快了，新的網路載體，目不暇給的、似真似假的資訊，和混合各種新舊知識的難題，將在學生未來的人生裡不斷困擾著他們，我們還應該只教幾門老舊的專精知識嗎？[229] 換個角度想，其實專業的知識，學生大多是記不住或記不久的，把學過的東西很快「還給老師」，是學生與生俱來的本能，反而是史學中的閱讀、寫作方法，可以應用在各種論題架起的史學領域中，甚至擴展至其他人生、就業問題的解決上，這才是具有前瞻意義的史學方法。又就史學史的意義來看，若真有所謂的歷史研究法，那它一定是一個時代歷史界發展的微觀論述，這一代的思想、著作與呈現，也終將成為下一個歷史時代的史學史。過去許多談史學方法的書籍，都忽略了作者在其時代「產生方法」的脈絡與背景，所以常常亂套亂引，導致一種論述上的非驢非馬。大學老師給學生的，應該是一種基於自身經驗之作學問的方法與態度、閱讀寫作技巧的呈現與創新。如何讓學生保有對研究知識的興趣，如何經營、探索一門學問，培養學生解決問題的能力與方法，將片面的專業知識，轉化成思考與分析的態度，這才應該是要在課程中加入的元素。將來碰到的問題無論如何改變，探究問題和解決問題的方法、技術卻永遠深植學生內心，這就是史學閱讀與寫作訓練帶來的實際效益。

王汎森先生曾在〈人文為什麼要優先於科技？〉一文中指出：要給在大學裡的人有懶散的空間、有取之不盡的圖書資源（不管是本身的收藏、館際互借或數位資料）、要有好學者或大師、要有充分的交流、閱讀或討論的風氣等等。一個好的學術環境要能讓人放鬆，能夠讓人與人之間互相討論，做學問是一起為之的事，大家彼此砥礪而又有良性競爭關係，才是最好的狀態，臺灣的學術環境就是太緊張了。[230] 開發新課程、新研究，都需要時間磨合，但大學教師現實中應付計畫的時間卻過多，做學問的理想就容易被消磨殆盡。王文除了再度點出讀書、討論學問的重要之外，也提到大學應該要重視人文教育，甚至要優先於科技教育。此文最早刊於二〇一〇年三月四日的《南方周末》，距今已有十年了。該文發人深省，只不過才幾年的光景，目前大學課程發展的新趨勢，人文學科已處於極度被動的情況，各校競逐以AI、程式語言、邏輯運算思維、科技創業、就業學程等來取代傳統人文學科，以盡量降低，甚至多數已經廢除國文、歷史、哲學等人文社會學科在全部大學課程內的比重，而從各校通識教育中心（共同教育中心、博雅教育中心）的虛級化和學分數降低的趨勢來看，無疑人文社會學科的空間更被壓縮，本書後面也有文章探討民國初年相關歷史學課程的施行狀況，並提出一些自己的想法。總之，未來的教育，就是一種「一直來一直來」的概念，你還在淺淺學習，它已把你深深淘汰。亙古永恆的智慧之光，不因時代變革而淘汰的崇高理念，須從人文教育與精神中獲得，從事教育的高層學者需堅持這樣的理念，才能進一步談應用史學。

學習文史閱讀與寫作的場域，除了在高中、大學歷史系和研究所之外，其實還在通識教育內，涵蓋在博雅教育的理念中，可惜這一點往往是臺灣歷史系學者和學生最忽略的地方。歷史知識若只有歷史系的師生和研究人員關注，這個知識的意義就無法完全展開。二〇一四年六月，在一次課程委員會上，臺大的莊榮輝教授指出：他們在參觀日本大阪大學時，注意到有所謂的輔助專長，也就是專業的部分交給系所、素養的部分就交給通識中心，但當時臺大卻片面降低通識學分，許多大學甚至把通識課拿去填補與應付教育部的各種開課需求，導致通識教育變成大學內一種可有可無的點綴，學生也不認為通識課可以帶來什麼可能與未來想像，只重視眼界狹隘的某些專業領域，導致大學訓練出來的學生沒有領導能力、溝通表達能力，情緒壓力無法排解，更無體驗生活與文化的能力。遙想傅斯年於一九四九年初接任臺大校長以來，重視大學生的博雅與通才教育，大一國文、英文、通史等共同科目，主張由第一流人才與有經驗的教授來講座普通的課，因為那是學問的基礎，絕非營養學分。他邀請臺靜農（一九〇二－一九九〇）、屈萬里（一九〇七－一九七九）、毛子水（一八九三－一九八八）等大師來講授大一國文課程，這在今日想來真是完全不可能的事。[231]那麼，為什麼不好好談談歷史學可以發揮的實際意義呢？它只有歷史系所的學生需要瞭解嗎？錢穆認為，經學、史學在古代都不僅只是紙上學問，它必須能回應實際改革需求，史學不能只以研究一些餖飣考據知識而滿足，必須總攬歷代社會的變遷，關心國史上的大問題，瞭解各種思想觀念對民眾的影響。古代的經、史未分開，甚至子、集部也充滿「史義」，可以指導社會思想、領導政府訂立制度，乃推動國家政治進步的綜合學問。[232]這也是本書會著意探討錢穆史學理論，並設計一章來探討通識教育內歷史教育施行的狀況與問題之用意。歷史敘事當然與國家民族的發展有關，沒有一個國家的愛國教育不探討歷史知識的，我不是要大家走入一種狹隘的民族主義情緒，但歷史教育確實有凝聚一國人民向心力的作用。歷史最重要的功能就是「資治」，可惜現代學者極少談論此事。此外，文史故事中的善惡觀念、道德是非，是最有用的教育，我們的教育只從法治教育、公民教育出發來看這些面向，卻忽略了歷史教育帶來的倫理素養、人性光輝面與黑暗面的對照，例如明代朱元璋就曾告誡子孫：「然優免在心，臨期便決，勿使小人先知，要名於外」；[233]「蓋俗儒多是古非今，姦吏常舞文弄法，自非博采眾長，及與果斷，則被其眩惑莫能有所成也」；[234]「雖親信如骨肉，朝夕相見，猶當警備於心。寧有備而無用」；[235]「歷代多因姑息以致姦人惑侮，當未知之初，一概委用，既視其姦，退亦何難，慎勿姑息。」[236]這些想法，自有其歷史脈絡，除顯示朱元璋人性本惡的主觀看法，也藉由對歷史的觀察，洞見人性與做人處事的應對策略。我以前很喜歡明史，修過朱鴻的「明代政治史研究」，看過吳晗的《朱元璋大傳》數遍，著迷於該書極具學術根柢的寫作卻又不失通俗的筆調，臺灣遠流出版社把它歸在「實用歷史叢書」，受到不少關注；[237]至於《明朝那些事兒》，則用更通俗的筆法娓娓道來明代政治史，故事之感動人心，要超越條文式的解析與背誦，備課時用該書來舉例，特別能引發學生興趣。這些被認為老掉牙的歷史玩意兒，到了現代，才發現有大用。如果沒有一種學術上的期許，每天只談在社會上混飯吃，我們的社會怎麼會因文史教育而進步呢？以前常說歷史可以「鑑往知來」，但是當每個領域都認為史家之言根本不足「鑑」、沒有價值或可以自己胡亂解釋的時候，歷史研究的意義就會流失。現在高中、大學取消歷史學相關課程和降低授課時數，都是一種警訊，代表歷史學的功用與可能的意義被弱化了，學歷史的學生或身處在高端的學者，能不警惕嗎？

為什麼要在最後再談一下大學教育的某些困境呢？因為它牽涉許多人文學者未來的就業與求學之總體面向，也是容納閱讀寫作人才、教導閱讀寫作技術的最高學術單位。未來的大學，可能很需要撰寫各種計畫的人才，雖然我很悲哀地不願意這樣說，但寫計畫也是寫作能力展現的一環。通常很會寫計畫的學者，研究又不見得擅長。在未來的大學教書與求學，你將愈來愈感受不到可以「懶散的空間」，學生將被各種課程與活動壓死，他們不太看書，一個大學內有沒有「大師」已無所謂，只充滿著會寫計畫、執行計畫的超級工具人寫手，以及會招生、幫學校賺錢的學術商人，著實可悲。在大學或研究單位，很多寫計畫高手在發表原創性論文或研發的成績卻不盡理想，原因是寫計畫和寫論文還是有所差別。我認為一個人總要瞭解自己的才性、興趣與專長，才能走最適合的寫作工作。且任何一種形式的寫作都需要「多寫」來鍛鍊，而且最好身邊能找到富有經驗的前輩加以指引，則能事半功倍。當然有人又會寫計畫、論文發表產量也高，通常理工科較易，人文學者較難。因前者可以掛名，而且篇幅都比較短；人文學者多只能獨立完成，一篇論文動輒兩、三萬字，相當吃力。另外除非助理夠多，不然年輕人文學者也無法和資深的成熟學者相比，資深學者的案子有時候都是「邀請案」，不見得要自己一個字一個字雕琢。正因為不是站在同一個條件上，所以大學或研究單位不應該以成熟學者的狀況來衡量年輕學者，寫作若一直讓人有過大的壓力，對身心都不是好事，而通常年輕學者的壓力著實大過於成熟學者。

談到壓力，做任何大事一定都有壓力，特別愈是對寫作有期待、想要進步者，體會必定愈為深刻。王汎森曾指出一種「創造性的壓力」，怎麼說呢？就是壓力不可太大，大到無法正常工作和思考；但壓力又絕對不能小到你沒有感覺，導致難以「完稿」。須知人生處處皆學問，閱讀、寫作也是一樣的，通常把自己逼太緊的人，容易精神方面出現疾病，可是不會逼自己的人，往往做事七零八落、亂無章法。閱讀和寫作與任何工作都一樣，需要適度的調整，走中庸路線，修正偏差，走好人生的道路。另外，閱讀、寫作都要有責任感和罪惡感，總在進度落後時和怠惰時，督促自己重新回到軌道。[238]我認為年輕學者專注在自己能力範圍內可努力之事即可，不要東拉西攬，隨意答應做太多不必要的工作或雜事，很容易陷在其中，執行大量計畫，乃為人作嫁，耗費心力，又不一定是自己最喜歡的工作，故下任何決定前必須三思。最後，我送給大家一句有點老氣但又真誠的話語，「真誠做學問，寬心處世事」，以作為本章結尾，希望喜愛閱讀、寫作的讀者，皆能受益。

## 本章註釋

1 林載爵主編，王汎森等著，《如沐春風：余英時教授的為學與處世》，臺北：聯經出版公司，二〇一九，頁三六九－三七〇。

2 嚴耕望，《治史答問》，臺北：臺灣商務印書館，二〇〇八，頁五五－六四。

3 桑兵、於梅舫、陳欣編，《讀書法》，北京：人民出版社，二〇一四，頁二－三；十一－十二。

4 引自國教院公布之二〇一八年十月二十六日教育部發布令，〈十二年國民基本教育課程綱要國民中小學暨普通型高級中等學校——社會領域〉課程綱要，https://www.naer.edu.tw/ezfiles/0/1000/attach/41/pta_18535_6408773_60398.pdf，檢索日期：二〇二〇年三月八日。

5 哈佛大學尼曼基金會著，馬克・克雷默（Mark Kramer）、溫蒂・考爾（Wendy Call）主編，王宇光等譯，《哈佛寫作課》，臺北：城邦文化事業股份有限公司，二〇一七，頁八－一〇。

6 瑪格蕾特・麥克米蘭，鄭佩嵐譯，《歷史的運用與濫用：你讀的是真相還是假象？八堂移除理解偏誤的史學課》，臺北：麥田出版，二〇一八，頁一九七－二二九。

7 可參考桑兵，《學術江湖：晚清民國的學人與學風》，桂林：廣西師範大學出版社，二〇一七，頁二四五－二七八、三二八。

8 周武主編，《世界的中國：海外中國學研究回望與前瞻》，上海：上海社會科學院出版社，二〇一九，頁七四－八二。

9 王希、盧漢超、姚平主編，《開拓者：著名歷史學家訪談錄》，北京：北京大學出版社，二〇一五，頁三六。

10 余英時著，傅傑編，《論士衡史》，上海：上海文藝出版社，一九九九，頁四五九。

11 對西方歷史寫作有興趣者，可參考 Axel Schneider and Daniel Woolf ed., *The Oxford History of Historical Writing* (New York: Oxford University Press,2011), Especially Volume 5: Historical Writing Since 1945.

12 余英時，《余英時回憶錄》，臺北：允晨文化，二〇一八，頁一七〇－一七二。

13 陳寅恪，〈馮友蘭《中國哲學史》下冊審查報告〉，《金明館叢稿二編》，上海：上海古籍出版社，一九八〇，頁二五二。

14 李孝遷，《西方史學在中國的傳播（一八八二－一九四九）》，上海：華東師範大學出版社，二〇〇七，頁一－十五。

15 胡適原著，曹伯言整理，《胡適日記全集》第三冊，臺北：聯經出版公司，二〇〇五，頁一九二－一九三。

16 胡適原著，曹伯言整理，《胡適日記全集》第一冊，臺北：聯經出版公司，二〇〇五，頁二六二。

17 呂思勉，《中國通史》，上海：上海古籍出版社，二〇一三，頁二六二。

18 胡適，〈大學的生活〉，《胡適的聲音：一九一九－一九六〇胡適演講集》，桂林：廣西師範大學，二〇〇五，頁二一二。

19 張天社，《近現代史學流派簡析》，西安：西北大學出版社，二〇一八，頁一二六－一三二。

20 桑兵，《學術江湖：晚清民國的學人與學風》，桂林：廣西師範大學出版社，二〇一七，頁十八。

21 胡適，〈胡適之博士演講錄（一九二八）〉，收入潘光哲主編，《胡適時論集》三，臺北：中央研究院近代史研究所胡適紀念館，二〇一八，頁二三〇－二三一。

22 陳垣，〈談談我的一些讀書經驗：與北京師大歷史系應屆畢業生談話紀要〉，收入陳樂素、陳智超編校，《陳垣史學論著選》，上海：上海人民出版社，一九八一，頁六四三－六四四。

23 基本情況可見王樹民，《史部要籍解題》，臺北：木鐸出版社，一九八三，頁三〇二－三〇九。

24 皮國立，〈中醫文獻與學術轉型——以熱病醫籍為中心的考察（一九一二－一九四九）〉，《技術遺產與科學傳統》，北京：中國科學技術出版社，二〇一三，頁二三三－三一八。以及皮國立，〈現代中醫外、傷科的知識轉型：以醫籍和報刊為主的分析（一九一二－一九四九）〉，《故宮學術季刊》三十六卷四期，臺北，國立故宮博物院，二〇一九，頁六一－一二〇。

25 顧頡剛著，《顧頡剛日記一九三八－一九四二》，臺北，聯經出版公司，二〇〇七，一九四二年六月二十三日，頁六九九。

26 岳南，《陳寅恪與傅斯年》，臺北：遠流出版事業股份有限公司，二〇〇九，頁一九〇－一九一。

27 童教英，《從煉獄中昇華：我的父親童書業》，上海：華東師範大學出版社，二〇〇一，頁一九〇－一九一。

28 王汎森，《天才為何成群地來》，北京：社會科學文獻出版社，二〇一九，頁五八－五九。

29 王汎森，《天才為何成群地來》，北京：社會科學文獻出版社，二〇一九，頁一〇六－一〇七。

30 王汎森，《天才為何成群地來》，北京：社會科學文獻出版社，二〇一九，頁六〇－六一。

31 前註文，此處不贅述，另一篇運用報刊資料庫的成果為：皮國立，〈戰爭的啟示：中國醫學外傷學科的知識轉型（一九三七－一九四九）〉，《國史館館刊》六十三期，二〇二〇三月，頁八九－一二六。

32 蔣復璁，〈追念逝世五十年的王靜安先生〉，收入陳平原等編，《追憶王國維》，北京：中國廣播電視出版社，一九九七，頁一四七。

33 沈懷玉、游鑑明等訪問，《曾祥和女士訪問紀錄》，臺北：中央研究院近代史研究所，二〇一八，頁一六八。

34 王汎森，《天才為何成群地來》，北京：社會科學文獻出版社，二〇一九，頁一五〇－一五一。

35 胡適原著，曹伯言整理，《胡適日記全集》第一冊，臺北：聯經出版公司，二〇〇五，頁二六三。

36 胡適，《治學的方法與材料》，臺北：遠流出版事業股份有限公司，一九八六，頁一七六－一七七。

37 曾國藩，《新譯曾文正公家書》，臺北：三民書局，一九八六，頁二〇－二一。

38 王汎森，《天才為何成群地來》，北京：社會科學文獻出版社，二〇一九，頁一三五－一三六。

39 皮國立，《「氣」與「細菌」的近代中國醫療史——外感熱病的知識轉型與日常生活》，臺北：國立中國醫藥研究所，二〇一二，第三章的統計。

40 朱自清、葉聖陶，《自己的國文課：略讀與精讀的祕訣》，臺北：臺灣商務印書館，二〇一六，頁四－七。

41 胡適，〈胡適致沈志明函（一九六一年六月八日）〉，收入潘光哲主編，《胡適全集：胡適中文書信集》第五冊，臺北：中央研究院近代史研究所胡適紀念館，二〇一八，頁四二〇。

42 蕭公權，《問學諫往錄》，臺北：傳記文學出版社，一九七二，頁六三－六四。

43 李濟，《感舊錄》，臺北：傳記文學出版社，一九六七，頁二三。

44 劉廣定，《傅鐘五十五響：傅斯年先生遺珍》，臺北：獨立作家，二〇一五，頁三二。

45 王汎森，《天才為何成群地來》，北京：社會科學文獻出版社，二〇一九，頁一三七－一三八。

46 胡適，《治學的方法與材料》，臺北：遠流出版事業股份有限公司，一九八六，頁一七五。

47 黃永年述、曹旅寧記，《黃永年文史五講》，北京：中華書局，二〇一一，頁一六一。

48 已先寫成皮國立，〈民國疫病與社會應對：一九一八年大流感在京、津與滬、紹之區域對比研究〉，《新史學》二十七卷四期，臺北：新史學雜誌，二〇一六，頁五七－一〇七。

49 J.R. McNeill, *Mosquito Empires: Ecology and War in the Greater Caribbean, 1620-1914* (New York : Cambridge University Press, 2010).全球歷史的相遇是透過人群的接觸而產生的，而這種相遇有可能是生理的，這將促成環境和生態的種種改變，疾病也包括在其中。參考塞巴斯蒂安．康拉德（Sebastian Conrad），馮奕達譯，《全球史的再思考》，臺北：八旗文化，二〇一六，頁一三九－一四二。

50 陳垣，《陳垣史學論著選》，上海：上海人民出版社，一九八一，頁六四〇－六四五。

51 杜正勝，〈形體、精氣與魂魄：中國傳統對「人」認識的形成〉，《新史學》二卷三期，臺北：新史學雜誌，一九九一，頁一－六五。

52 羅志田，〈前瞻與開放的嘗試：《新史學》七年（一九九〇－一九九六）〉，《近代中國史學述論》下冊，桃園：昌明文化，二〇一八，頁一二六－一二七。

53 郝明義，《越讀者》，臺北：網路與書，二〇一七，頁二三七。

54 關於研究近代史各種材料的運用，可參考桑兵，《治學的門徑與取法：晚清民國的史料與史學》，北京：社會科學文獻出版社，二〇一四，頁七九－一一二。

55 王汎森，《天才為何成群地來》，北京：社會科學文獻出版社，二〇一九，頁一五二。

56 竺可楨原著，《竺可楨全集》第六卷，一九三六年十月七日，上海：上海科學教育出版社，二〇〇五，頁一七六。

57 陳寅恪，〈馮友蘭《中國哲學史》下冊審查報告〉，《金明館叢稿二編》，上海：上海古籍出版社，一九八二〇，頁二四七－二四八。

58 譚凱光，〈史學權威陳寅恪〉，收入李孝遷等主編，《近代中國史家學記》上冊，上海：上海古籍出版社，二〇一八，頁六六－七〇。

59 朱自清、葉聖陶，《自己的國文課：略讀與精讀的祕訣》，臺北：臺灣商務印書館，二〇一六，頁八－九。

60 上述有關教科書的理解，可參考桑兵、於梅舫、陳欣編，《讀書法》，北京：人民出版社，二〇一四，頁三－七。

61 陸國桑，黃浩潮，《錢穆先生書信集——為學、做人、親情與師生情懷》，香港：香港中文大學新亞書院，二〇一四，頁九七－九八。感謝臺大歷史所博士侯選人吳政緯提供此書。

62 桑兵、於梅舫、陳欣編，《讀書法》，北京：人民出版社，二〇一四，頁六－七。

63 郭廷以，《郭廷以先生日記殘稿》，臺北：中央研究院近代史研究所，二〇一二，頁六〇四。

64 黃永年述、曹旅寧記，《黃永年文史五講》，北京：中華書局，二〇一二，頁一五一。

65 史蒂芬．金原著，石美倫譯，《史蒂芬．金談寫作》，臺北：商周文化事業出版股份有限公司，二〇〇二，頁一六四－一六五。

66 格雷琴．亨德森（Gretchen E. Henderson），白鴿譯，《醜陋史：神話、畸形、怪胎秀，我們為何這樣定義美醜、製造異類？》，臺北：創意市集，二〇二〇，頁二四六－二四七。

67 史蒂芬．金原著，石美倫譯，《史蒂芬．金談寫作》，臺北：商周文化事業出版股份有限公司，二〇〇二，頁一六七－一六八。

68 錢穆，〈苦學的回憶〉下冊，收入李孝遷等主編，《近代中國史家學記》，上海：上海古籍出版社，二〇一八，頁六四五。

69 郝明義，《越讀者》，臺北：網路與書，二〇一七，頁二五四－二五五。

70 朱自清、葉聖陶，《自己的國文課：略讀與精讀的祕訣》，編者的話，臺北：臺灣商務印書館，二〇一六，頁二。

71 琦君，《三更有夢書當枕》，臺北：爾雅出版社，一九九〇，頁一九一－一九二。

72 王汎森，《天才為何成群地來》，北京：社會科學文獻出版社，二〇一九，頁一五二。

73 季羨林原著，葉新校註，《清華園日記》，上海：東方出版社，二〇一八，頁二一五。

74 皮國立，〈傳抄整理與意欲創新──魏晉時期「傷寒」的方書脈絡與疾病觀〉，《東海大學文學院學報》第五十四期，臺中：東海大學文學院，二〇一三，頁一四七－一七六。

75 蔣竹山，〈從新文化史到全球史：當代歷史學研究的幾種新取向〉，《當代歷史學新趨勢》，臺北：聯經出版公司，二〇一九，頁五－二七。

76 周光午，〈我所知之王國維先生──敬答郭沫若先生〉，收入陳平原等編，《追憶王國維》，北京：中國廣播電視出版社，一九九七，頁一四七。

77 哈佛大學尼曼基金會著，馬克．克雷默（Mark Kramer）、溫蒂．考爾（Wendy Call）主編，王宇光等譯，《哈佛寫作課》，臺北：城邦文化事業股份有限公司，二〇一七，頁二八－三三。

78 蕭公權，《問學諫往錄》，臺北：傳記文學出版社，一九七二，頁一〇二。

79 王汎森，《天才為何成群地來》，北京：社會科學文獻出版社，二〇一九，頁一四七－一四八。

80 陽光磊，〈「資訊、知識、思考」三部曲〉，收入彭明輝，《研究生完全求生手冊：方法、秘訣、潛規則》，臺北：聯經出版公司，二〇一七，頁七－八。

81 朱自清、葉聖陶，《自己的國文課：略讀與精讀的祕訣》，臺北：臺灣商務印書館，二〇一六，頁二四九－二六三。

82 胡適原著，曹伯言整理，《胡適日記全集》第四冊，臺北：聯經出版公司，二〇〇五，頁一六一－一六二。

83 王學典，《顧頡剛和他的弟子們》，北京：中華書局，二〇一一，頁六〇－六一。

84 蕭公權，《問學諫往錄》，臺北：傳記文學出版社，一九七二，頁六五。

85 林磊，《嚴耕望先生編年事輯》，北京：中華書局，二〇一五，頁一九八。

86 林載爵主編，王汎森等著，《如沐春風：余英時教授的為學與處世》，臺北：聯經出版公司，二〇一九，頁二四。

87 王汎森，《天才為何成群地來》，北京：社會科學文獻出版社，二〇一九，頁一二六－一二七。

88 胡適，〈不朽——我的宗教〉，《四十自述》，海口：海南出版社，一九九七年，頁四四。

89 郭廷以，《近代中國史綱》，香港：香港中文大學出版社，一九八〇，頁五五九。

90 呂芳上等合著，《蔣介石的親情、愛情與友情》，臺北：時報文化，二〇一一。

91 皮國立，〈抗戰前蔣介石的日常醫療經驗與衛生觀〉，收入呂芳上主編，《蔣介石的日常生活》，臺北：政大人文中心，二〇一三，頁三八一－七五二。以及皮國立，〈從口述歷史視野看兩蔣總統的醫療與健康〉，《東吳歷史學報》三六期，臺北，東吳大學，二〇一六，頁一〇七－一四五。

92 其實李國祁老師早年在探討人物時也寫了不少思想的著作，跟今日受西方影響的觀念史、概念史研究的差異極大。例如：李國祁，《近代中國思想人物論——民族主義》，臺北：時報文化，一九九三年。我在搜尋李老師的著作時，發現他連著作的網頁都難以尋找了，離開人世後，能留下的只剩著作，一嘆。

93 早期中醫陳存仁（一九〇八－一九九〇）就曾用醫學專業的視角來分析光緒皇帝的精神疾病對其個性的影響，而疾病也導致他優柔寡斷以及接下來政治上的失敗。雖然陳有部分史料仍未掌握，但他用完全不同的視角來分析政治人物的作為，可謂別出心裁。故史學方法中的歷史人物、事件的書寫，若能掌握獨特資料，又能用不同的切入方法來寫作，則其作品必定獨樹一格，具備創新的貢獻。參考陳存仁，《光緒皇帝的收場》，臺北：新亞出版社，一九七〇。

94 史景遷，《天安門：中國的知識份子與革命》，臺北：時報文化，二〇〇七年，頁一〇，余英時序。

95 陳三井、李郁青，《熊丸先生訪問紀錄》，臺北：中央研究院近代史研究所，一九九八，頁九一。

96 開放雜誌社編，《反叛的御醫：毛澤東私人醫生李志綏和他未完成的回憶錄》，香港：開放出版社，一九九七。

97 例如：張戎，喬·哈利戴，《毛澤東：鮮為人知的故事》，香港：開放出版社，二〇〇六。

98 李志綏，《毛澤東私人醫生回憶錄》，臺北：時報文化，一九九四，黎安友所撰前言，頁三－一〇。

99 林克、徐濤、吳旭君，《歷史的真實：毛澤東身邊工作人員的證言》，新店：書華出版，一九九五，頁二四四－二四六。

100 史景遷著，林宗憲譯，《「胡鬧領主」毛澤東：永不休止的顛覆與冒險》，臺北：左岸文化，二〇〇六，頁一七－五四。

101 羅爾綱，《師門五年記·胡適瑣記》，北京：生活·讀書·新知三聯書店，二〇〇六，頁四九。

102 Sam Wineburg、Daisy Martin、Chauncey Monte-San，宋家復譯，《像史家一般閱讀》，臺北：臺大出版中心，二〇一六，頁一－一三。

103 皮國立，《國族、國醫與病人：近代中國的醫療和身體》，臺北：五南出版社，二〇一六，頁二－一五。

104 王汎森，《天才為何成群地來》，北京：社會科學文獻出版社，二〇一九，頁一五一。

105 梅爾清，《躁動的亡魂：太平天國戰爭的暴力、失序與死亡》（*What Remains: Coming to Terms with Civil War in 19th Century China*），臺北：衛城出版，二〇二〇，頁一三－三二。

106 王汎森，《天才為何成群地來》，北京：社會科學文獻出版社，二〇一九，頁一四〇。

107 曾國藩，《新譯曾文正公家書》，臺北：三民書局，一九八六，頁一二七。

108 王汎森，《天才為何成群地來》，北京：社會科學文獻出版社，二〇一九，頁一二七。

109 皮國立，《近代中西醫的博弈——中醫抗菌史》，上海：中華書局，二〇一九，作者前言。

110 胡適，〈治學的方法與材料〉，《治學的方法與材料》，臺北：遠流出版事業股份有限公司，一九八六，頁一五〇－一五二。

111 胡適，〈治學的方法與材料〉，《治學的方法與材料》，臺北：遠流出版事業股份有限公司，一九八六，頁一五三。

112 錢穆，《中國歷史精神》，臺北：東大圖書，一九七六，頁一三－一四。

113 汪榮祖，《史家陳寅恪傳》，臺北：聯經出版公司，一九九七，頁七〇。

114 柯茂全，〈學術界與產業界的交會點〉，收入彭明輝，《研究生完全求生手冊：方法、秘訣、潛規則》，臺北：聯經出版公司，二〇一七，頁九－一〇。

115 王爾敏，《演史開新別錄》，北京：中華書局，二〇一五，頁四九－五〇。
116 蕭公權，《問學諫往錄》，臺北：傳記文學出版社，一九七二，頁六五。
117 顧潮主編，《顧頡剛學記》，北京：生活．讀書．新知三聯書店，二〇〇二，頁四五四－四六四。
118 王仲孚，〈敬悼李國祁老師〉，《國史研究通訊》十二期（二〇一七），頁四四－四七。
119 季羨林原著，葉新校註，《清華園日記》，上海：東方出版社，二〇一八，頁二四四。
120 史蒂芬．金原著，石美倫譯，《史蒂芬．金談寫作》，臺北：商周文化事業股份有限公司，二〇〇二，頁一七五－一七六。
121 王汎森，《天才為何成群地來》，北京：社會科學文獻出版社，二〇一九，頁一三一。
122 黃永年述、曹旅寧記，《黃永年文史五講》，北京：中華書局，二〇一二，頁一六〇－一六一。
123 顧頡剛著，《顧頡剛日記一九一七－一九三二》第二卷，一九三一年二月七日，臺北：聯經出版公司，二〇〇七，頁四九二。
124 錢穆，〈苦學的回憶〉，收入李孝遷等主編，《近代中國史家學記》下冊，上海：上海古籍出版社，二〇一八，頁六四七－六四八。
125 蕭公權，《問學諫往錄》，臺北：傳記文學出版社，一九七二，頁一七六－一七七。
126 朱孝遠，《歷史學家的故事》，桂林：廣西師範大學出版社，二〇一七，頁二。
127 王汎森，《天才為何成群地來》，北京：社會科學文獻出版社，二〇一九，頁一五三。
128 蕭公權，《問學諫往錄》，臺北：傳記文學出版社，一九七二，頁六五。
129 蕭公權，《問學諫往錄》，臺北：傳記文學出版社，一九七二，頁六六。

130 曾國藩，《新譯曾文正公家書》，臺北：三民書局，一九八六，頁一三九－一四一。

131 王汎森，《天才為何成群地來》，北京：社會科學文獻出版社，二〇一九，頁一五一。

132 賈德．戴蒙（Jared Diamond），王道還、廖月娟譯，《槍炮、病菌與鋼鐵——人類社會的命運》，臺北：時報文化，一九九八，頁四六八－四七四。

133 王希、盧漢超、姚平主編，《開拓者：著名歷史學家訪談錄》，北京：北京大學出版社，二〇一五，頁一－二七。

134 林磊，《嚴耕望先生編年事輯》，北京：中華書局，二〇一五，頁一七三。

135 林磊，《嚴耕望先生編年事輯》，北京：中華書局，二〇一五，頁一八四。

136 胡適，〈胡適致楊聯陞函（一九五四年六月一日）〉，收入潘光哲主編，《胡適全集：胡適中文書信集》第四冊，臺北：中央研究院近代史研究所胡適紀念館，二〇一八，頁一六六。

137 何茲全，《愛國一書生：八十五自述》，上海：華東師範大學出版社，一九九七，頁三七八。

138 可參考皮國立，《虛弱史：近代華人中西醫學的情慾詮釋與藥品文化（一九一二－一九四九）》，臺北：臺灣商務印書館，二〇一九，頁六－五二，王文基的導讀與書前研究回顧。

139 有關全書之架構，參考格雷琴．亨德森（Gretchen E. Henderson），白鴿譯，《醜陋史：神話、畸形、怪胎秀，我們為何這樣定義美醜、製造異類？》，臺北：創意市集，二〇二〇，頁九－二六。

140 可參考蔣竹山，〈導讀：當代世界公民的全球史閱讀指南〉，塞巴斯蒂安．康拉德（Sebastian Conrad），馮奕達譯，《全球史的再思考》，臺北：八旗文化，二〇一六，頁五－一八。以及吳翎君，〈英文學界關於「跨國史」研究新趨勢與跨國企業研究〉，《新史學》二十八卷三期，臺北：新史學雜誌，二〇一七，頁二〇七－二四〇。

141 文安立（Odd Arne Westad）著，林添貴譯，《躁動的帝國：從清帝國的普世主義，到中國的民族主義，一部二五〇年的中國對外關係史》，臺北：八旗文化，二〇二〇，頁二〇－三三。

142 菲立普．費南德茲—阿梅斯托（Felipe Fernandez-Armesto），韓良憶譯，《食物的歷史：透視人類的飲食與文明》，臺北：左岸文化，二〇一二，頁九二。

143 二〇二〇年一月十二日以博客來為主的檢索，中國史與西洋史通史類暢銷前一百名。

144 齊思和，〈近百年中國史學的發展〉，王學典、陳峰編，《二十世紀中國史學史論》，北京：北京大學出版社，二〇一〇，頁二五。有關通史教科書於民國課程之應用，本書還有專章介紹。

145 顧頡剛著，《顧頡剛日記一九二七－一九三二》第四卷，一九三九年十月二十六日，臺北：聯經出版公司，二〇〇七，頁三〇〇。

146 顧潮編著，《顧頡剛年譜》，北京：中國社會科學出版社，一九九三，頁二九二。

147 顧潮編著，《顧頡剛年譜》，北京：中國社會科學出版社，一九九三，頁三〇二。

148 皮國立，〈碰撞與匯通：近代中醫的變革之路〉，《文化縱衡》第一期，北京：文化縱橫雜誌社，二〇一七，頁四二－五一。

149 又例如一九五四－一九五六年中醫治療流行性乙型腦炎的例子。參考朱建平、張伯禮、王國強，《百年中醫史》上冊，上海：上海科學技術出版社，二〇一六，頁五四七－五四九。

150 以上引自王汎森，《天才為何成群地來》，北京：社會科學文獻出版社，二〇一九，頁一三三－一三五。

151 王汎森，《天才為何成群地來》，北京：社會科學文獻出版社，二〇一九，頁一三九。

152 皮國立，《「氣」與「細菌」的近代中國醫療史——外感熱病的知識轉型與日常生活》，臺北：國立中國醫藥研究所，二〇一二，頁二六－三八。
153 王爾敏，《史學方法》，臺北：東華書局，一九八八，頁一。
154 顧頡剛著，《顧頡剛日記一九二七－一九三二》第二卷，一九二九年二月十三日，臺北：聯經出版公司，二〇〇七，頁二五二。
155 王學典，《顧頡剛和他的弟子們》，北京：中華書局，二〇一一，頁五〇。
156 黃克武訪問，潘彥蓉記錄，《李亦園先生訪問紀錄》，臺北：中央研究院近代史研究所，二〇〇六，頁五一。
157 曾國藩，《新譯曾文正公家書》，臺北：三民書局，一九八六，頁三一九－三二〇。
158 章開沅，《章開沅口述自傳》，北京：北京師範大學出版社，二〇一五，封底文字。
159 羅爾綱，《師門五年記・胡適瑣記》，北京：生活・讀書・新知三聯書店，二〇〇六，頁三一－三二。
160 王汎森，《天才為何成群地來》，北京：社會科學文獻出版社，二〇一九，頁一四八－一四九。
161 例如杜維運，《中國通史》上冊，臺北：三民書局，二〇〇一，自序頁一－二，幸而杜氏於晚年時，仍將這本四十萬字的書寫成，算是完成當初對出版社的承諾。
162 顧頡剛著，《顧頡剛日記一九三八－一九四二》第四卷，一九四二年九月三日，臺北：聯經出版公司，二〇〇七，頁七三二。
163 胡適，〈胡適致童世綱函（一九五四、七、二〇）〉，收入潘光哲主編，《胡適全集：胡適中文書信集》第四冊，臺北：中央研究院近代史研究所胡適紀念館，二〇一八，頁一六八－一六九。

164 顧頡剛著，《顧頡剛日記一九三八－一九四二》第四卷，一九四〇年四月十六日，臺北：聯經出版公司，二〇〇七，頁三六四。

165 王汎森，《天才為何成群地來》，北京：社會科學文獻出版社，二〇一九，頁一四二。

166 顧頡剛著，《顧頡剛日記一九三八－一九四二》第四卷，一九四二年十月四日，臺北：聯經出版公司，二〇〇七，頁七四四。

167 林磊，《嚴耕望先生編年事輯》，北京：中華書局，二〇一五，頁一七四。

168 顧頡剛著，《顧頡剛日記一九二七－一九三二》第二卷，一九三〇年四月二十七日，臺北：聯經出版公司，二〇〇七，頁三九六。

169 顧頡剛著，《顧頡剛日記一九二七－一九三二》第二卷，一九二九年四月二十四日，臺北：聯經出版公司，二〇〇七，頁二七五。

170 顧頡剛著，《顧頡剛日記一九二七－一九三二》第二卷，一九三〇年十月六日，臺北：聯經出版公司，二〇〇七，頁四四六。

171 顧頡剛著，《顧頡剛日記一九二七－一九三二》第二卷，一九三〇年一月二十四日，臺北：聯經出版公司，二〇〇七，頁三六九－三七〇。

172 顧頡剛著，《顧頡剛日記一九二七－一九三二》第二卷，一九三一年三月十四日，臺北：聯經出版公司，二〇〇七，頁五〇七。

173 探討這段關係的人非常多，通俗的參考汪修榮，〈顧頡剛與魯迅的恩恩怨怨〉，《傳記文學》八十八卷六期，二〇〇六，頁一〇五－一三三。比較詳盡的，可參考王富仁，《魯迅與顧頡剛》，北京：商務印書館，二〇一八。

174 顧頡剛著，《顧頡剛日記一九二七－一九三二》第二卷，一九二九年十二月三日，臺北：聯經出版公司，二〇〇七，頁三四九。

175 顧頡剛著，《顧頡剛日記一九二七－一九三二》第二卷，一九二八年四月三十日，臺北：聯經出版公司，二〇〇七，頁一五九－一六〇。

176 桑兵，《學術江湖：晚清民國的學人與學風》，桂林：廣西師範大學出版社，二〇一七，頁一一七－一六二。

177 李恩涵，《八十憶往：家國與近代外交史學》，臺北：秀威資訊，二〇一一，頁一三四－一三五。

178 顧頡剛著，《顧頡剛日記一九三八－一九四二》第四卷，一九四〇年七月三日，臺北：聯經出版公司，二〇〇七，頁三九七。

179 顧頡剛著，《顧頡剛日記一九三八－一九四二》第四卷，一九四二年七月十三日，臺北：聯經出版公司，二〇〇七，頁七〇八。

180 林磊，《嚴耕望先生編年事輯》，北京：中華書局，二〇一五，頁二一一－二一二。

181 林磊，《嚴耕望先生編年事輯》，北京：中華書局，二〇一五，頁一九四。

182 齊邦媛，《巨流河》，臺北：遠見天下文化，二〇一七年二版，頁四三四。

183 桑兵，《學術江湖：晚清民國的學人與學風》，桂林：廣西師範大學出版社，二〇一七，頁一七。

184 呂實強，《如歌的行板——回顧平生八十年》，臺北：中央研究院近代史研究所，二〇〇七，頁三四五－三四八。

185 徐乃力，《徐乃力八十自述》，臺北：中央研究院近代史研究所，二〇一四，頁一一一－一一四。

186 顧德輝，〈我的父親——顧頡剛〉，收入顧頡剛著，《顧頡剛日記一九三八－一九四二》第四卷，一九四二年五月三十一日，臺北：聯經出版公司，二〇〇七，頁六八七。

187 顧頡剛著，《顧頡剛日記一九三八－一九四二》第四卷，一九四一年三月三十一日，臺北：聯經出版公司，二〇〇七，頁五一四。

188 顧頡剛著，《顧頡剛日記一九二七－一九三二》第二卷，一九三二年十月八日，臺北：聯經出版公司，二〇〇七，頁六九六。

189 林磊，《嚴耕望先生編年事輯》，北京：中華書局，二〇一五，頁二一五。

190 顧頡剛著，《顧頡剛日記一九四三－一九四六》第五卷，一九四六年八月三十一日剪報。萬柳，〈作家側寫：頡剛大肚〉，《武漢日報》，一九四六年十一月十日，臺北：聯經出版公司，二〇〇七，頁七一〇。

191 呂思勉，《史學方法論》，收入氏著，《史學四種》，上海：上海人民出版社，一九八一，頁二一四。

192 顧頡剛著，《顧頡剛日記一九二七－一九三二》第二卷，一九三〇年三月二十五日，臺北：聯經出版公司，二〇〇七，頁三八七。

193 Mumu Dyaln,〈沒人提起念博士的這種代價〉，https://www.mplus.com.tw/article/1346?fbclid=IwAR0lHi9i6IdhE6dSlmJ6leZMioQzG7t1BC4wfU6W7kotGUjl1j6vKekfDM0 (2016/09/23)，檢索時間二〇一九年十月十六日。

194 童教英，《從煉獄中昇華：我的父親童書業》，上海：華東師範大學出版社，二〇〇一，頁三〇、八二－八三。

195 王汎森，《天才為何成群地來》，北京：社會科學文獻出版社，二〇一九，頁一四四。

196 顧頡剛著，《顧頡剛日記一九二七－一九三二》第二卷，一九三〇年八月七日，臺北：聯經出版公司，二〇〇七，頁四二七。

197 顧頡剛著，《顧頡剛日記一九四三－一九四六》第五卷，一九四六年五月九日，臺北：聯經出版公司，二〇〇七，頁六五五六。

198 呂實強，《如歌的行板——回顧平生八十年》，臺北：中央研究院近代史研究所，二〇〇七，頁三四〇－三四五。

199 皮國立，《國族、國醫與病人：近代中國的醫療和身體》，臺北：五南出版社，二〇一六，頁一八－五七。

200 呂實強，《如歌的行板——回顧平生八十年》，臺北：中央研究院近代史研究所，二〇〇七，頁三八五。

201 呂實強，《如歌的行板——回顧平生八十年》，臺北：中央研究院近代史研究所，二〇〇七，頁二一五。

202 宋．司馬光，〈進資治通鑒表〉，王仲犖等編，《資治通鑑選》，北京：中華書局，一九六五，頁三九七－三九八。

203 岳南，《陳寅恪與傅斯年》，西安：陝西師範大學出版社，二〇〇八，頁三一七。

204 顧頡剛著，《顧頡剛日記一九二七－一九三二》第二卷，一九二九年十二月三十一日，臺北：聯經出版公司，二〇〇七，頁三六二。

205 郭廷以，《近代中國史綱》，書後小記，香港：香港中文大學出版社，一九八〇，頁七八一。

206 顧頡剛著，《顧頡剛日記一九四三－一九四六》第五卷，一九四四年六月三十日，臺北：聯經出版公司，二〇〇七，頁三〇五－三〇六。

207 蔡石山，《西洋史學史》，臺北：茂昌圖書有限公司，一九九八，頁一三六。
208 郭廷以，《近代中國史綱》，書後小記，香港：香港中文大學出版社，一九八〇，頁七八一。
209 顧頡剛著，《顧頡剛日記一九四三－一九四六》第五卷，一九四三年九月三十日，臺北：聯經出版公司，二〇〇七，頁一六一－一六二。
210 呂實強老師生前念茲在茲的就是他的回憶錄，上課時曾多次提及。可參考呂實強，《如歌的行板——顧平生八十年》，臺北：中央研究院近代史研究所，二〇〇七，前揭書。
211 黃克武訪問，潘彥蓉記錄，《李亦園先生訪問紀錄》，臺北：中央研究院近代史研究所，二〇〇五，頁四七－四九。
212 潘光哲主編，《胡適全集．胡適時論集》第二冊，臺北：中央研究院近代史研究所胡適紀念館，二〇一八，頁三二四－三二五。
213 齊邦媛，《巨流河》，臺北：遠見天下文化，二〇一七，頁三六八。
214 顧德輝，〈我的父親——顧頡剛〉。收入顧頡剛著，《顧頡剛日記一九三八－一九四二》第四卷，一九四二年五月三十一日，臺北：聯經出版公司，二〇〇七，頁六八七。
215 竺可楨原著，《竺可楨全集》第十一卷，一九三九年二月十四日，上海：上海科學教育出版社，二〇〇五，頁三九。
216 胡適原著，曹伯言整理，《胡適日記全集》第三冊，臺北：聯經出版公司，二〇〇五，頁三七四－三七五。
217 陸寶千主編，《郭廷以先生書信選》，臺北：中央研究院近代史研究所，一九九五，頁一八二。
218 呂實強，《如歌的行板——回顧平生八十年》，臺北：中央研究院近代史研究所，二〇〇七，頁三一四－三一五。

219 陸寶千主編，《郭廷以先生書信選》，臺北：中央研究院近代史研究所，一九九五，頁一三八。

220 可參考皮耶・布赫迪厄（Pierre Bourdieu）著，李沅洳譯，《學術人》，臺北：時報文化，二〇一九，頁八－三七。

221 林磊，《嚴耕望先生編年事輯》，北京：中華書局，二〇一五，頁一九五。

222 岳南，《陳寅恪與傅斯年》，西安：陝西師範大學出版社，二〇〇八，頁三一六－三一七。

223 汪榮祖，《史家陳寅恪傳》，臺北：聯經出版公司，一九九七，頁六八－六九。

224 吳學昭，《吳宓與陳寅恪》，北京：清華大學出版社，一九九二，頁八－九。

225 竺可楨原著，《竺可楨全集》第六卷，一九三六年十月八日，上海：上海科學教育出版社，二〇〇五，頁一五七。

226 莎拉・瑪札（Sarah Maza）著，陳建元譯，《想想歷史》，臺北：時報文化，二〇一八，頁二〇七－二〇八。

227 王汎森原著，王曉冰譯，《傅斯年：中國近代歷史與政治中的個體生命》，臺北：聯經出版公司，二〇一三，頁一〇一。

228 蔡石山，《西洋史學史》，臺北：茂昌圖書有限公司，一九九八，頁三二〇－三二一。

229 張隆志從當代史學史研究出發，回顧一九八〇年代以來的臺灣史研究成果，探討本土史學未來能否茁壯發展的幾個面向。可參考張隆志，〈當代臺灣史學史論綱〉，《臺灣史研究》十五卷四期（二〇〇九），頁一六一－一八四。

230 王汎森，《天才為何成群地來》，北京：社會科學文獻出版社，二〇一九，頁一五六。

231 呂芳上，《民國史論》下冊，臺北：臺灣商務印書館，二〇一三，頁一六八〇－一七〇〇。

232 陸國燊，黃浩潮，《錢穆先生書信集——為學、做人、親情與師生情懷》，香港：香港中文大學新亞書院，二〇一四，頁一一五－一二。

233 朱元璋撰述，《皇明祖訓》，《明朝開國文獻》第三冊，臺北：臺灣學生書局，一九六六，頁一五九二。

234 朱元璋撰述，《皇明祖訓》，《明朝開國文獻》第三冊，臺北：臺灣學生書局，一九六六，頁一五八〇。

235 朱元璋撰述，《皇明祖訓》，《明朝開國文獻》第三冊，臺北：臺灣學生書局，一九六六，頁一五九三。

236 朱元璋撰述，《皇明祖訓》，《明朝開國文獻》第三冊，臺北：臺灣學生書局，一九六六，頁一五九五。

237 吳晗，《朱元璋大傳》，臺北：遠流出版事業股份有限公司，一九九一。

238 王汎森，《天才為何成群地來》，北京：社會科學文獻出版社，二〇一九，頁一四九。

# 第二章

# 民國史學發展的一個側面

## 初探呂思勉對歷史功用與讀史門徑之認識

# 一、前言

我想像他一定是一位樸質恬淡、循規蹈矩、不揚露才學，不爭取名位的忠厚長者，無才子氣，無道學氣，也無領導社會的使命感，而是一位人生修養極深；冷靜、客觀、勤力、謹慎、有責任感的科學工作者。其治史，有理想、有計畫，又有高度的耐性，鍥而不捨的依照計畫，不怕辛苦，不嫌刻板的堅持工作，纔能有這些成就。[1]

——嚴耕望，一九八三年

近代中國著名史學家輩出，若就本書主題著重以史學史與經驗談「史學方法」而言，大概不能漏掉呂思勉先生的故事。此外，民國初年的史學發展的脈絡，已有不少學者加以梳理；不過，探討學術性專著大多聚集在幾位「大師」的身上，例如胡適、傅斯年、陳寅恪、梁啟超、顧頡剛等國學大師，但是卻少有人關切呂思勉的史學思想與其對歷史功用的看法。呂氏字誠之，筆名駑牛，江蘇省常州府陽湖縣（今常州市）人，他是近代中國非常具有特色的一位史家，國學基礎相當深厚。正如王爾敏評價呂的史學事業，認為他晚年乃至身後才受人重視，固然是其門人弟子多有成名之故，「然而在史學界中，以其治學全循固有國學家之路，實遠在當世學術潮流之外，比之錢穆更守中國傳統治學之法。」[2]大概點出呂氏治學的時代特色。嚴耕望於一九八三年撰文指出：民初顧頡剛、傅斯年治學雖各有特色，然「精力瘁於領導，本人述作不免相應較弱。」意指顧、傅兩人的精力多被行政和外務所消磨。反倒綜觀民國史學發展，嚴氏謂：「論方面廣闊，述作宏富，且能深入為文者，我常推重呂思勉誠之先生、陳垣援庵先生、陳寅恪先生與錢穆賓四先生為前輩史學四大家，風格各異，而造詣均深。」[3]是以本章先以呂思勉的著作為探討中心，首先著眼於他對歷史功用和歷史研究的看法，下一章再探討錢穆。但必須在文初說明，呂的著作文字超過千萬，跨越的時間很長，用一篇文章就想要探索其思想全貌，無疑是緣木求魚。職是之故，本章主要還是希望在有限篇幅內，於時間和主題上有所節制，略疏呂氏在抗戰前研習歷史學的脈絡，以及他後來體驗到的、對歷史書寫與一般現實意義之間，取得實用性連結的認識。而對於呂的史學研究方法或技巧，僅選取部分合於現今研究狀況的文字來略加梳理，著重實用性，並探討歷史怎麼閱讀、學習，如何有用等諸般問題。全文希望貼近他的日常觀察與心得，並注重他在當時時代脈絡下個人思想的探究，除了可以補足過去史學史研究僅偏重在少數幾位大師的缺失，也藉由探討一個具備豐富教學閱歷、學生素質差異範圍極大，以及自身寫作筆法多元，專通兼備的史家，是如何看待歷史的功用與當時史學的發展，同時也可以發揮史學史的積極意義，對當今歷史研究與教學，提供一種歷史學人思維上的多元啟發。

## 二、學史的初衷與想法

關於呂思勉的生平，許多研究都已介紹過了，此節僅提出對呂日後有影響的學史經歷，略作探討。呂的父親晚年好言經世，喜歡讀史，母親也通曉經史，這樣的成長環境，對於一個優秀史家的養成，不過為水到渠成之事。[4]呂自言八歲開始正式讀史，其母、姊先取《綱鑑正史約編》為其講解，僅讀至唐初，又始從同邑魏少泉讀《綱鑑易知錄》，後來點讀完畢，也點讀過《通鑑輯覽》。十四歲即可作應舉文字，上述那些通俗的歷史書雖都是取材自《資治通鑑》，頗有割裂與主觀選裁之處，然而這樣的閱讀，卻強化呂的歷史寫作能力，而且偏重於寫作通史文字，成為呂著史的特色之一。當中日甲午戰爭爆發後數年，呂時年十三歲，喜愛閱讀《時務報》，略知世界史，[5]且當時已讀過《瀛環志略》、《海國圖志》、鄒沅帆的《五洲列國圖》、日本岡本監輔的《萬國史記》、蔡爾康所譯《泰西新史攬要》及王韜的《普法戰紀》、黃公度的《日本國志》等書，[6]這也和他後來重視地理學與歷史知識之間的連結不無關係。呂氏自言其讀正史，始於十五歲時，他說：「初取《史記》，照歸、方評點，用五色筆照錄一次，後又向丁桂徵先生借得前後《漢書》評本，照錄一過。……正史是最零碎的，匆匆讀過，並不能有所得，後來用到時，又不能不重讀。人家說我正史讀過遍數很多，其實不然，我於四史，《史記》、《漢書》、《三國志》讀得最多，都曾讀過四遍，《後漢書》、《新唐書》、《遼史》、《金史》、《元史》三遍，其餘都只兩遍而已。」[7]這種閱讀量在今日已屬不可思議之事，我記得呂實強先生那一代，他上課時曾說過，年輕時《史記》、《漢書》他是讀過的，但後面正史只讀了《明史》和《清史稿》，後來才慢慢讀《宋史》，還未讀完一遍。而我們這一代，則更加不可能通讀這些書了，所以也就無法寫作通史，寫期刊論文常是東看西看，東拉西扯，寫出的數篇論文當然沒有一個整體的概念。還有一個值得觀察的是，當時人閱讀都要用筆照錄，記憶與理解都較今人來得深刻，今人無這種功夫，只能依靠資料庫幫忙尋找零碎的資料，差異有如是。

呂氏又曾言其少時讀史，最愛《日知錄》、《二十二史箚記》，稍長，亦服膺《十七史商榷》、《癸巳類稿》等書，對史評與目錄之學，也能掌握一二。他曾說：「今自檢點，于顧先生（筆者按：顧炎武）殊魄望塵，於餘家差可肩隨耳。今人人之屑屑考證，非顧先生不能為，乃顧先生所不欲為也。今人自詡蒐輯精博，殊不知此等材料，古人既得之而復棄之者多矣，此意予亦老而後知，然後知少無名師，精力之浪費者多也。」[8]可見呂氏早年有受考據之學問方法的影響，但又不為其所限，而是將其視為史學方法，不為資料瑣碎而困。另一事為呂十七歲時，與表兄管達如相見，謂「達如為吾邑名宿謝鐘英先生之弟子，因此得交先生之子利恒（觀），間接得聞先生之緒論。先生以考證著名，尤長於地理，然我間接得先生之益的，卻不在其考證，而在其論事之深刻。我後來讀史，頗能將當世之事，與歷史上之事實互勘，而不為表面的記載所囿，其根基實植於此時。」[9]可見考證的意義也不僅是書本上的、過往的知識，還有與時事互勘的新意義，影響了呂對歷史實用性的看法。呂氏最初閱讀正史，並不專心一意，至一九〇五年，還撰寫小說《未來教育史》、《女俠客》等，[10]蓋此時他教授小學堂之課程，可以自娛娛人，專業性並不高；而他興趣廣泛，平日還喜愛下棋，這或許是他寫作博雜、尚通達而不走過於專精之道路的原因吧。自言二十三歲（一九〇六）以後，才開始專意治史，遍讀正史，[11]對正史掌握的功力，實應奠基於此時。二十五歲時呂回憶自己目前的人生，有謂「有余力不以之事親」、「有暇日而不以之事學問」等為可惜之事，或許和之前沒有專意讀史書而浪費時間有關。[12]

在他十七歲時，曾因作了一篇經學文章，被指為外行，故反省後言：「聽了先生（丁桂徵）的話，乃把《段注說文》閱讀一過，又把《十三經注疏》亦閱讀一過，後來治古史略知運用材料之法，植基於此。」[13]又，錢穆曾和呂通信，錢自言：「曾為經學上今古文之問題，書問往返長函幾達十數次。各累數萬字，惜未留底，今亦不記其所言之詳。惟憶誠之師謹守其鄉前輩常州派今文學家之緒論，而余則多方加以質疑問難。誠之師最後一書，臨了謂君學可比朱子，余則如象山，盡可有此異同。余不知此系誠之師之謙辭，抑更別有所指。惜後再見面，未將此問題細問，今亦終不悟當時誠之師此語是何意義也。」[14] 足見呂認為自己對經學、小學略有所得，偏向今文學派，人謂其經史雙全，呂氏則自謙僅是成為治古史的一種工具而已；五十歲以前的著作，屬於國學範圍的居多，所以他的史學是建築在深厚國學基礎上的。[15] 這也就是筆者所言，過去學人治史，雖有歧途，然皆從經典出發，出入於古書之間，優遊遍覽，所以大師輩出；今人則二十歲前多為教科書與共通的考試制度所宥，思想僵化，少有特色，甚至學無根基，只能重練，且易於為網路流言所欺，社會上充斥名嘴、政客，已無真的大師。正如史家蒙文通（一八九四－一九六八）認為：「做學問必選一典籍為基礎而精熟之，然後再及其他。有此一精熟之典籍作基礎，與無此一精熟之典籍作基礎大不一樣。」[16] 桑兵於這段話補充認為，大學生即應該讀懂基本書或必讀書。各種學問均有基本典籍，熟讀大書，又知淵源流變和條理脈絡，即可執簡御繁，為學自然有根基，可說解釋非常到位。[17]

一九一一年，呂氏也曾閱讀《國法學》和《法學通論》等法政類書籍，均有眉批，顯見其涉獵的知識頗為廣泛。[18]一九〇二年（十九歲時），何海樵曾興辦「讀書閱報社」，推屠寄為總理，該社每星期集會演說。宗旨為養成愛國思想、振興教育、匡正謬俗等，呂也常往聽，其自言好談民族問題、經世之學，考求歷代典章制度等；而此時呂氏擱置原本所學之經學、小學，以其無益於現實，可見其以歷史為經世實學，皆源於此經歷。[19]呂也曾說：「甲午戰時，予始知讀報，其後則甚好《時務報》。故予此時之所嚮往者，實為舊日所謂經濟之學。」[20]這時影響他最大的，是當時的維新派思想，他說：「至於學問宗旨，則反以受漠不相識的康南海先生的影響為最深，而梁任公先生次之。這大約是性情相近之故罷！我的感情是強烈的，而我的見解亦尚通達，所以於兩先生的議論，最為投契。我的希望，是世界大同，而我亦確信世界大同之可致，……當時的風氣，是沒有現在分門別類的科學的，一切政治上社會上的問題，讀書的人都該曉得一個大概，這即是當時的所謂『經濟之學』。」[21]此段話，將呼應他對史學功用之看法，蓋其意識早已形成於青年時期。而從其所涉獵的知識來看，也可見呂讀書的範圍很駁雜，基本功夫在史學、歷史地理、目錄之學、經學、考據學等都有所涉獵；至於新學的報紙、政治等社會科學，亦有粗淺涉獵，增廣了他的史學視野，他完全做到了博覽群書的閱讀基本功。據其弟子黃永年指出，呂並不重視善本珍籍，他家中的藏書雖多，但多數都是很普通的本子，他不會刻意去買珍本、祕本；真正的重點是，呂都看過，不像很多學者只買書本來作為裝飾，或僅是隨意翻翻，這和他的努力有關，將閱讀融入日常學習生活中，不以為苦，故可累積扎實的學問基礎。[22]

## 三、呂思勉教歷史、讀歷史之經驗

呂思勉曾自述其教書的經歷，自一九〇五年開始，他執教於常州之溪山小學堂，自言家境日壞，不得不藉勞力以自活。小學堂停辦後，一九〇七年短暫在蘇州東吳大學教國文與歷史，因「氣味不相投」而離開，隨即在常州府中學堂教歷史地理。一九一〇年，又至南通國文專修科擔任教授，一九一二年復教書於上海私立甲種商業學校，甚至教到商業經濟與商業地理等科目。[23] 一九一四年，該校停辦，呂復入中華書局擔任編輯，但當時該局出版重心乃以教科書、參考書為主，呂頗覺乏味；[24] 曾自言：「予所述作，多依附學校講義而行，故中多普通材料，現甚想將其刪去，全留有獨見之處，卷帙可簡什七，即成精湛之作矣。」[25] 可見他的寫作文字與其設計的教材密切相關。而從呂氏豐富的教學經歷與編纂各類教材的經驗，足見其寫作範圍之廣泛，又可對照現在一般的專業史家，研究與教學則甚多脫節之處，甚至有不樂於教學之情況。

這段時期呂氏教授多以國文、歷史與地理三科為主，教授的範圍從國小到大學甚至職業學校都有，這實奠定了他通達廣博的知識與視野，撰寫各種教材乃至為寫書參閱日文資料，都訓練了他成為一位寫手的能力。另外也可見那時代教書實為一不穩定的職業，這種情況或許在民初知名大學內較少發生。後來辛亥革命爆發，當年呂思勉的兩個兒子因打防疫針同時死亡，人命由天，那時的人哭訴無門，只能感嘆造化弄人。[26]此時民國肇建，呂自言：「予往來蘇常寧滬者半年，此時為予入政界與否之關鍵。如欲入政界，覓一官職之機會甚多。若不樂作官，亦可以學者之資格，加入政黨為政客。予本不能作官；當時政黨之作風，予亦甚不以為然；遂於政治卒無所與。」[27]顯示呂氏不樂見、也不願涉入當時的政治文化。

一九一九年，呂復轉入商務印書館任職，助謝利恒（一八八〇－一九五〇）編輯《中國醫學辭典》。他說：「予於醫學，本無所知，而先外王父程柚谷先生，先舅氏均甫先生，先從舅少農先生，皆治漢學而兼知醫，故予於中國醫書之源流派別，略有所知。謝君本舊友，此時此書極欲觀成，乃將此一部分屬予襄理，至暑假中事訖。」就在此時，呂氏以其豐富的中醫文化史知識撰寫《中國醫學源流論》，此書一直以來都被認為是謝利恒所撰，其實已有學者論述，根本就是謝的好友呂氏代為操刀，也可見呂涉獵知識之廣泛，竟寫出為後世中醫界所信服、認可的中醫學史，著實不易。[28]一九二〇年，他又北上至瀋陽高等師範學校，後該校為張作霖（一八七五－一九二八）接收，呂不順從張之決定，又辭職而去，[29]至此可見其工作漂泊無定，彷若無根浮萍。一九二五年，至滬江大學教授國文、歷史，該校環境雖較東吳為佳，但呂自言在教會學校中，終覺氣味不甚相投。而當時光華大學初創，有反對帝國主義之意味，同鄉國文系主任相招，呂遂於一九二六年暑假後進入光華教書。此時光華大學並無歷史系，呂雖在國文系，所教授者仍以歷史課程居多。後來歷史系創立，呂雖忘記其確切年分，但其重要史著幾乎都在此時完成；[30]後又轉至安徽大學授課，但在兩校都為欠薪所苦，隨後中日戰爭即爆發。一九四一年，光華大學停辦，呂還短暫至兩所中學教書，又以寫書勉強餬口。[31]大概教書、寫書為其生涯的重心，生活雖不算穩定，但總都在教育圈，教授科目跨越的年齡層非常廣，這可能也影響了他努力於寫作通俗、實用著作的風格。

寫到呂的教書生涯，嚴耕望分析了呂的名氣在民國時期不夠響亮的原因，他說：「誠之先生的時代，第一流大學多在北平，學術中心也在北平。前輩史學家能享大名，聲著海內者，亦莫不設教於北平諸著名大學。誠以聲氣相求，四方具瞻，而學生素質也較高，畢業後散布四方，高據講壇，為之宣揚，此亦諸大師聲名盛播之一因。而誠之先生學術生涯的主要階段，一直留在上海光華大學任教。上海不是學術中心，光華尤非一般學人所重視。誠之先生是一個埋頭枯守，默默耕耘，不求聞達的學人，我想這也是他的學術成就被忽視的又一原因。」[32]雖然呂的成就為當時人所忽視，但他的著作卻歷史留名，沒有被埋沒。呂並不是那種汲汲於追求舞臺燈光的學者，他在一九二六年其實非常有機會到東南大學歷史系任教，[33]但是他認為私立大學的學生更需要他，而且在私校更能固守傳統的師生情誼，一如古代的書院，此即「相人偶」之義；[34]而公立大學長期受制於政府，師生情誼也比較淡薄。事實上，呂絕對有實力前往北京大學教書，胡適曾希望請呂到北京大學去任教，但為呂拒絕了，理由是光華的文學院院長錢子泉（基博，一八八七－一九五七）先生是呂多年的老朋友，呂曾說：「我離開光華等於拆他的臺，我不能這麼做！」呂的決定，今人思之不免迂腐，但他卻能堅持默默做學問，不求顯達於學界舞臺，甘心為下層教育付出而又兼顧人情者，民初學人當推呂思勉為第一，其精神值得讚許。[35]甚至，在光華大學任教期間「從未預聞行政」，也可見他低調的個性；這對他在學術上成就的累積、著作產量的豐富，具有相當密切的正面影響。[36]

對於呂的上課方式，錢穆大概是描繪最清楚的，從中可以看出呂的上課風格和他的個性，他說：

在諸師中最為年輕。誠之師不修邊幅，上堂後，盡在講臺上來往行走，口中娓娓不斷，但絕無一言半句閑言旁語羼人，而時有鴻議創論，同學爭相推敬。其上地理課，必帶一上海商務印書館所印中國大地圖。先將各頁折開，講一省，擇取一圖。先在附帶一小黑板上畫一十字形，然後繪此一省之四至界線，說明此一省之位置。再在界內繪山脈，次及河流湖澤。說明山水自然地理後，再加注都市城鎮關卡及交通道路等。一省講完，小黑板上所繪地圖，五色粉筆繽紛皆是。聽者如身歷其境，永不忘懷。[37]

當時呂思勉才二十五歲，對於錢而言，呂的上課態度是認真的，雖有些不修邊幅，但顯然嫻熟的地理知識，是來自於呂幼年所讀的歷史地理書籍，和他認真教學的態度。而呂批改考卷、給予學生評語，也同樣不馬虎，讓當時身為學生的錢穆相當感動。[38]黃永年則言修習呂課時的各種經驗，證實呂氏很擅於教書，熟悉統整、分析，且講述口才的清晰、板書文字簡潔，上課「簡直就是一種學問上的享受」。[39]呂上課時並不浮誇，只有真切平實，反能打動人心。他的教學方式很特別，並不叫學生死記死背，一九四一年一篇〈我們的史地系主任呂思勉先生〉指出：「他常常先在黑板上抄一段他的講義，或者揀課本的精要念一遍，然後再闡發他的詳細而扼要的解釋，把各種學說約略敘說一敘說，提出證據，批評他們的缺點，或指出他們的優點。於是再述說他自己的意見，以及抱持這樣意見的理由，最後再下結論。

他就是這樣一步步來，從來沒有讓人死記過。他要求於學生的是理解，是聽他講後，就聽得讀得的東西，構成自己獨立的意見。所以他總是解釋多於論斷，證據多於結論。」[40]從中可見呂氏獨到的教學風格與啟發性，這在今天也是值得效法的，呂氏「沒有一般名教授插科打諢的噱頭」[41]，教學完全就是靠自己扎扎實實的功力與對史料獨到的見解，於此可見。一九一六年，呂著《高等小學用新式地理教科書》六冊，卷首大意即謂：「注重天然與人事之關係，常以自然地理說明他種現象。」顯見其藉由介紹地理環境，啟發物產與實業、保衛國家、激昂國恥、擴張國權等觀念，皆為其民族主義撰史性格之展現。[42]一九一七年他寫《國恥小史》，大抵延續這樣的心情。[43]以民族主義為主軸來構思寫作歷史，乃這一時代最重要的史學理念。

其他關於呂的治史風格與教學重點，略述如下，對讀者閱讀技巧之增進，或可起到助益。首先是對目錄學的重視，呂認為，做學問要先博而後能專，求博的方式，首先是要掌握目錄之書，對基本學問有個初步的瞭解，他說：「今後研究學問，故重在分科，但關於全般之知識，亦極關重要。所謂由博返約，實為研究學問之要訣。未博而先言約，則陋而已矣。」他認為能具體指出研究門徑的，就是目錄之書（學）。他說：「江南講究讀書之家，兒童初能讀書，多有讀《四庫全書》者。」而《四庫書目》，實為最佳，不然《書目答問》、《正續匯刻書目》也可檢閱，但無提要，是其缺點。[44] 目錄之學的視野，呂自言乃受小時候故鄉讀書風氣的影響：

> 蘇常一帶讀書人家，本有一教子弟讀書之法，系於其初能讀書時，使其閱《四庫全書書目提要》一過，使其知天下（當時之謂天下）共有學問若干種？每種的源流派別如何？重要的書，共有幾部？實不啻於讀書之前，使其泛覽一部學術史，於治學頗有裨益。此項功夫，我在十六七歲時亦做過，經、史、子三部都讀完，惟集部僅讀一半。我的學問，所以不至十分固陋，於此亦頗有關係。[45]

這在今日是難以理解與實踐的，但在當時卻是一個重視讀書之人的基本功，讀者初學寫作歷史論文時或可參考採用，對於掌握寫作主題的問題意識與資料，必定有實質的幫助，又可見呂氏代謝利恒寫成《中國醫學源流論》，行文特重書籍、學說之源流，其書寫功力已於少年時打下根基。其次，在史學研究的意義和目的上，呂認為讀史之法，亦宜參考現代人的著述。他說：「現代史學的意義，既和前代不同，研究的方法，當然隨之而異，生於現代，還抱著從前的舊見解，就真是開倒車了。」呂認為當時論史學與研究法的書，多半是譯籍，自己寫的《歷史研究法》也多是介紹外國人的說法，惟有梁啟超的《中國歷史研究法》和《補編》別出心裁，介紹史學的意義雖不及外國史家得科學的輔助來得透澈，但論具體方法，則較為親切可讀。[46]至於西方的歷史與社會科學，當然也必須有一個基本的認識，他說：「現代的歷史，真正是世界史了，任何一國的事實，都不能撇開他國而說明。既然要以彼國之事，來說明此國之事，則對於彼國既往之情形，亦非知道大概不可。」他認為，治社會科學者最怕的是嚴幾道（一八五四－一九二七）所說的「國拘」，僅視自己社會的風俗制度為天經地義之事。由此可見，呂雖讀古書，但思想靈活開放、不為傳統所拘束。[47]他很重視社會科學的方法，但畢竟沒喝過洋墨水，也不曾在國外講學，讀者或以為他的思想封閉，但他樂於接受西方社會科學方法的態度，是那一代未留學國外的學者所少有的開明，他還曾謙虛地自剖：「人家都說我治史喜歡講考據，其實我是喜歡講政治和社會各問題的，不過現在各種社會科學，都極精深，我都是外行，不敢亂談，所以只好講講考據罷了。」[48]大概也就是這種喜歡將學術與社會結合的研究態度，使他對關注現實的西方社會科學產生了好感，提醒了眾人要走出古書，進入與關注社會問題。從此點來看，呂氏於閱讀和寫史的開放、進步之風，實超越同代學者。

在讀歷代正史方面，呂反覺得內容太過零碎。正史有其重要性，但他認為不必過早閱讀，呂是民初學者中最有資格講此話的，一部二十四史，每部都至少看過兩遍。他讀過以後認為，正史的優點是匯集很多材料在內，並言：「正史之所以流傳至今，始終被認為正史者，即由其所包者廣，他書不能代替之故。」[49]博覽正史，是他能夠成為一位博通歷史學者的重要原因，幾乎所有探討中國通史在民初的發展史時，都不會忘了提到呂的貢獻，[50]這裡面最有分量的評論，無過顧頡剛在《當代中國史學》內的評述：

> 編著中國通史的人，最易犯的毛病，是條列史實，缺乏見解，其書無異變相的《綱鑒輯覽》或《綱鑒易知錄》之類，極為枯燥。及呂思勉先生出，有鑒於此，乃以豐富的史識與流暢的筆調來寫通史，方為通史寫作開一個新的紀元。《白話本國史》四冊，書中雖略有可議的地方，但在今日尚不失為一部極好的著作。又呂先生近著尚有《中國通史》二冊，其體裁很是別致，上冊分類專述文化現象，下冊按時代略述政治大事，敘述中兼有議論，純從社會科學的立場上，批評中國的文化和制度，極多石破天驚之新理論。[51]

礙於篇福，本章並無法細論各書，但是可以見到如此的讚譽，實得來不易，多少都得力於他年輕時遍讀正史的苦功夫。從呂氏當時《白話本國史》的序言中可以看出，呂氏不但觀察細膩，也別出心裁地安排新書的架構，例如他說：「中國歷史是很繁的。要想博覽，很不容易。專看其一部分，則知識偏而不全。」他批評當時所謂的通史著作，談到：「（一）其所謂簡，是在全部歷史裡頭，隨意摘取幾條。並不是真有研究，知道所摘出的事情，都是有關緊要的。（二）措詞的時候，隨意下筆，不但把自己主觀羼入，失掉古代事實的真相；甚至錯誤到全不可據。」[52]他認為這些著作不適合用於通貫的歷史教學，所以才融合自己的研究和新體裁、新語言，寫成一部新通史。嚴耕望指出：「在一九二〇年代，一般寫通史都用文言文，而先生第一部史學著作就用白話文，可謂是中國第一部用語體文寫的通史。全書四冊，內容頗富，而且著眼於社會的變遷，也有很多推翻傳統的意見，這在當時是非常新穎的。」而且該書是一本銷路極佳的通史著作，嚴耕望表示，一九三〇年代中他在讀中學時，閱讀該書的人仍很多，也是他讀的第一本通史；嚴相信，該書對於當時歷史教學必產生相當大的影響。[53]且不止閱讀正史，呂有一次無意透露他閱讀廣泛和培養閱讀速度的技巧，他說：當他後來反覆讀《通鑒》、《續通鑒》和《明紀》時，自言閱讀速度很快，但總覺茫無所知，後來詢問鄉裡前輩，結果被提醒：「初讀書時，總是如此，讀書是要自己讀出門徑來的，你讀過兩三千卷書，自然自己覺得有把握，有門徑。初讀書時，你須記得《曾文正公家書》裡的話：『讀書如略地，但求其速，勿求其精。』。」[54]這種廣泛、快速的閱讀，使他撰寫通史時腦海有如資料庫一般，古人所謂讀書破萬卷，下筆如有神，大概即這種感覺，由此可見呂的讀史方法對他治史的幫助是有連帶關係的。這個叮嚀也適用於新知識累出不窮、書本出版爆量的現代，必須用速讀、快讀之法，不用每本書從頭讀到尾，只需掌握大意即可，才能瞭解整體趨勢，之後再根據自己興趣與現實需要慢慢聚焦精讀，此法已於前文講述。而關於呂氏寫史時史料的擇取剪裁，嚴耕望也指出了呂著的特色，他說：「有一位朋友批評誠之先生的著作只是抄書。其實有幾個人能像他那樣抄書？何況他實有很多創見，只是融鑄在大部頭書中，反不顯露耳。」[55]文獻上記載呂似乎較少讀時人的史著，他做學問的方法大多是直取古代經、史典籍資源，廣泛閱覽並汲取有意義的史料論述，此為其讀史、寫史方法的特色。

當然，呂不僅只是一位「紙上談兵」的學者，他希望他寫的歷史有大用、有「經世」的實用價值。呂幼時即有讀報的經驗，曾說：「於政務各門，皆知概略，但皆不深細；至於技術，尤必藉他人之輔助；僅能指揮策畫而已。」[56]可見早期呂嚮往的是福國利民的經世大業。當時，他最推崇康、梁二人，曾言：「梁先生之著述殆無不寓目者。」[57]可見梁的史學和政論深深影響呂的論述，並且言：「成童時，最信康梁之說。予生平不喜訪知名之士，人有願下交者，亦多謝絕之，以泛泛訪問，無益於問學修為也。故於康梁兩先生，皆不識面。然在思想上，受兩先生影響實最深，雖父師不逮也。」[58]可見呂氏極推崇康梁的學說，也可見其性格上所展露的那種讀書人的純真、內向與樸實。那麼，他為何還是走向單純的史學研究之路呢？他說：「予如欲治新學術，以此時之途轍言之，本應走入政治經濟一路。但予兼讀新舊之書，漸覺居今日而言政治，必須尊崇從科學而產生之新技術，讀舊書用處甚少。初從水利工程悟入，後推諸軍事，尤見為然；又予論政治利弊，好從發展上推求其所以然；亦且性好考證，故遂逐漸走入史學一路。」[59]呂思勉不是不想談歷史的實用，而是以自己不能專精新式科技實務，遂走入古書內，以研究為業，但他從未忘記書本要與實際結合的目標，故言：「予於教學，夙反對今人所謂純學術及為學術而學術等論調，何者？人能作實事者多，擅長理論者少，同一理論，從事實體驗出者多，從書本上得者少，且較確實，且易錯誤。歷來理論之發明，皆先從事實上體驗到，然後藉書本以補經驗之不足，增益佐證而完成之耳。故致力於書本，只是學術中一小部分，專以此為學術，於學術實未有之也。予之宗旨雖如此，然予之性質，實近於致力書本之人，故歷來教學，亦只能教人讀書。」[60]呂氏自謙言要與實際結合，來談讀史之用，不能只讀死書。所以本書強調的閱讀寫作，不是單純只為了考試用的，而是希望讀者從實際問題出發，探索與研究，找到較為適宜的解決方法，這是學者式的寫作，而非文人舞文弄墨的抒發。而呂氏亦自謙只能當一個教書先生，而且教的不是實際技能或科學，而是教人讀書。呂常注意實際的問題，且善於觀察、思考，以作為改進社會的一種參照，他曾說：「人類的進步，為什麼如此遲緩，而在進化的中間，還要生出許多紛擾來，以致阻礙進化呢？其最大的毛病，就在無所用其心，而凡事只會照老樣做。」他舉皮鞋傳入中國時的例子，大家都以穿皮鞋只是時髦，屢有抨擊之語。但是呂認為，穿皮鞋走路要比穿舊式的鞋子好走，原因就在皮鞋「後跟高，則走路時腳尖著力，而腳跟不甚受影響，不至震動內臟。所以著皮鞋不但便於走路，而且有益衛生。」如果只是覺得學時髦、追流行，就是不用心、不肯改革，沒有思考到物質文明的優勢；在政治經濟上的一切小的變革現象，都可以依此類推，可見呂在觀察小事物上的用心。[61]

抗戰結束後，錢穆回憶他返回蘇州，短暫在無錫江南大學任職，有一次去看他的老師呂思勉，呂氏帶錢穆去過往締結師生情誼的常州府中學堂舊址（當時已改成常州第五中學）。呂老師讓老學生錢穆進行一場演講，錢說：「此學校四十年前一老師長，帶領其四十年前一老學生，命其在此講演。」錢穆感性地對大家說，希望大家記得「學校百年樹人，其精神即在此」，這就是傳承。演講完後，呂老師還帶著老學生錢穆去吃名產常州麻糕，可見兩人情誼的深厚。[62]這也說明了，呂氏的史學傳承很具有教育的實際意義，他不是一個只會埋首於書本，只顧自己研究的老學究，其對歷史教育應也有相當的熱誠，這點倒是和當時不少國學大師有所區別。

# 四、對「學歷史何用？」的幾個解答

從上可知，雖然呂作為一位人文歷史學者，沒有能力從事經世濟民或科學的實際工作，但並不表示他忽略如此重要的讀書功用與目標。他說：「予雖教人讀書，並不主脫離實際」、「學問在空間，不在紙上，須將經驗與書本，匯合為一」，要能知道古書所言，為今日何事之指，才不會誤人子弟。他還致力做到「高深之學理，以淺顯之言出之，講授時亦能之。」[63]我想，這不是一種譁眾取寵式的通俗化，而是具有深度、實用性的通俗化，欲使歷史成為教人成長、解決問題的實際學問。一九一三年，呂編《新編中華民國國文教科書》與《新編共和國修身教授書》各十二冊，同時出版，但目前佚失，僅存書目；另外，他還幫忙校訂許多同類書籍。[64]一九一五年，他撰著《蘇秦張儀》，還編入《學生叢書》系列，至一九二八年已發行九版。[65]這些寫作重視通俗易懂，極具有教育意義，而非今日純研究者所為之學術論文，又言「國人必先自視為列國之一，然後有外交之可言。」足見其以史度量當日之時勢，便是在求國家進步、國族進化。

呂思勉說，一般人都認為「歷史是前車之鑑」；但是，天下哪有事情是一模一樣的呢？可見如盡信史，不如無史，所謂「執成方以醫新病，貽誤尚淺，到社會情形變化劇烈時，就更難說了。」[66]不過，激憤的人或說歷史真是誤事，但歷史知識還是有其用處，呂舉例認為袁世凱（一八五九－一九一六）和籌安會一幫分子，如果能瞭解總體歷史發展趨勢，就會知道當皇帝已是不可能的，這麼簡單的趨勢，袁氏等一幫人卻依然看不透、犯了錯，這就是歷史知識的不足，無法體察世界史動向。如果只看中國歷史，當然認為當皇帝理所當然，但是如果能讀一讀近代外國的歷史，就不會驟下決定了。[67]許多人認為讀歷史的人守舊、食古不化，但呂認為，讀歷史就是要瞭解「進化」的道理，他說：「從前的人，誤以為讀了歷史，才知道既往，才可以為將來辦事的準則，於是把歷史來作為守舊的護符，這是誤用了歷史的。若真知道歷史，便知道世界上無一事不在變遷進化之中，雖有大力莫之能阻了。所以歷史是維新的證佐，不是守舊的護符。惟知道歷史，才知道應走的路；才知道自己所處的地位；所當盡的責任。」[68]人類之所以異於他種生物，就在於「進化」這一點上，故「史事是進化的」。

呂認為在中國，循環史觀或復古史觀入人太深。近代西洋科學發達與物質文明的進步，塑造了進化史觀，將社會變得更完善，成為可能；歷史學家不能守舊，一守舊，寫出的歷史自然無法應付新局，[69]當時許多史學家都有這樣的認知。[70]即使當時中國史學有所謂的南北之爭，被視為較為保守的「南高派」也贊同進化論，而且相當開放，運用地理學、地質學、古生物學、人類學等等學門，來探究新史學的可能；而且該派與「北派」學風最大的不同，乃北派著重史事考證，但南派更重史學的通識，[71]這一點與本文所談呂氏和下一章錢穆的史學，皆有相通之處。當然，個別學風仍有特色，例如「南派」的柳詒徵（一八八〇－一九五六）就認為，高等教育應該重視學術研究，通史可以靠自己閱讀，而文化史則著重高度的抽象與綜合，要從史實中獲得精髓，更適合進行高等研究的訓練。所以南高史地派非常重視專題史，中國史多以文化史為主，通史課程較少。[72]至國立中央大學史學系時，朱希祖（一八七九－一九四四）從北派轉移至南方擔任系主任，將部分北學重視社會科學方法的風格帶入，至金毓黻（一八八七－一九六二）主持系務時，又返歸「通重於專」的特色，強調運用正史記載，特別是以政治、制度史來理解通史，回歸傳統史學的研究路數，與當時所謂新史學又拉開一定的距離。[73]南北學風不同，有類於此，但學術在大傳統中，仍有小傳統在挪移，特別是隨著系所主任偏好的不同而變動，這一點在考察史學史時必須重視，也要能與當時時代環境結合論述，方能掌握清晰的學術脈動。

故應付新的時局，為史學的重要功能，這裡又談到預測未來的功能。呂思勉認為，史學就是在說明社會發展現狀，這對推測未來，自然有許多實際的用途。要能在變化的社會中掌握未來，找到規律，就必須借助各種社會科學來觀察，故「各種社會科學，實在是史學的根基，尤其是社會學。」[74]他認為社會科學至今沒有建立什麼法則，很多重要的觀念仍是從自然科學轉借而來，也就是社會科學當時有「學」，卻沒有「術」，歷史學還無法為實際工作服務，故當下最重要者，即為找出實際處理事情的方法與準則。[75]呂這種尋找社會歷史發展之規律的想法，可由嚴耕望的話中得到印證，嚴曾指出：

先生在一九四五年發表的《歷史研究法》稱述馬克思以經濟為社會基礎之說。他說唯物史觀「以物質為基礎，以經濟現象為社會最重要的條件，而把他種現象看作依附於其上的上層建築。」認為這一觀點有助於對史事的瞭解。吾人應當注意，此時早在中共取得政權之前好幾年。再看他在一九四〇年出版的《中國通史》上冊，其編次先社會經濟制度，次政治制度，最後是學術文化。次年出版的《先秦史》，其編排次序，在先秦各代政治事蹟之後，分類述文化現象，也是這個順序。這一程式，正是他這種意識的具體表現。更可見他這種意識萌發很早，與中共得政後一般趨附者大不相同。就因為早有此種意識，所以他治史相當注意社會經濟方面的發展，在通史及各斷代史中，這方面的篇幅相當多，《讀史札記》中這方面的條目也不少，這在沒有政治色彩的前輩史學家中是比較特別的！[76]

呂當時重視馬克思主義的史學，不是為了政治的目的，而是他認為該學說解釋了社會發展的歷程與背後規律，而且呂也頗重社會經濟史，此乃其治學之特色。[77]呂曾言：「努力研究社會，從其本身，發見種種法則，實在是目前一件最為緊要的事，而這件事和史學極有關係，而且非取資於史學，是無從達其目的的，這便是史學的最大任務。」[78]由他的回應，可知在當時呂已發現社會科學乃解釋歷史的重要方法，他以讀書人對現狀不滿，要求改革，而改革的方法，無非先研究學問，這才是社會進步的根源，這是「治史學的第一要義」，必須重視社會科學。[79]各種社會科學帶給史學的新衝擊於此時已經顯現，這個趨勢在二十世紀一直是存在的，[80]其間有千絲萬縷的糾葛，不是本章可以梳理的了。

在歷史教學上面，從國小到大學的教職，呂都經歷過，這樣的歷練賦予他通、專兼得的兩套思路。通史重在明瞭社會規律變化，很能和他重視社會學的思路相契合。嚴耕望曾指出呂氏名氣不及當時其他史學大家的原因之一，即為「近代史學風尚，偏向尖端發展，一方面擴大新領域，一方面追求新境界。這種時尚，重視仄（筆者按：狹窄之義）而專的深入研究與提出新問題，發揮新意見，對於博通周贍但不夠深密的學人就不免忽視。誠之先生屬於博贍一途，故不免為一般人所低估。」[81]但重通達、尚通史，確實是呂的史學特色，放在長期來看他的史學思想貢獻，仍不減其光輝。陳垣也曾指出：「（若）研究宋史，不知道整個中國歷史發展過程，則宋史也學不通。研究任何朝代的斷代史，都不能沒有通史的知識作基礎，也不能沒有其他必要的各方面的知識。研究一門科學，基本知識更是起碼條件，不打好基礎，就好像樹沒有根。」[82]所謂史學的基礎，就是透過通史來對整體歷史有一個大致的理解。

呂思勉認為，很多人認為所謂的「通」是因為讀四書五經的關係，他質疑說：「四書五經，誰不讀之？」認為今人讀古人的書，多覺得不通，乃因「報紙雜誌，足以激動大多數人，古書則否」。但是，如果能讀今天新資訊的來源，兼能閱讀古書，則可以加大見識「刺激活動之程度」。可見呂認為古書不是不能讀，但要知今務，能和實際結合、從生活出發，讀歷史才有大用。[83]呂建議讀書的方式，就是要注意報紙與時事，這與他年輕時的讀報經歷很有關係，錢穆曾說：「誠之師必留每日報紙，為余寓蘇不易見者，一大束，或用朱筆標出其要點。見面即語余別後大事變經過之要略。」[84]可見呂一直很重視報紙的新聞和時事的變化。又，他覺得中學以下講授歷史，並無大用處，「歷史的可貴，並不在於其記得許多事實，而在其能據此事實，以說明社會進化的真相，非中學學生所能。」由此可見呂的歷史教育思想非常「前衛」，已不鼓勵過多的背誦；呂認為，歷史的結論如果是老師給的，就不叫歷史了，他主張中等學校以下的歷史改教社會學，「以歷史為注腳」，到大學以上，再行講授歷史，甚至認為要知道基礎社會學後再研究歷史。[85]他說，要理解古人所謂「世事洞明皆學問，人情練達即文章」，則生活閱歷所及，隨處可與所治的學問相發明，就不必兢兢於故紙堆中討生活了，其實這個意義和筆者前述的想法一致，理解了一整套閱讀、寫作的研究方法，就可以應用到一切的世事與學問上。所以呂氏以今日「職業青年治學的環境，未必較專門讀書的青年為壞。」亦即學問不是只有在學校學習，在職場上，也能敦促自己不斷精進。這些概念，除了說明學問要從日常所及小事做起，也說明了史學作為一門學問，並不一定非要往專業研究走不可，重要的是與實際問題互通，從讀史中獲取思想資源，才能發揮學問之用。[86]

至於在專業方面，呂認為歷史學要借助各種新的科學方法，建立專史，也要能和實用相結合。他說：「吾國之歷史，則正坐記載之範圍之太廣，如所謂『於耳目所聞見，凡於靡所不包』者，故不能成一專門之科學也。」[87]知識無所不包，就不能成為專業的科學，他認為新的時代，各門科學歷史都需要專精的人才來研究。他說，凡事皆有歷史，西方新學也有科學史、自然史等。但時至近代，史學則有所轉變，近代之史漸漸不談一些災異、星象天文之歷史，這是因為近代以來專門之學變多，如「瘟疫則（歸）醫學，罪辟則刑法之學」，所以不必如古代記載之詳細。歷史書寫漸漸有普通史和專門史之分，後者於近代以來漸漸增多，而國史所及，則為普通史之範疇。[88]呂認為，專門史就要由專才來研究，過去的歷史有如大雜燴，今日若要談史學，必須注意修正幾點：第一是要有科學的眼光，他以中國歷史至當時仍不算一門嚴謹的科學，應可將專門的科學史分出，以待專門學者的研究，如天文、律曆、食貨等；至於一般史學，則可善用其他科學的輔助來求進步。[89]呂以從前之人將宇宙間各種現象羅列成一書，稱其為史，「此本學術幼稚時代之現象。」今後若有人想網羅群書，編成一完全之史者，一定會遭致失敗，實在是學問過於細化之故。呂認為，所謂的「通史」之義，必須像《通典》、《通鑑》那樣，僅取正史中一部分，而求其精密，劃定範圍，藉各科之輔助，才會成功，史學才能成為一門嚴謹之科學。[90]其次則是史學即「歸納之學，其根本在於觀眾事之會通，以求其公例。」但若根據的知識不正確，則所謂之公例一定錯誤。三即宜「兼通經子」，則古史蓋皆存焉，不致被忽視。第四點是要參考外國史。此外，師範生學習歷史，要為專門教學做準備，故在校學習與閱讀應與尋常治史者不同。[91]

這些論述中最重要者，即普通史要由史家研究，專史則要由專門的科學家來研究，當然，這樣好像史家能做的歷史研究，在領域上就少了許多？呂的意思是不用擔心，「雖然科學日出，史之所載日減於古矣。而減之又減，終有其不可減者存，則凡治亂興衰之由，而為道國者所取鑒者是，故所謂國史，亦終成一專門科學之歷史。」[92]真正過去發生的歷史所應為史家關心者，就是可以彰顯一代治亂興衰的國史。但很可惜的是，當時的風尚有如嚴耕望所指出的：「近代史學研究，特別重視新史料——包括不常被人引用的舊史料。史學工作者向這方面追求，務欲以新材料取勝，看的人也以是否用新材料作為衡量史學著作之一重要尺度。而誠之先生的重要著作主要取材於正史，運用其他史料處甚少，更少新的史料。這一點也是他的著作被低估的一個原因。」[93]呂的通史、國史概念，並不是當時史學的主流，而且正史也不為當時史家重視，呂的思維，反而是在錢穆的國史研究中被延續下來，錢穆曾回憶說：

是年（一九四〇），余《國史大綱》初完稿，為防空襲，急欲付印。乃自昆明赴香港，商之商務印書館，王雲五館長允即付印，惟須交上海印刷廠付印。余曰大佳，光華大學有呂思勉教授，此稿最後校樣須由彼過目。雲五亦允辦。余又赴滬，親謁誠之師於其法租界之寓邸。面陳《國史大綱》方完稿，即付印，恐多錯誤，盼師作最後一校，其時余當已離去，遇錯誤，請徑改定。師亦允之。後遇曲折，此稿越半

> 年始付印。時余亦蟄居蘇州，未去後方。一日赴滬，誠之師告余，商務送稿，曰必百頁上下，催速校，翌晨即來取，無法細誦，只改錯字。誠之師盛讚余書中論南北經濟一節。又謂書中敘魏晉屯田以下，迄唐之租庸調，其間演變，古今治史者，無一人詳道其所以然。此書所論誠千載隻眼也。此語距今亦逾三十年，乃更無他人語余及此。我師特加賞識之恩，曷可忘。[94]

可以說呂思勉的理念與想法，錢穆幫他在《國史大綱》中延續與發揚了，錢在大作付梓之前，特交給其師呂思勉校對，也可見呂在錢心中的分量，實為最有資格校對中國通史者。嚴耕望則認為呂氏的幾部斷代通史著作只有在行文體裁上有需要商議之處，他認為斷代史之撰述乃寫史、撰史而非考史，呂著不完全符合。不過，「呂體」反倒顯現出其優點與特色，他說：「撰史當溶化材料，以自己的話寫出來；要明出處，宜用小注。而他（呂）直以札記體裁出之，每節就如一篇札記，是考史體裁，非撰史體裁。不過照賓四師說，誠之先生這幾部斷代史，本來擬議是『國史長編』。作為長編，其引書固當直錄原文。況且就實用言，直錄原文也有好處，最便教學參考之用。十幾年來諸生到大專中學教歷史，常問我應參考何書，我必首舉誠之先生書，蓋其書既周贍、又踏實，且出處分明，易可檢核。」[95]並言把呂氏的四部斷代史看成學術札記亦無不可，[96]內容博贍豐富，極具參考價值。關於呂著，嚴氏還有評論，認為厚古薄今，其實呂另有《中國近代史八種》行世，不能說「薄今」，正因為正史史料太多，近代歷史又仍在發展，以一人之力無法全部剪裁、選取周詳所致。另外，嚴謂呂寫史的材料只重正史，其他史料甚少參用，但又指「人的精力究有限度，他的幾部斷代史拆拼正史資料，建立新史規模，通貫各時代，周贍各領域，正是一項難能的基本功夫，後人儘可在此基礎上，詳搜其他史料，為之擴充、發揮與深入、彌縫，但不害誠之先生四部書之有基本價值也。」可見嚴認為呂著價值甚高，雖略瑕然終不掩其瑜。[97]嚴耕望曾舉出他受呂思勉著作影響之大，且甚為仰慕其名。嚴指出，就著作量言，呂氏的重要史學著作篇幅都相當多，四部斷代史共約三百萬字，《讀史札記》約八十萬字，總共出版量當超越五百萬字，著作之富，可謂少能匹敵。就內容言，呂氏能通貫全史，所寫的四部斷代史，不但內容豐富且非常踏實，對史學界貢獻卓著。嚴氏自中學讀書時代，就對呂思勉的史學著作很感興趣，不但見到即看，而且見到即買。自言在中學時代看《史通》的興趣，也是由呂氏的《史通評》所引發的。[98]

另外，呂雖重視社會科學，但是並沒有一面倒向西方。他認為，歷史研究不能完全和過去切斷關係，關於今後國史研究應該致力的方向，他說：《文獻通考．序》所言之治亂興衰、典章制度，為過去舊史認為最重要的內容；呂認為，重要的史實雖不只這兩項，但新學問總是必須從舊的學問中蛻變而來，所以舊時認為重要的，今日依然有研究的價值，故言當代之史學，不能馬上和過去的史學脫離關係。[99]換句話說，他仍認為過去的政治史、制度史相當重要，可能和他認為歷史的「經濟」實用目的有關。他在一九一一年應《東方雜誌》社邀請，著〈禁止遏糴以抒農困議〉一文，用歷史基礎來佐證實情，論述社會經濟政策，以抒解農民生活困難。[100]又言書的知識要應用到實際生活問題上，首先要抓住研究範圍內的關鍵問題，而後進行一種實際的調查，調查之前的基本認識，當然就要從基本歷史學問而來。[101]這與他「學問在空間，不在紙上」的理念一致，讀書就是要把書上所說的事情轉化成眼前所見的事情。呂認為「學問的觀點，隨時而異」，昔人所欲知的，未必是今人所欲知，今日研究歷史的嚴格意義，當然必須用「現代的眼光」，供給今人以現代的知識，否則雖卷帙浩繁，亦只可稱為「史料」而已，頗具現代性的思考。此已可見，呂說的「歷史」，其探究走的是另一條不同的道路，和當時著重於「窄而專」的研究風格大不相同。他還說：「中國人每喜以史籍之豐富自誇，其實以今日之眼光衡之，亦只可稱為史料豐富。」史料豐富，專門史學家雖受惠，但僅讀「純歷史」，既不實用也不適合。[102]而且，呂對當時學校做專史論文的做法提出批評，他說道：學生「隨意找一個題目，甚而至於是人家所出的題目。自己對於這個題目，本無興趣，自亦不知其意義，材料究在何處，亦茫然不知，於是乎請教先生，而先生亦或是一知半解的，好的還會舉出幾部書名來，差的則不過以類書或近人的著作塞責而已（以類書為線索，原未始不可，若徑據類書撰述，就是笑話了）。不該不備，既無特見，亦無體例，聚集鈔撮，不過做一次高等的鈔胥工作。做出來的論文，既不成其為一物，而做過一次，於研究方法，亦毫無所得，小之則浪費筆墨，大之則誤以為所謂學問，所謂著述，就是如此而已，則其貽害之巨，有不忍言者已。」[103]這句話，完全點中了現代一〇八課綱的死穴，在基礎知識還未具備，掌握的資訊尚不明朗的狀況下，貿然進行所謂的「探究與實作」，意義不大且有害學習，值得實際教授歷史的教師注意。呂還以書本的記載，要能和人生閱歷所得同化，才是真正的學問，[104]而不僅只是會寫一篇專題的論文。

身為老師，呂思勉這樣的觀念也影響到錢穆，錢氏晚年講《經學大要》時，曾提及他初中畢業時，請教他的中學老師呂思勉如何讀二十四史？呂回答說：這非常簡單，他幫錢穆規劃一天該讀多少卷，幾年讀完等等。錢從呂師那裡看到通史之貌、通史之美，對他的學生說：「我這是學我中學先生的方法！」言語中充滿自豪。錢穆接著對修課的學生說：「現在諸位不這樣，諸位看不起通史，要講專史。不但只研究一部專史，而且是在一部專史中挑選一個小題目，來寫幾十萬字的論文，才能通過博士學位的考試。這樣便做不成學問。我們今天是走西漢人的路。諸位或說，我們今天走的是美國人的路，美國人的路其實便走錯了。」[105]這段話頗發人深省，是非對錯難以定於此，但今日高等歷史學訓練，確實是在做這些專史中小題目研究。至於很多人都以學術無用，抨擊舊學術與實際應用層面相違背；對此，呂認為雖學問需要改進，然而，有些研究方法的人總比橫衝直撞的行為好，故「天下的事情，一任毫無研究的人去亂撞，這未必不是人類社會進步遲緩的一個大原因。」[106]所以，呂也不贊成學術無用論，但是歷史學必須有所改變，實際功用要能凸顯出來，才能彰顯歷史學的價值，乃其發人深省的提醒。

# 五、小結

雖然沒有民初大學者多任教於北京、清華、燕京等名校的資歷，但呂的著作等身、學問淵博，可謂專精、通俗兼而有之；其著作不僅有斷代的專史、更有求貫通的通史類著作。而且他的經歷非常特別，教過中學、職業學校、一般師範院校、大學專業歷史系，也當過編輯、小說家，可謂見多識廣、閱歷豐富。筆者以為，僅以這一篇小文章來探討呂思勉的史學思想，是相當不足的，但是從呂的一些讀史、治史經驗中，約略可知呂重視通達、重視與實際問題相結合的大前提，是最重要的特徵。而他學習西方社會學、馬克思主義，以及對歷史進化論的見解，都可見到民初新史學的影子。他受梁啟超影響，或許可以從「專史要由專才」來做這一點看出，[107]但他卻不以舊史是無意義的，反而博覽正史，來作為撰寫新史的素材，在民國學人中非常具有特色；而且指出了國史的範疇與史家應有的職責，重點應該還是要著力在政治、社會經濟等歷史研究上，並與實際問題結合。

嚴耕望看出了呂的貢獻與偉大之處，本章雖無法一一評論呂的著作，但或許可以藉著嚴的觀察來做最後補充，他說：

學術創獲誠然須專精有新解，但博贍仍是為學大道，且極不易，或許更難。只就誠之先生四部斷代史而言，每部書前半綜述這一時代的政治發展概況，後半部就社會、經濟、政制、學術、宗教各方面分別論述。前半有如舊體紀事本末，尚較易為功；後半雖類似正史諸志，而實不同。除政制外，多無所憑藉，無所因襲，所列章節條目雖尚不無漏略，但大體已很周匝賅備，皆採正史，拆解其材料，依照自己的組織系統加以凝聚組合，成為一部嶄新的歷史著作，也可說是一種新的撰史體裁。其內容雖不能說周贍密匝，已達到無懈無憾的境界；但以一人之力能如此面面俱到，而且徵引繁富，紮實不苟，章節編排，篇幅有度，無任性繁簡之病，更無虛浮矜誇之病。此種成就，看似不難，其實極不易。若只限於一個時代，自然尚有很多人能做得到，但他上起先秦，下迄明清，獨力完成四部，宋以下兩部亦已下過不少功夫，此種魄力與堅毅力，實在令人驚服。我想前輩成名史學家中，除了誠之先生，恐怕都難做得到。這不是才學問題，而是才性問題。[108]

可惜呂最後並未來臺灣，他的通史觀，不為多數臺灣人所認識。幸而我大學時讀的《國史大綱》，其通達的概念，受呂氏的影響甚鉅，即便是以寫作斷代為主的通史，錢穆受呂的影響依舊非常巨大。錢穆在《師友雜憶》中回憶最後與呂師見面，他說：「又屢去其滬上之寓所。抗戰時開明書店曾邀余作《國史長編》，余介紹之於誠之師，得其允諾。已有分編成書。乃誠之師案上空無一物，四壁亦不見書本，書本盡藏於其室內上層四圍所架之長木板上，因室小無可容也。及師偶翻書桌之抽屜，乃知一書桌兩邊八個抽屜盡藏卡片。遇師動筆，其材料皆取之卡片，其精勤如此。所惜者，其長編亦寫至唐代而止，為師最後之絕筆。最後一次與師晤面，在一九四九年之春假期間。余離無錫往廣州，謁師於其滬上之新寓址。適師在中膳，尚能吃米飯一大碗，非普通之飯碗，乃盛湯肴之碗，大普通飯碗一倍。師言往日進兩碗，今僅可一碗。余觀其顏色食量，意他日歸，當可再晤。」[109]可見錢穆對其師的懷念之情，以及呂思勉用功的程度，不管是用卡片記憶過往資料、想法，還是斷代史的書寫範例，都給錢穆極深的印象。又可見呂低調的個性、默默埋首於學術研究，不求富貴顯達的心，無疑是另一種大師典範。

至於呂思勉的通史講究「通」，要與時事結合的想法，對歷史研究要著重實用、預測、進化等觀點，與民初窄而專的研究學風似乎格格不入；但是，也或許正因為如此，可以帶給我們一些關於現今歷史零碎化的反省。[110] 黃永年謂：「對史學稍有修養的人都知道，寫單篇論文容易見精彩，寫通史、斷代史則很難寫好。這是因為（單篇）論文總挑自己有研究的東西來寫，沒研究過的可以迴避不寫。」所以呂可以寫得精彩，顯見其史學功力之深厚，其書「有百分之九十五以上都是自己的東西」，拆成單篇論文，恐怕要幾千篇了。[111] 最後，呂大半生都在作育英才，他的歷史觀與對歷史功用省思，或許更適合歷史教育者參考，而不完全是學院派的研究路線。歷史的研究與教學，在書寫方式上有沒有另一條路可以走呢？值得從事高等歷史教育和通識教育者來共同省思。呂的治史法，也提供讀者於閱讀寫作時，必須保持眼界寬廣與切勿脫離實際問題之提醒。

## 本章註釋

1 嚴耕望，《錢穆賓四先生與我》，臺北：臺灣商務印書館，二〇〇八，頁九二。

2 王爾敏，《演史開新別錄》，北京：中華書局，二〇一五，頁六〇。

3 嚴耕望，《錢穆賓四先生與我》，序言，臺北：臺灣商務印書館，二〇〇八，頁一。

4 李永圻、張耕華，《呂思勉先生年譜長編》上冊，上海：上海古籍出版社，二〇一二，頁三。

5 李永圻、張耕華，《呂思勉先生年譜長編》上冊，上海：上海古籍出版社，二〇一二，頁三七、四三。

6 呂思勉，〈從我學習歷史的經過說到現在的學習方法〉（原載一九四一年《中美日報》堡壘副刊），《為學十六法》，北京：中華書局，二〇一一，頁三九。

7 呂思勉，〈從我學習歷史的經過說到現在的學習方法〉，《為學十六法》，北京：中華書局，二〇一一，頁四一。

8 呂思勉，〈自述——三反及思想改造學習總結〉，《史學理論研究》第四期，北京：中國社會科學院世界歷史研究所，一九九六，頁五九－六〇。

9 呂思勉，〈從我學習歷史的經過說到現在的學習方法〉，《為學十六法》，北京：中華書局，二〇一一，頁四〇。

10 李永圻、張耕華，《呂思勉先生年譜長編》上冊，上海：上海書店出版社，一九九二，頁一〇四。

11 呂思勉，〈呂思勉為學自述〉，《為學十六法》，北京：中華書局，二〇一一，頁一九九。

12 李永圻、張耕華，《呂思勉先生年譜長編》上冊，上海：上海書店出版社，一九九二，頁一二〇。

13 呂思勉，〈從我學習歷史的經過說到現在的學習方法〉，《為學十六法》，北京：中華書局，二〇一一，頁四〇。
14 錢穆，〈三、三兼小學〉，《八十憶雙親．師友雜憶》，北京：生活．讀書．新知三聯書店，二〇〇六，頁五九－六〇。
15 嚴耕望，《錢穆賓四先生與我》，臺北：臺灣商務印書館，二〇〇八，頁九二。
16 蒙默，《蒙文通學記：蒙文通生平和學術》，北京：生活．讀書．新知三聯書店，二〇〇六，頁三。
17 桑兵、於梅舫、陳欣編，《讀書法》，北京：人民出版社，二〇一四，頁七－八。
18 李永圻、張耕華，《呂思勉先生年譜長編》上冊，上海：上海書店出版社，一九九二，頁一三九。
19 李永圻、張耕華，《呂思勉先生年譜長編》上冊，上海：上海書店出版社，一九九二，頁一〇二－一〇三。
20 呂思勉，〈呂思勉為學自述〉，《為學十六法》，北京：中華書局，二〇一一，頁一九九。
21 呂思勉，〈從我學習歷史的經過說到現在的學習方法〉，《為學十六法》，北京：中華書局，二〇一一，頁四〇－四一。
22 呂思勉述、黃永年記，〈回憶我的老師呂誠之（思勉）先生〉，《呂思勉文史四講》，北京：中華書局，二〇〇八，頁七。
23 呂思勉，〈自述——三反及思想改造學習總結〉，《史學理論研究》第四期，北京：中國社會科學院世界歷史研究所，一九九六，頁五二。
24 李永圻、張耕華，《呂思勉先生年譜長編》上冊，上海：上海書店出版社，一九九二，頁一五一。
25 呂思勉，〈自述——三反及思想改造學習總結〉，《史學理論研究》第四期，北京：中國社會科學院世界歷史研究所，一九九六，頁五八－五九。

26 李永圻、張耕華，《呂思勉先生年譜長編》上冊，上海：上海書店出版社，一九九二，頁一三二。

27 呂思勉，〈自述——三反及思想改造學習總結〉，《史學理論研究》第四期，北京：中國社會科學院世界歷史研究所，一九九六，頁五二。

28 王珂，〈必也正名乎——呂思勉《醫籍知津》與謝觀《中國醫學源流論》關係辨證〉，《華東師範大學學報（哲社版）》第一期，上海：華東師範大學學報編輯部，二〇〇九，頁五七－六四。

29 呂思勉，〈自述——三反及思想改造學習總結〉，《史學理論研究》第四期，北京：中國社會科學院世界歷史研究所，一九九六，頁五三。

30 李永圻、張耕華，《呂思勉先生年譜長編》上冊，上海：上海書店出版社，一九九二，頁三四四。

31 呂思勉，〈自述——三反及思想改造學習總結〉，《史學理論研究》第四期，北京：中國社會科學院世界歷史研究所，一九九六，頁五三。

32 嚴耕望，《錢穆賓四先生與我》，臺北：臺灣商務印書館，二〇〇八，頁九四－九五。

33 張耕華，《人類的祥瑞——呂思勉傳》，上海：華東師範大學出版社，一九九八，頁一一〇。

34 張耕華，《人類的祥瑞——呂思勉傳》，上海：華東師範大學出版社，一九九八，頁二二九－二三四。

35 嚴耕望，《錢穆賓四先生與我》，臺北：臺灣商務印書館，二〇〇八，頁九八。

36 錢穆，〈三、三兼小學〉，《八十憶雙親．師友雜憶》，北京：生活．讀書．新知三聯書店，二〇〇六，頁六二。

37 錢穆，〈三、三兼小學〉，《八十憶雙親．師友雜憶》，北京：生活．讀書．新知三聯書店，二〇〇六，頁九一。

38 錢穆回憶呂批改題目的狀況時說得非常傳神，僅於此交代：「一次考試，出四題，每題當各得二十五分為滿分。余一時尤愛其第三題有關吉林省長白山地勢軍情者。乃首答此題，下筆不能休。不意考試時間已過，不得不交卷。如是乃僅答一題。誠之師在其室中閱卷，有數同學窗外偷看，余不與，而誠之師亦未覺窗外有人。適逢余之一卷，誠之師閱畢，乃在卷後加批。此等考卷本不發回，只須批分數，不須加批語。乃誠之師批語，一紙加一紙，竟無休止。手握一鉛筆，寫久須再削。誠之師為省事，用小刀將鉛筆劈開成兩半，俾中間鉛條可隨手抽出，不斷快寫。鉛條又易淡，寫不出顏色來，誠之師乃在桌上一茶杯中蘸水書之。所書紙遇溼而破，誠之師無法黏貼，乃以手拍紙，使伏貼如全紙，仍書不輟。不知其批語曾寫幾紙，亦不知其所批何語。而余此卷只答一題，亦竟得七十五分。只此一事，亦可想像誠之師之為人，及其日常生活之一斑。」引自錢穆，〈三、三兼小學〉，《八十憶雙親．師友雜憶》，北京：生活．讀書．新知三聯書店，二〇〇六，頁五九。

39 呂思勉述、黃永年記，〈回憶我的老師呂誠之（思勉）先生〉，《呂思勉文史四講》，北京：中華書局，二〇〇八，頁二。

40 叔訥，〈我們的史地系主任呂思勉先生〉，收入李孝遷等主編，《近代中國史家學記》上冊，上海：上海古籍出版社，二〇一八，頁五八二－五八四。

41 叔訥，〈我們的史地系主任呂思勉先生〉，同上註，頁五八三。

42 李永圻、張耕華，《呂思勉先生年譜長編》上冊，上海：上海書店出版社，一九九二，頁一六七－一六八。

43 李永圻、張耕華，《呂思勉先生年譜長編》上冊，上海：上海書店出版社，一九九二，頁一八二－一八三。

44 李永圻、張耕華，《呂思勉先生年譜長編》上冊，上海：上海書店出版社，一九九二，頁二五九。

45 呂思勉，〈從我學習歷史的經過說到現在的學習方法〉，《為學十六法》，北京：中華書局，二〇一一，頁四〇。

46 呂思勉，《歷史研究法》，臺北：五南出版社，二〇〇二，頁一四八－一四九。王爾敏則認為梁氏「新史學」陳義浮濫，純粹附會進化論，不算周詳，而百年來談「新史學」者，又多不深談其貢獻，是另一特殊現象。參考王爾敏，《演史開新別錄》，自序，北京：中華書局，二〇一五，頁一－三。

47 呂思勉，〈從我學習歷史的經過說到現在的學習方法〉，《為學十六法》，北京：中華書局，二〇一一，頁四三－四四。

48 呂思勉，〈從我學習歷史的經過說到現在的學習方法〉，《為學十六法》，北京：中華書局，二〇一一，頁四一。

49 呂思勉，〈從我學習歷史的經過說到現在的學習方法〉，《為學十六法》，北京：中華書局，二〇一一，頁四四－四五。

50 趙梅春，《二十世紀中國通史編纂研究》，北京：中國社會科學出版社，二〇〇七，頁二六－二七。

51 顧頡剛，《當代中國史學》，南京：勝利出版社，一九四七，頁八五。

52 呂思勉，《白話本國史》上冊，上海：上海古籍出版社，二〇一二，序例頁一。

53 嚴耕望，《錢穆賓四先生與我》，臺北：臺灣商務印書館，二〇〇八，頁九二。

54 呂思勉，〈從我學習歷史的經過說到現在的學習方法〉，《為學十六法》，北京：中華書局，二〇一一，頁三九－四〇。

55 嚴耕望，《錢穆賓四先生與我》，臺北：臺灣商務印書館，二〇〇八，頁九七。

56 呂思勉，〈呂思勉為學自述〉，《為學十六法》，北京：中華書局，二〇一一，頁一九九。

57 李永圻、張耕華，《呂思勉先生年譜長編》上冊，上海：上海書店出版社，一九九二，頁四三。

58 呂思勉，〈自述——三反及思想改造學習總結〉，《史學理論研究》第四期，北京：中國社會科學院世界歷史研究所，一九九六，頁五三。

59 呂思勉，〈呂思勉為學自述〉，《為學十六法》，北京：中華書局，二〇一一，頁一九九。

60 呂思勉，〈自述——三反及思想改造學習總結〉，《史學理論研究》第四期，北京：中國社會科學院世界歷史研究所，一九九六，頁五八－五九。

61 李永圻、張耕華，〈記潘振聲先生〉，《呂思勉先生年譜長編》上冊，上海：上海古籍出版社，二〇一二，頁一〇八－一〇九。

62 錢穆，〈三、三兼小學〉，《八十憶雙親．師友雜憶》，北京：生活．讀書．新知三聯書店，二〇〇六，頁六一。

63 呂思勉，〈自述——三反及思想改造學習總結〉，《史學理論研究》第四期，北京：中國社會科學院世界歷史研究所，一九九六，頁五八－五九。

64 李永圻、張耕華，《呂思勉先生年譜長編》上冊，上海：上海古籍出版社，二〇一二，頁一四七。

65 李永圻、張耕華，《呂思勉先生年譜長編》上冊，上海：上海古籍出版社，二〇一二，頁一五七。

66 呂思勉，《歷史研究法》，臺北：五南出版社，二〇〇二，頁九。

67 呂思勉，《歷史研究法》，臺北：五南出版社，二〇〇二，頁一一二－一一三。

68 呂思勉，《歷史研究法》，臺北：五南出版社，二〇〇二，頁一一九。
69 呂思勉，《歷史研究法》，臺北：五南出版社，二〇〇二，頁一一〇－一一四。
70 梁啟超，《中國歷史研究法（外二種）》，石家莊：河北教育出版社，二〇〇〇，戴逸序，頁三。以及王汎森，《近代中國的史家與史學》，上海：復旦大學出版社，二〇一〇，頁五九－六〇。
71 吳忠良，《傳統與現代之間——南高史地學派之研究》，北京：華齡出版社，二〇〇六，頁一九九－二〇三。
72 陳寶雲，《學術與國家：《史地學報》及其學人群研究》，合肥：安徽教育出版社，二〇一〇，頁二七四－二七五。
73 蔣寶麟，《民國時期中央大學的學術與政治（一九二七－一九四九）》，南京：南京大學出版社，二〇一六，頁三七四－三七五。
74 呂思勉，〈從我學習歷史的經過說到現在的學習方法〉，《為學十六法》，北京：中華書局，二〇一一，頁四二。
75 呂思勉，《歷史研究法》，臺北：五南出版社，二〇〇二，頁一一五－一一七。
76 嚴耕望，《錢穆賓四先生與我》，臺北：臺灣商務印書館，二〇〇八，頁九三。
77 趙梅春，《二十世紀中國通史編纂研究》，北京：中國社會科學出版社，二〇〇七，頁一二三－一三四。
78 呂思勉，《歷史研究法》，臺北：五南出版社，二〇〇二，頁一一七－一一八。
79 呂思勉，〈從我學習歷史的經過說到現在的學習方法〉，《為學十六法》，北京：中華書局，二〇一一，頁四三。

80 即傅斯年所謂「新工具」。見杜正勝，《新史學之路》，臺北：三民書局，二〇〇四，頁六－七。
81 嚴耕望，《錢穆賓四先生與我》，臺北：臺灣商務印書館，二〇〇八，頁九四。
82 陳垣，《陳垣史學論著選》，上海：上海人民出版社，一九八一，頁六四二。
83 李永圻、張耕華，《呂思勉先生年譜長編》上冊，上海：上海古籍出版社，二〇一二，頁二二七。
84 錢穆，〈三、三兼小學〉，《八十憶雙親．師友雜憶》，北京：生活．讀書．新知三聯書店，二〇〇六，頁六〇－六一。
85 呂思勉，〈從我學習歷史的經過說到現在的學習方法〉，《為學十六法》，北京：中華書局，二〇一一，頁四二－四三。
86 呂思勉，〈從我學習歷史的經過說到現在的學習方法〉，《為學十六法》，北京：中華書局，二〇一一，頁四五。
87 李永圻、張耕華，《呂思勉先生年譜長編》上冊，上海：上海古籍出版社，二〇一二，頁二四一。
88 李永圻、張耕華，《呂思勉先生年譜長編》上冊，上海：上海古籍出版社，二〇一二，頁二四一。
89 李永圻、張耕華，《呂思勉先生年譜長編》上冊，上海：上海古籍出版社，二〇一二，頁二四二。
90 李永圻、張耕華，《呂思勉先生年譜長編》上冊，上海：上海古籍出版社，二〇一二，頁二五八。
91 李永圻、張耕華，《呂思勉先生年譜長編》上冊，上海：上海古籍出版社，二〇一二，頁二四二。
92 李永圻、張耕華，《呂思勉先生年譜長編》上冊，上海：上海古籍出版社，二〇一二，頁二四一。
93 嚴耕望，《錢穆賓四先生與我》，臺北：臺灣商務印書館，二〇〇八，頁九四。
94 錢穆，〈三、三兼小學〉，《八十憶雙親．師友雜憶》，北京：生活．讀書．新知三聯書店，二〇〇六，頁六〇。

95 嚴耕望，《錢穆賓四先生與我》，臺北：臺灣商務印書館，二〇〇八，頁九七。

96 筆者按：四部書指《先秦史》（一九四一）、《秦漢史》（一九四七）、《兩晉南北朝史》（一九四八）、《隋唐五代史》（一九五九）。

97 嚴耕望，《錢穆賓四先生與我》，臺北：臺灣商務印書館，二〇〇八，頁九七－九八。

98 嚴耕望，〈通貫的斷代史家——呂思勉〉，《治史三書》，瀋陽：遼寧教育出版社，一九九八，頁一八二。

99 李永圻、張耕華，《呂思勉先生年譜長編》上冊，上海：上海古籍出版社，二〇一二，頁二七三。

100 李永圻、張耕華，《呂思勉先生年譜長編》上冊，上海：上海古籍出版社，二〇一二，頁一二七－一三〇。

101 李永圻、張耕華，《呂思勉先生年譜長編》上冊，上海：上海古籍出版社，二〇一二，頁二七九。

102 呂思勉，〈從我學習歷史的經過說到現在的學習方法〉，《為學十六法》，北京：中華書局，二〇一一，頁四四。

103 呂思勉，〈從我學習歷史的經過說到現在的學習方法〉，《為學十六法》，北京：中華書局，二〇一一，頁四二。

104 呂思勉，〈從我學習歷史的經過說到現在的學習方法〉，《為學十六法》，北京：中華書局，二〇一一，頁四五。

105 李永圻、張耕華，《呂思勉先生年譜長編》上冊，上海：上海古籍出版社，二〇一二，頁一三二

106 李永圻、張耕華，《呂思勉先生年譜長編》上冊上海：上海古籍出版社，二〇一二，頁二七七。

107 梁啟超，《中國歷史研究法》，上海：中華書局，一九三六，頁三〇。

108 嚴耕望，《錢穆賓四先生與我》，臺北：臺灣商務印書館，二〇〇八，頁九五－九六。

109 錢穆，〈三、三兼小學〉，《八十憶雙親・師友雜憶》，北京：生活・讀書・新知三聯書店，二〇〇六，頁六一－六二。

110 參看弗朗索瓦・多斯著，馬勝利譯，《碎片化的歷史學：從《年鑒》到「新史學」》，北京：北京大學出版社，二〇〇八，第三部分「破碎的歷史」。

111 呂思勉述、黃永年記，〈回憶我的老師呂誠之（思勉）先生〉，《呂思勉文史四講》，北京：中華書局，二〇〇八，頁六。

第三章

# 從師與習史的故事

從嚴耕望的《錢穆賓四先生與我》談起

## 一、前言

本章會選這個主題的原因，並不是真有什麼大學問在內，而是筆者有一點小小的自私喜好，也想請讀者思考一下「大學教授有什麼意義？」這件事。筆者讀大學的時候，在東吳歷史系修王慶琳先生的「西洋政治思想史」時，就對思想史產生濃厚的興趣，原本想做的題目是西方社會主義思想史，已在第一章交代。但是後來才知道，在國內研究西洋史的環境並不好，但王師還是借了十幾本有關西洋政治思想史或社會主義史的西文書讓我閱讀。後來我跟王師說：研究計畫只消隨便寫寫，當時碩士班入學占的比重並不高，主要還是看筆試成績，這一言，讓王師非常生氣；他認為，做什麼事都要扎扎實實，才會有真實的貢獻，我當時真是太不瞭解老師對我的期望了。後來，有幸進入師大歷史系就讀，在之前準備考研究所時，中國通史、西洋通史自然是要讀的，但在專史方面，當時類似經濟史、戰爭史，只要掌握大問題、大方向即可，婦女史、科技史、藝術史比較冷門，當時考出來的機會並不高，只有思想史需要多加準備，而史學方法與史學史考科，更與時代變遷與思想史密切相關，所以總體來說著力較深。讀碩士班前，已經非常喜歡讀王爾敏老師的《晚清政治思想史論》、《中國近代思想史論》和李澤厚《中國古代思想史論》、《中國近代思想史論》、《中國現代思想史論》；蕭公權的《中國政治思想史》，鄒文海的《西洋政治思想史稿》以及薩孟武的《中國社會政治史》、《中國政治思想史》；喬治・塞班（George H. Sabine）的《政治理論史》（*A History of Political Theory*）等書，可見筆者早年頗喜讀思想史著作。我在碩士班雖專寫醫療史，但當時也想走思想史的取徑。修習王爾敏老師的課，王師才思敏捷、用功甚深，可謂著作等身。前幾年見他，自言退休後還出了二十幾本書，即使眼睛不好，也還是努力著述，令人敬佩。記得當時亂看思想史的書，跑去請教王老師，他說庸才會把思想史做成概念史、哲學史，聰明人才會做出好的思想史，要我不要陷入名詞爭議的中西文化論戰中，繞也繞不出來，每個人說一套話，沒有交集；思想所引起的實際變革與事件、人物的相關作為，才是歷史學者要留意的細節。[1] 我後來走上研究中國醫療史的路子，仍是著意於探究近代各種事物與名詞的「西方化」歷程，中醫西化歷程中知識轉型的變與不變，成為我研究中很顯著的一條主線，其實多少仍和思想史有關，[2] 已於第一章略加陳述。走向這條研究道路，多半是機遇與巧合，並非刻意，也都受到老師影響，可見習史與學者個性、研究領域乃至未來的發展，都與求學時期的閱讀和從師有很大的關係，所以我才想做一個題目，談一下從師、讀書和著述這些事情，希望對讀者的閱讀、寫作工作有些許的啟發。

談中國現在史學發展的各種啟示，胡適、梁啟超、顧頡剛、傅斯年等等，都已有不少研究。但談到上、下師生的傳承，我認為呂思勉、錢穆、嚴耕望這三位先後具有師徒關係的史家，他們的治學方法，最能作為探討文史教育、師承與研究方法之典範。呂思勉的史學，上一章已交代，本章主要介紹錢穆與嚴耕望的師生關係。不過在實際論述時，有關錢穆的研究，牽涉層面很多，研究論文可謂汗牛充棟，所以本論還是以嚴耕望先生所論為主，主要討論材料為《錢穆賓四先生與我》這本書，以此來論史學研究中，師生間激盪出的一些足供後人參考的啟發。本章雖以嚴耕望的觀察為主，但主體則是「從師」與「習史」兩條，並加上筆者個人的意見，故整篇文章可以說無處無「啟示」，無處不「方法」，非一般八股制式的學術論文，糾纏紛擾而少有實際參考價值，讀者閱後便知。

## 二、從師對研究者閱讀與寫作之影響

人文教育的開始，通常與「人」有相當大的關係，與理工科以實驗室為空間，講求數據、公式的環境不同。人文研究的重點，要言在「人」（師生、學界）與「書」（包括廣義的史料），要能成為一位好的研究者，就要敏銳地觀察這些因素。筆者回憶自己喜歡讀歷史、會選擇歷史系，多半是受到歷史老師的鼓勵，由此也可知，文史教育的第一步，與老師的啟迪與開導關係密切。

嚴耕望自言他受到三位老師——馮溶生、李則綱、錢穆——的啟發甚多。馮溶生是算術老師，他讓嚴對於「數學」一科產生了濃厚的興趣，於今思來，嚴耕望與大部分「學歷史」的人特質不盡相同，「數學不好」幾乎是筆者以前讀書時選文科或念歷史系學生的一大「特質」，嚴的這段特殊經歷讓他覺得：「後來我雖然棄理習文，但研究問題能深入、能精細，不敢一步虛浮。這種作風，大都得之於少年時代的數學訓練。」[3]所以學歷史的人未必要排斥其他學科，每一種學科的訓練，或許都能帶給文史學者不同的方法與技巧上的啟發，而這些啟發，當下並沒有感覺到，多是後來才逐步覺察的。學者的成功，往往非一朝一夕的努力，而是透過閱讀寫作長期的潛移默化而塑造出來。筆者常聽現在的大學生說很多修過的課都沒有實際用處，我則鼓勵他們，每一個現代學科，包括史學在內，都是經過長久時間發展，具有一定方法論的基礎；認真學習探究事理的方法，學習各個學科的特長，絕對不會浪費時間，除非是沒有用心，則另當別論。

嚴耕望讀高中時，曾經從師範科轉至普通科，受李則綱影響甚大，嚴認為當時他聽取建議，拓展視野，「廣泛的吸取新知，境界得到開闊，對於史學也漸有宏觀的通識傾向。」[4]嚴也從那個時候開始接觸許多歷史研究的書籍。例如商務印書館的《史學通論》、《始祖的誕生與圖騰》和梁啟超的《中國歷史研究法》等書。[5]嚴回憶這段經歷時，說自己一本書往往能一直讀下去直到讀完，而反觀另一位同學，雖天賦才氣較好，但不能持之以恆，堅持讀書，所以在史學方面，那位同學就無法有深刻的思想與造詣。這個讀書法值得我們現在省思，因為現代是數位化時代，我們吸收的知識往往都是片段且零碎的，甚至很多是從各種數位資料庫「撈出來」的，讀過就忘，不過是對資料庫的東西做一整理而已；而且資料量太多，取捨困難，零碎片段，不成其為知識。現在如何成就一種有系統的知識，值得每位關心歷史的人來思考。錢穆則教導嚴耕望，歷史學的兩隻腳，一是歷史地理、一是制度，要通史學，就必須懂這兩學問，自己的史學才會有穩固的基礎，這後來構成嚴耕望史學成就之主體，即為歷史地理與地方制度史學的延伸。[6]當下的歷史研究，因資料庫的發達與西方史學研究的風潮影響，傳統的史學領域已少有人研究，新文化史雖提供了歷史研究很多新的研究視角，但就跟某學者與筆者談話時所言：看一篇論文跟看十篇，其實都差不多，意思就是研究主題一窩蜂，但論述都大同小異，知道多一點、少一點，並沒有實際意義，這是近來歷史學研究的新危機。

嚴耕望第一次聽錢穆上課是在一九四一年三月二十三日，錢穆當時到武漢大學講「中國政治制度史導論」和「秦漢史」，原本在教室上課，結果人太多改到大禮堂上課。嚴說錢先生「講課頗有政治家演講的風度，而高瞻遠矚，尤不可及。」[7]嚴對錢穆的課有很多深入的觀察，日後逐漸成為他教書、寫作時的啟發。錢穆讀書的經驗與風格，或許也給了嚴不少啟發。錢穆自二十一歲開始立志讀書，既然決心好好念書，他想到的有兩件事，第一件事就是鍛鍊他的體魄，錢穆的方法是調整規律的生活，他認為若沒有一副健康的身體，絕對念不好書，他說一到早晨，就開始做早操；午後、傍晚則散步；睡覺前就洗冷水澡和施行靜坐。即使在一般休息的時候，「亦閉口為深呼吸」。自言凡中西醫學書籍談到的養生、鍛鍊體魄的功夫，都會嘗試看看，日常生活中尤其嚴格，規定自己的作息要做到有常規、沒有一絲時間上的浪費。與朋友、親戚之間的一切往來應酬，能省則省、能免則免；其他像是賭博、下棋、喝酒、吸菸等種種平日的消遣，一概戒除，這些都是只是基本要求。真正談到讀書，錢穆的規劃是早晨讀經及諸子，如精讀《易經》、《尚書》等較為艱難；晚上則廣泛閱讀史籍如《漢書》、《資治通鑑》等，至於下午的課餘時間，就閱讀比較輕鬆的詩文集，如《十八家詩抄》、《經史百家雜鈔》等以為調劑。其他不成時段的零碎時間，哪怕是上廁所有五分鐘、十分鐘的空檔，就瀏覽新書、雜誌和小說、筆記等廣增見聞。[8]這樣的讀書法並沒有老師指導，完全是錢穆自己體悟所創，而他當時只是一位小學老師，卻已經打下未來擔任大學教授的基礎了。

嚴耕望自武漢大學畢業後，錢穆詢問他未來有何打算？那時錢穆給的建議是：「教書頗費時間，既無家累，或許可到齊魯研究所任助理員為佳。」[9]錢是真心為嚴著想，一個學文史的學者，不可不考慮出路，這是很實際的問題，能夠兼顧自己興趣做研究，又能不被教書工作所累，進一個好的研究單位是最理想的狀態，嚴也認為該所近似中央研究院的環境，不會為過多的教書工作所拖累。由此可看出錢對嚴的關懷，待嚴至齊魯研究所後，錢穆安排其住處，也多方指點，嚴非常感動。我想，這真是一個人文學者關懷自己學生的最佳表現，師生之間如果只有指導的權利義務和學術上的利益考量，要怎麼扛起「人文」這塊招牌？這段經歷，本身就值得人文學者省思。

從嚴耕望的觀察中可以看出：錢穆比較不拘小節愛自由，當時顧頡剛的學術行政能力、社交能力都比較強，但也深為各種俗務所累，錢穆個性上比較閒散，也曾讓顧不滿，認為錢不積極承擔責任、管理齊魯研究所事務。筆者以為：讀書人似以錢穆為榜樣較好，專心讀書寫作，有時卻也可以郊遊、到處旅行走走，和學生天南地北地聊天。學者除讀書研究之外，也要有好的興趣與休閒生活，例如嚴指出錢穆喜歡庭園之樂、郊遊、誦賞詩篇等等，皆足以養心健體，值得效法。[10]錢穆「平居生活簡單，衣多布質，常向人說：『人生不可太認真，認真了就不免生出許多煩惱』。」[11]足見錢穆為人與教人，要有豁達心胸之意旨。而師生之間的相處，不僅只在研究室和教室中，嚴耕望就說，在海闊天空的漫談中，每每可以得到老師的啟發，就是這種感覺。現在處於效率化、績效、數字指標化的社會，這種師生之間的閒談與啟發，已變得彌足珍貴，此乃人與人之間足以教學相長的機會與環境。現代人常說學術要跨領域、要讓研究走出去，我想，每天關在研究室、教室，是不可能「走出去」的，眼界也無法開展。以前上賴澤涵教授的課，他說好的學問常常在聊天中獲得，當時我想不透，其他老師更是不以為然，但我慢慢才理解賴老師的意思。一位老師叫學生寫論文，中間從不「指導」，不談學問，只囑咐學生按時交論文；出版社主編不和作者溝通寫作方式，只管讓作者定期交稿，這樣的寫作成果都會發生大問題的。此外，有一次聽清大科技法律研究所的教授林昀嫺演講，她指出自己的跨領域，就是跟學校不同領域的老師喝咖啡、聊天聊出來的，先做朋友，才能跨領域研究，一點都不錯。讀者若是常常窩在自己狹隘領域的同溫層內讀書、寫作，那成就也可能只有同溫層的人喜歡，很難得到大眾認可，這一點必須多思量。多交朋友多聊天，往往是創新的契機；而三不五時就找人吃飯聊天、應酬的學者，則又另當別論，雖能紓壓，但多是浪費時間，不需多為。

嚴耕望在齊魯研究所時，回憶每星期六都有講論會，分組報告，頗似現在研究院的學術講論會。當時錢穆負責點評，嚴說：「我感到最有益處的，是先生隨時提醒諸生，要向大處看、遠處看，不能執著地盡在小處琢磨，忘記大目標；盡往小處做，不能有大成就。」[12]我們現在的文史知識，大多傾向愈做愈小，而且日益零碎化，跟大歷史發展比較無關，就是犯了這樣的毛病。臺灣史學界面臨西方史學思潮的影響與挑戰，不斷跟風，解構與重構，既留不下深刻的足跡，又欠缺大歷史的關懷。[13]每個人鑽研的題目雖然都有意義，但是個人做個人的，莫管他人的研究；以前就聽前輩研究者說，很多學者的研究主題，同領域的人都無法盡閱，這是很可惜的。像錢穆這樣，還可在諸人講論完後「代為發揮」，指出問題與意義，這在今日幾乎是不可能的事。而以今日資料庫的龐大與史料開放的程度，我們能掌握的資料或許非當日錢穆所能盡評，但換一個角度來看，很多事物的歷史其實不那麼緊要，當時的歷史研究有所偏重，學科知識的界線很清楚，歷史就是研究政治、軍事、外交、制度等層面，但現在研究的題目變多了，同儕團體能夠評論或欣賞的理想，可能更難達標；這樣的變革好似百花齊放，但其實學科知識的界線模糊，所謂「主體知識」是怎樣的共識，也就很難尋得。錢穆教導的「朝大處、遠處、高處看」，或許值得史學界思索。[14] 關於學問與人生、學術與立志的問題，嚴耕望還說：「（錢）先生教人治學，常常強調要向大處、遠處看，切忌近視，或規模太小。」錢說：「我們讀書人，立志總要遠大，要成為能領導社會，移風易俗的大師，這纔是第一流學者！專守一隅，做得再好，也只是第二流。現在一般青年都無計畫的混日子，你們有意讀書，已是高人一等，但是氣魄不夠。」[15] 這段話，我認為是指研究者必須有遠大的眼光，不要研究些雞零狗碎的題目，研究的問題要能與現世實際問題相關，很有「古人未嘗離事而言理」的精神，學者才有可能看得遠，發揮移風易俗的功用。[16]

學者給人的印象應該是有修養的人，這關乎沉潛與涵養，老師對學生的影響也相當大。錢穆對嚴耕望說：「你將來必然要成名，只是時間問題，希望你成名後，要自己把持得住，不要失去重心；如能埋頭苦讀，遲些成名最好！」[17] 這句話的意思其實是錢穆深知成名學者應酬多、外務多，往往影響研究，他是真心為學生著想。我在當研究生時，常聽到某某教授會「擋」學生，不讓學生畢業，不讓其指導的學生在大學升等，恩恩怨怨真真假假，很難評斷。一位老師在指導學生的過程中，師生關係也是人與人之間的基本關係，既然碰到人的問題了，難免有溝通不良的時候，所以我會勸年輕學子，拜師必須慎之又慎，不是去拜那個好混的、好過的，而是要能跟你的興趣相投、能指導你、個性又能相符合的。必須切記：一位文史老師指導的不僅是三、五年而已，而是影響你一輩子做人處事與為學的長者。呂思勉之於錢穆、錢穆之於嚴耕望等，都是很好、很成功的師生關係例子。錢穆希望嚴不要太早成名，這是對他的關懷之意，事實上，這種叮嚀可能跟嚴本來就不喜歡出鋒頭、內斂的性格有關，不然老師教他「遲些成名」，可能會被誤解為惡意擋學生。嚴耕望的學生廖伯源說：嚴本身即木訥不擅言詞、論學必有據，不隨便發言，特別是沒做過研究的事物，更是不隨意發表意見。[18] 嚴說自己即受錢穆的影響：「五十年來，我對於任何事都採取低姿態，及後薄有浮名，也盡量避免講學，極少出席會議，都與先生此刻的告誡不無關係。」[19] 這句話充分顯示嚴的個性，這也是很好的意見，一些學者小有成就後，到處講學、開會，好像很活躍，其實是誤了自己讀書、沉思的時間。筆者自己在初出博士班時，也曾犯這種錯誤，曾一年參加近二十幾場演講和會議，對年輕人來說，要是迷失在其中就糟糕了。這幾年，我已漸漸減少出席學術會議和演講，體力漸衰之外，家庭事務也要多參與，故調配了時間。不過，不能責備年輕學者，因為這些東西或多或少都是現代學術單位「評鑑」加分的項目，也不能完全不參加。筆者寫這本書時還不滿四十四歲，自己的專書不算，期刊加專書論文已超過七十篇，這在人文社會學者來說並「不正常」，但是我卻希望大家不要學我，甚至整個評鑑制度也不應該以我這種人，乃至中研院的前端學者來制定。所謂研究能量若陷入「量化」的風暴中，就很不健康，人文學者應該有更多時間讀書、思考乃至教學，甚至寫一些通俗讀物，拓展人文知識，而不應該一直往專業論文鑽營。黃永年就曾告誡剛入學的學生說：「不要急於寫文章，更不要追求文章的數量。」他的學生曹旅寧回憶，他們購買《四庫全書總目提要》、《資治通鑑》、《新唐書》、《舊唐書》、《太平廣記》，以及陳寅恪、顧頡剛、呂思勉等一流學者的著作來研讀並學習寫札記，其實就是本書所言的「摘要」，都是出自黃的引導。[20]這樣的功夫與訓練，不可能求快，學習文史閱讀與寫作，還是要有一段較長的磨練時期，基礎打得好，以後才能駕馭自如。當然，若有不錯的研討會或寫稿邀約，可以將自己有興趣的題目介紹給更多人知道，則參會、演講、寫稿又有何不可？精準衡量自己時間即可。要走文史研究這條路，「中庸平衡」非常重要，文史學者還是要有一點改變世界的天真理想，但我不是鼓勵學者亂發政治議論，因為臺灣社會已經太過政治化了；筆者的意思是希望學者可以發揮他的學術影響力，寫作有影響力的文字，提出能夠指引後人、幫助後人思考的方法。所以，錢穆後來在嚴耕望過了中年後，還是鼓勵他多講學、啟迪後進，就是同一個意思。[21]

除了錢穆的指導，一九四五年嚴耕望為求一穩定的研究環境而毛遂自薦，寫了申請書和三篇論文，一起寄給傅斯年，申請進入史語所任職，此舉意外成功。何以講「意外」？因為當時史語所「除少數人為錢先生的同輩學人之外，絕大多數都是傅先生的學生。」[22]可見當時傅斯年「學霸」的地位，於今思之，學界雖憑實力、講真材實料，但難免有學派、師承的主觀因素在其中發揮關鍵的影響力。很多人學問做得不錯，那不過是基本要件而已；但其出身（讀什麼學校）、師承（指導教授是誰），大概都是影響一個人工作與前途的重要因素，能不戒慎恐懼乎？傅斯年可以算是嚴耕望學術研究的貴人，貴人難求，但可以先從自己領域的學術圈慢慢建立人脈。瞭解這一層意思，再來思考未來的路，慎選校系與老師，如此學習讀書寫作，就會少走許多冤枉路。

# 三、嚴耕望的個性與其對教學、研究的看法

筆者會選嚴耕望來談，並不只是單純找一個題目來寫，而是他沉穩內斂的個性，是我鼓勵後學應該秉持的基本修養，更是磨練閱讀寫作的良好態度。我認為，未來能當「傅斯年」、能當「顧頡剛」，學問做得好、學術事業又做得大，當然很好；但畢竟不是每一個人都能有如此成功的境遇。相對地，耐得住寂寞、把持得住慾望，清心寡慾，卻是可以自己靠修養練就，人人都可以做到的。研究歷史需要氣魄與意志力，和天資沒有很大關係，錢穆說：「大抵在學術上成就大的人都不是第一等天資，因為聰明人總無毅力與傻氣。」[23]這段話非常有道理，以文史研究寫作為志向的學生，不妨以此激勵自己。當然，做宏大的學術，選擇研究方向前，就要定志。嚴耕望也指出，就是學問的基礎要打得廣，是一種大本大源的通貫之學，當前歷史研究的風氣就不是這種趨勢。在講求快速、指標的時代，寫小而美的論文，趕緊發在某某資料庫收入的國際期刊內，才是王道，人們讀書涵養的時間，可以說愈來愈少。現代我們做的每一件事，都有一個很明確的「目的」，卻沒有時間進行「漫無目的」

的廣泛閱讀，是以無法培育較大的眼界和博通的思想。

嚴耕望有學者的毅力與傻氣，曾自言到重慶的中研院去見傅斯年時，傅希望他幫忙做些文書工作，但嚴拒絕了。傅斯年沒有生氣，就叫他先到李莊史語所去，由此也可見傅的寬大，嚴說自己這是「書呆子氣」。[24]傅斯年考量嚴的經濟狀況不好，還轉贈一筆自己的審查費，甚至到處幫嚴的妻子安插職位，這讓嚴非常感動。傅曾對嚴耕望說：「你真能安貧樂道，生活容易滿足。」[25]一語道出了嚴的個性。嚴後來在史語所還是持續遵循錢穆的教誨，當然這與他的個性也有關係。他自述：「對內（史語所）隨緣如此，對外更不想多賺一分錢，不想增加一分知名度，所以避開任何不必要的活動，以免浪費寶貴的光陰！後來不免有點知名度了，但我仍然堅持不兼課，不出席會議。」後來錢穆邀嚴至新亞書院教書，嚴儘管生活困頓，仍堅不應允教書，他認為一到香港，就會受到錢穆重用，忙於行政工作，以致不能讀書，故拒絕了老師的邀請。直到一九六四年，才以錢穆再次爭取邀約而赴港。[26]又，嚴耕望在一九八五年退休回到香港，錢穆當時還非常關心嚴。嚴說到自己的個性：「以我這樣一個無籍籍之名的純讀書人，日常只到市場買菜，到公園郊野散步，極少講演，也絕少出席會議。……我與陳寅恪先生，時代環境不同，個人情形也不同。陳先生名氣太大，為一派政治人物所景仰優遇，自會遭到另一路人物的嫉視。樹大招風，自古明訓！」[27]可見嚴處事是多麼低調，但這不是指嚴是個書呆子，他曾說過一件就讀武漢大學時的事情：

> 記得有一次請得一位老教授徐光給我們開「秦漢史」與「三國史」。聽說他歷教北京大學、中央大學，頗有名氣，同學們也很高興。但一經開課，他倚老賣老，好像只有他讀過很多書，我們都一無所知！可是他所講的，不過就《通鑑紀事本末》摘要演述而已；而且有很多錯誤。聽了兩堂，我寫了一篇文章，指出錯誤十幾條，連同錢樹棠所寫一篇呈文，經全班同學簽名送呈校長，這位老先生就此離開了。同時，我們又常要求學校聘請某人某人，學校也都儘可能照辦，如錢穆賓四先生到母校作短期講學，就是一例。這些都可看出撫公（王星拱）校長對於教授的進退，真能做到優先考慮學生的意見，這是今日大學所絕難看到的！恐怕學生也無此要求！[28]

由此可見，嚴耕望還是有些脾氣的，而且才氣不差，敢於反抗權威，有話直說。這是他自然的個性，幸好沒有得罪太多人。

史家有個性、天賦的問題，嚴耕望的好朋友錢樹棠，資質才能都比他高，但錢穆認為：「樹棠個性執著，程度雖好，但很難發得開！」這句話的意思，嚴後來體會到：「他（樹棠）後來只想寫高境界的論文，不欲『卑之無甚高論』，所以花了很大氣力搜集幾十萬的史料，也不想動筆了，時間久了，自然銳氣盡消！」[29]這就是過於執著於材料卻遲遲不動筆，當然就不易有成果。筆者認為，寫文章不能過於執著，執著若是謹慎，當然很好，但過於執著，就流於偏執，很多人喜歡批評別人的文章和專書，但是自己卻寫不出來，這是依著空氣來說話，最不著力。我的建議是，年輕學子在決定寫作題目時，一定要每天寫點字，哪怕是沒靈感或是還沒有全盤計畫時，每天看點什麼，就寫些心得札記，久了自然受益，論點和架構會慢慢成形。最怕就是想到什麼靈感，沒記下來，很快就忘了，靈感有時只有瞬間存續，要能迅速記下，也可用手機的錄音功能，對著手機自言自語，把自己的觀點和想法錄起來，可以作為備考。至於要如何形成自己的想法？嚴耕望一次拿大學的畢業論文〈秦漢地方行政制度〉給錢穆看時，錢穆問得很好，他先問「看了什麼書？」[30]其實這對文史研究者至關重要，研究一個問題、一段歷史，不能不先有一套基本的史料與圖書，甚至檔案，初學時要精讀、精解，到了要形成一個有系統的想法後，範圍則需轉向較有所節制與集中，才不會變成漫無目的的搜尋與浪費時間的閱讀。

可是在高中、大學時期應該廣泛閱讀，而不是做專題式的閱讀，這一點，很多學生都忽略了。我自己就犯了這個毛病，大一上「中國通史」時，先師蔡學海先生要我們讀《國史大綱》，當時不覺得有什麼重要，也不甚認真。等到大二、大三修專史時，才發現自己的基礎史實理解完全不夠，很多專題論文看起來甚為吃力。待要考研究所時，只好將一些通史類的著作再從頭好好讀，花了不少時間才補回來。正如童書業談讀書，他不認為學子要過早地研讀一手資料或原始材料，甚至也不主張讀《資治通鑑》等大著，反倒可以先讀《通鑑紀事本末》等二等文獻和近人著作，掌握「通論的大方向」與「新的研究動態」，快速掌握全局，而不被原始文獻困住。[31] 再舉一九四一年四月二十八日，錢穆演講〈我所提倡的一種讀書方法〉，談到：

> 現在人太注意專門學問，要做專家。事實上，通人之學尤其重要。做通人的讀書方法，要讀全書，不可割裂破碎，只注意某一方面；要能欣賞領會，與作者精神互起共鳴；要讀各方面高標準的書，不要隨便亂讀。至於讀書的方式，或采直闖式，不必管校勘、訓詁等枝節問題；或采跳躍式，不懂無趣的地方，盡可跳過，不要因為不懂而廢讀；或采閒逛式，如逛街遊山，隨興之所之，久了自然可盡奧曲。讀一書，先要信任他，不要預存懷疑，若有問題，讀久了，自然可發現，加以比較研究；若走來就存懷疑態度，便不能學。最後主要一點，讀一書，不要預存功利心，

久了自然有益。[32]

錢穆勉勵學子眼光要放遠，要有整個三十到五十年的大計畫，不可只作三年五年的打算，讀書要有理想、目標與方法，不是亂讀，這一點很重要，特別是對讀文史類科目的學子而言。錢穆認為，現代各種學問愈分愈細，但學生從事探究時不妨將它們看得更寬大、靈活，因為學問總是和人生有關的，「要使它不離開生活，要使它培養生活而為人生所利用。故他對史學不主張專研究考據，因為考據之學實在只是史學的一種工具，專研究它不免太枯燥，太離開人生，並且一方面也失掉了研究史學的真實意義。」[33]筆者認為，若有進一步走研究的打算，最好就讀大三、大四時就已有一些想法，盡量規劃具有延展性的寫作主題，可以做得比較久的、重要的題目，或許可以看看一些知名學者的研究與方向，從「整體和零散」兩條線來審視，有些大學者其實也寫過不少零散且較無系統的文章，大多是年輕時或成名後較為臨時的邀約而寫成的。理解這些後，再回頭思考自己的閱讀與寫作，或許能有不少獲益。

在年輕時要先把基礎打好，看書的範圍不妨廣一點，不必急於做太專的題目。做學問要有潛力，先要廣泛讀書，對社會科學要能相當通達，對中國幾部大的舊書若能澈底地看，基礎一穩固，將來往任何方向發展皆能得心應手，毫無窒礙，成就也會大，現在高中生或大學一、二年級的年輕學生常感到「找不到題目」，其實就是尚未經過「放眼讀書」的歷程，當然也就問不出好的問題。但一旦有了明確寫作方向，書就不宜亂看，必須有計畫地看與寫，才能有所成就，嚴耕望就認為陳寅恪史學功力深厚，但治學無計畫，所以沒有真正傳世的大書，可惜了天分。[34]因此，年輕時「要以打好基礎為第一要義，不要太急功好利。」[35]這些想法，我自己一直銘記在心，雖然筆者研究的是中國醫學的醫療史，但最終也是希望能用自己的觀點寫成一部中國醫學的通史，要有不一樣觀點的通史。只是，說來容易做來難，因為當我決定著手研究中醫史時，已經偏重近現代，沒有通盤且整體的思考，「古人治學本無文史哲之分。」錢穆還說：「學問貴會通，若只就畫論畫，就藝術論藝術，亦如就經論經，就文史論文史，凡所窺見，先自限在一隅，不能有通方之見。」[36]不能只單就史料論史料，必須廣博，才能匯通達於精深。是故，雖然自己寫長時段醫史的理想依舊在，但要實行，恐須更努力，而錢穆的「眼光放遠」說，值得年輕學子思考。[37]

其次是教學的問題，也是錢、嚴師生互動的一個重點。教學一事，對學習文史的學生來說是非常重要的，原因是像嚴耕望這樣能進純學術研究單位謀一研究人員職位者，還是占少數；大部分的文史科系學生，畢業後在大學、國高中、小學，乃至補習班教書者，還是占比較多數，所以不得不談一下教學法。教學的意義有二，一是錢穆給予嚴耕望的啟發，二是嚴氏認為的教學方法為何。早先錢穆有一個特質令嚴耕望印象深刻，就是錢的口才比顧頡剛更好，喜歡講課，這當然也給嚴一些啟發。錢穆談講課的樂趣時說：「一登上講壇，發言議論，講到得意處，不但不見下面有大群人，連自己都忘掉了；只是上下古今毫無顧忌的任性盡情發揮，淋漓盡致，其樂無比！」[38]由此可見，錢不但樂於講課，信手拈來、穿越上下古今，可見其歷史涵養與知識之深厚。一九三六年《北平晨報》就報導錢穆上課雖有一點南方口音，但是並不濃重，反倒層次分明、話語充滿抑揚頓挫，講到得意之時，像是爭論問題一般，高聲辯說、面紅耳赤，在講臺上來來回回踱步，邊走邊講；[39]身子雖矮，但聲音卻相當洪亮，很能引起聽者注意，所以不但選課的人多，旁聽的也不少。[40]錢穆為何可以達此境界，原因就在他通史的功力極其深厚，信手拈來，都是歷史故事，引經據典、反覆申論且滔滔不絕，上起課來自然好聽且有趣。[41]

眾所周知，錢穆的《中國通史》為民國通史類著作數一數二的上乘之作，但嚴耕望曾寫道：

> 我對於先生既很坦誠，也很直率。我讀《國史大綱》深感才氣橫溢，立論精闢，迴

非一般通史述作可相比肩，將為來日史學開一新門徑。惟行文尚欠修飾，或且節段不相連屬，仍不脫講義體裁；故曾向先生建議，再加幾年功夫，作更進一步的整理。一方面就當補充處加以補充，一方面就文字加以修飾，每節每章寫成渾體論文；若能力求通俗化更好。先生曰：「你的意見有理，但書已出版，即不想再在上面琢磨，只有期待後人繼續努力了。」[42]

這段話可見錢、嚴師徒間的感情是非常好的。當然，我認為嚴忽略了錢的著作本來就是講義體裁，有史料原文也有自己論述，其實非常適合教學，寫成單純白話論文，反而無法窺知古人原意，失去該體裁「讀史料」的精心安排。但錢不以嚴的建議為批評，只是簡單回了待後人增補的話，其度量也可見一斑。這就是錢穆曾對嚴耕望說的，研究領域諸成果，「只求先指示一大路向，探幽鑿險，待之後來繼起之人，不必老守一窟，盡求其精備也。」[43]或許留給後人一些研究空間，也是不錯的，由此可見錢的胸襟寬廣，學問的境界永無止境，不可能由一人全部包攬。嚴耕望於一九七二年再次寫信給錢穆，提到三十年前的舊議，認為《國史大綱》在寫作形式上，仍存在講義的形式，應當加工、增補，使其達於完善。而陳寅恪先生早年也有意見，認為該書應補上出處，但嚴耕望不以為然，他建議老師，在通史著作上「增補出處」並非重點。《大綱》「以通識擅勝」，與考證之著作大異，「通識之作，重在綜合，重視章節布局，提出整意見。」[44]寫作通史固然需要考證功夫，但不能事事求於考證來歷出處，寫作大問題，靠的是作者深厚的才識和學力，提出簡要且智慧的見解，只要讓閱讀量夠的讀者，可依據書內線索自己有所體會，就能獲得更進一步的瞭解。所以嚴向錢穆建議，與其標記出處，不如在大處加工，寫成一部通體融會的通史著作，才是修改上策。[45]這類著作，正如王爾敏評論：「我主張史學研究的最終宗旨，無論專史、通史，都必須建立一代通識，為世人提示最簡約最明顯的參考知識。」[46]通史的出處不一定要嚴格，但要有好的通識觀點，乃通史專書寫作之難處。可見嚴認為老師的《國史大綱》是一部極好的通識著作，歷久不衰，而且不用增補考證的小註釋，而應重視通史的通識和啟發後學的性質。需知《國史大綱》已問世逾八十年，有幾部中國通史可與之媲美？此外，我不鼓勵現在學子對老師提出批評，即使是建議，你能否拿捏輕重？需知講話太直率，有時說者無意，聽者有心，就失去了建議的美意，還會破壞人際關係。為學與做人一樣重要，有文史素養的人更應該學會體察人心，說話謹慎，行中道，不要偏執，保護自己，也不會傷到別人。

若拿《國史大綱》來教書，其科目當然就是歷史系所最基礎且核心的中國通史。嚴耕望認為，教授中國通史有擴大學術基礎的好處，所以錢在一九四三年間安排嚴至華西大學講授通史，嚴也欣然前往。[47]嚴認為，教書不能只教自己的研究，比起同樣只在研究所做一個純粹的研究人員，教書必須要擴大歷史的注意面，往往可以刺激自己往大處看，不致於偏狹侷促。嚴於一九六四年應香港中文大學新亞書院之聘，為新亞研究所導師，他回想這段歷程，自覺有所受益，不然在史語所只做純研究，「學術規模必然較小，境界可能也較低」，[48]此即教學相長之功。[49]在教導學生的過程中，學生給你回饋，或許不一定每個陳述都有益，但多聽別人的想法，或許可以避免產生單研究一個題目時的偏執意見，這對整體的寫作生涯是有益的。嚴耕望還說，有一次他在公共汽車上碰到史語所黃寬重先生，「他剛從韓國訪問回來。據他說，在韓國見到幾位曾留學臺灣的青年學人。他們抱怨說，到臺灣留學，本想看看中國人如何治學；但不幸，所聽到的不是美國式的方法，就是日本式的方法，仍不知中國人傳統的治學方法。……我所體驗到的中國人傳統的治學方法，是既要精深，也要博通，而基本功夫不全在用功讀書，尤要從人生修養做起，始能真正達到此一境界。」[50]所謂美國、日本式的方法，就是從整個歷史中挑一個很小很專的題目來作；但中國式的學問，一開始就是文史哲不分，博通經學、史學、子部，再於集部中選讀，這是通博之學，現在研究生做題目則多先選定主題，才去找資料，跟看過很多資料再來想題目，方法完全不同。

我自己一直認為，最好的老師、最資深的老師，應該要講「中國通史」、「史學導論」、「史學方法」和「史學研究法」這類的課程。但是在一般大學，這些科目多找年輕老師擔任，這個趨勢是錯誤的，必須在研究上有所貢獻、經驗豐富的學者，才能擔任這些重大科目的老師，當然不做研究的資深老師，也不適任此教職。一般人教授這些科目，不過羅列一些新見解、幾篇文章，但卻不能統觀全局，給後進更多的全面性指引。尤其是新理論、新史學，不是不能談，但歷史研究須靠資料來說話，嚴認為，不要去追社會科學的方法，嚴自己在大四時是選讀過法學院課程「政治學」、「經濟學」的，[51]但他仍認為：「所謂（理論）前進都只是暫時的」，過一段時間又落伍了。歷史學術只有正確不正確，這要看證據；至於工作成績，則是看在同一個問題的研究上，有沒有比他人更進一步。真正歷史研究的成果是永久性的，不能只看一時新舊。[52]對於用社會科學理論來研究歷史，嚴耕望還說：「我認為社會科學的理論可以幫助歷史研究，但它不是主題，從事歷史研究還是要從資料入手，研究歷史如能兼通哲學、文學及社會科學等，會使自己的態度較開朗，方法運用也可多樣化，當然是很好的，我就曾利用人類學的觀念，來研究堯舜禪讓的傳說，也曾用行政學的觀念來研究唐代尚書制度。但社會科學的理論不是放諸四海皆準的，不必倚之為法寶，有些地方能用，有些地方不能用，不應勉強。」[53]大體可以知道他對社會科學理論的看法，不排拒、但也不能信之太過。

## 四、一個史學家在學術界的觀察

學術界後浪推前浪，一代有一代的學人，一代也有一代的風尚，但是有些學者的觀察與經歷具備獨到見解，可以作為我們寫作生涯與志業的參考，此處僅略抒錢、嚴師徒的幾點觀察。錢穆曾說：「中國學術界實在差勁，學者無大野心，也無大成就，總是幾年便換一批，學問老是過時！這難道是必然的嗎？是自己功夫不深，寫的東西價值不高！求學不可太急。太急，不求利則求名，宜當緩緩為之；但太緩，又易懈怠。所以意志堅強最為要著！」[54]錢認為整個中國學界都還有進步的空間，當然，錢穆的「以古人為標準，自能高瞻遠矚」，對今日學子來說已屬陳義過高，我覺得若能以近百年優秀史家為仿效對象，已屬難得，以古人為師，寫出的東西未必不與時代脫節，這倒是必須要考量的。要當一個有見解、有理想，但又能與時俱進的學者，才是正途，當然錢還談到意志和氣魄、見解之間的問題。我認為錢穆是希望學者要多充實自己的內涵、意志要堅強，博觀而約取，厚積而薄發，不要太急。他還說：「近人求學多想走捷徑，成大名。結果名是成了，學問卻談不上。比如五四運動時代的學生，現在都已成名，但問學術，有誰成熟了？第二批，清華研究院的學生，當有名師指導，成績很好，但三十幾歲都當了教授，生活一舒適，就完了，怎樣能談得上大成就！」[55]當然，如果讀者們將來都很早有大成就，未嘗不可？而且錢的解釋也未必準確，只能反映他個人的觀點，但錢的意思仍可引為參考，應該擴大解釋為：無論取得怎麼樣的成就，都不能自滿，不以幾篇文章的出版為一時之滿足，要持續充實自己，不能怠惰，「學如逆水行舟，不進則退；心如平原走馬，易放難收。」把持本心、簡單生活、持續進步，方為正途。

至於嚴耕望，他曾坦言受到許多學術界前輩學人的稱譽，但錢穆卻從不吹捧學生。嚴耕望有一次推薦一位錢的學生當選院士，錢不但不高興，反而說：「遲十年更好！」嚴認為這是錢對自己學生的期許極高，「不想其早日向社會嶄露頭角，怕影響其將來的發展。此與臺灣一般前輩學人極力提拔得意的學生，使居要職，往往影響其學術前途者，大不相同。此等處亦見先生意趣宏遠，與時輩迥異！」[56]在學問與名位之間，要能把持住自己的慾望不是易事。但錢的話或許也可以這樣解讀：大問題需要時間來思考，學問需要讀書來累積，但一旦當了大學者，各種評鑑、人為指標馬上伴隨而來，壓得人喘不過氣來，人事行政更是把學者的精力都磨光，關於此，錢穆有很多告誡嚴耕望的話，深具啟發。他說：「中國讀書人在未成名之前，要找一碗飯吃，都不太容易；一旦成名了，又是東也拉、西也拉，讓你不能坐下來好好安心讀書！」[57]這些話很值得要成為未來學者與知名作家的人深思，眼下很多評鑑指標都是理工科的指標，量化、績效等名時而滿天飛，一個理工科教授，十年可以寫上百篇文章，但人文學者，一輩子可能都寫不了百篇，不是人文學者打混，而是人文學需要涵養、累積，不能貪快，把人文和理工放在同一天平上來衡量，是學術界的大災難。錢穆曾跟嚴耕望說：「你如能以一生精力做一部書，這才切實，可以不朽！」[58]現代學者若只用一生經歷寫作一本書，恐怕沒有一個研究單位或大學可以同意，在評鑑時，這名學者就被炒魷魚了。時代真是不同了，我們到底需要一個什麼樣的歷史學研究？如何不與世事脫節？這關乎文史教育永續發展的價值，值得大家來思考。

錢的話深深影響嚴耕望，而他能謹記在心，當然與嚴的個性也相關，除了前面提到嚴不喜歡開會、應酬外，還有一例。嚴說王世杰（一八九一－一九八一）曾希望他來寫一本《中國政治制度史》，但嚴不願意，他說：「縱然只是一篇論文，立意至少也要三、五年之前，慢慢搜集史料，然後一氣完成。要寫一部大書，限期完成（向公家提出計畫一定不能太久），我實在無把握。」一篇論文需寫三、五年、一本書則要更久，是嚴耕望那個時代被允許的，綜觀嚴氏一生學術寫作成績，期刊加專書論文累計有五十六篇，專書有十三本之多，這用今日標準衡量，也已是著作等身。現今情況則已不允許三至五年寫一篇文章，前段研究單位或大學的評鑑根本不可能通過，現在有些學者一年都可以寫三、五篇了，包括我自己在內；若以錢、嚴師徒的觀點來評價：這不是亂來嗎？此即時代逼人前進，每個學者有他身處時代的限制，要踏入文史研究的後進，必須清楚這套遊戲規則，多聽多問多瞭解，方能應付得宜。後來王世杰又希望由中央研究院領導，寫一部《中國通史》，上古史交給李濟之，中古史擬交由嚴耕望處理，但嚴還是婉拒，他的理由是：

第一，我在學術研究方面是個「強兵」，但不是個「良將」。自己做工作，自信是個標準工作者，如果領導他人，不免有聯絡協調開會應酬及文書處理等等麻煩，我平日書信日記都懶得寫，也常常幾天不說一句話，如何能做領導工作呢？第二，集體工作本身就困難。中國史學史上最成功的集體著作當推司馬光的《資治通鑑》，雖然是幾個第一流的學者合作編輯而成，然而首尾呵成一氣，文章風格一致，如出一人之筆。那是因為司馬光以舊相之尊，又是當時文章宗伯，為大家所心服，所以底稿雖多人撰寫，但定稿則出司馬氏一人之筆，所以能卓絕千古！現在寫通史遠較九百年前為難，以目前客觀環境，縱能勉強湊成，但內容勢必不能連貫一氣。不但不能一氣呵成，而且必將各持所見，矛盾重重，只能算是一部較有計畫的中古史論文集，不能算是一部中古史；所以到時縱能繳卷，也等於沒有繳卷。[59]

可見嚴耕望希望的「專書」，是屬於高水準的，不是拼湊式的專書。後者倒是現在學界常見之專書寫作形式，比較好的方式就是要有人統稿，讓各篇文字不致於有扞格。嚴認為，一部通史、一套書或中國通史的課程，都需要有一個人能夠首尾貫通、一氣呵成，所以他也曾認為，自錢穆以後，已沒有人能像老師那樣講通史；若談寫作通史，就更難了。

臺灣的中國歷史研究，自一九四九年之後，很大一部分延續著原中國大陸的傳統，乃以考證學為中心，史語所當然是最重要的系統，而非錢穆的通史系統。錢穆於一九六八年才當選院士，這恐怕還是嚴到美國和胡適說了一些話，推動這件事，才成事的。以下嚴的評斷，顯示基於某些研究寫作的方法與路數所形成之學派，是存在於學術界一件不可忽視的事情，他說：

> 蓋自抗戰之前中國史學界以史語所為代表之新考證派聲勢最盛，無疑為史學主流；唯物論一派亦相當有吸引力。先生雖以考證文章嶄露頭角，為學林所重，由小學中學教員十餘年中躋身大學教授之林，但先生民族文化意識特強，在意境與方法論上

日漸強調通識，認為考證問題亦當以通識為依歸，故與考證派分道揚鑣，隱然成為獨樹一幟孤軍奮鬥的新學派。而先生性剛，從不考慮周圍環境，有「自反而縮，雖千萬人吾往矣」之勇決氣概，故與考證派主流鉅子之間關係並不和諧。60

故嚴也曾以「諸子皆出王官」之譏，來批評錢穆沒選上院士背後的一些黑幕。其實，不論是院士還是各種學術獎項，只要是需要經過「評選」的，就一定會有主觀的因素在內，幸與不幸，很難一概而論。錢至少得到了院士之名，還有更多二十世紀學人因無緣得到院士之名或各種獎項，而感到難過甚至抱憾終老。對此，吾人沒有任何評論，只是覺得需要告訴年輕學子：讀書為學，但求無愧己心，學術的成就，靠自己認定，持續去做自己認為對的事情，做對世人有益的事情，比他人評斷而獲得的獎項更加有意義。嚴說：「門戶之見，自古而然」，青年學子如未來能得獎，可予自己肯定，不能得獎，也要持續讀書，充實自己，世事皆有一把尺，今天沒有給你回應，歷史也會記上一頁。開心、淡泊面對一切事情，研究文史才會愉快，人世間也可少些爭議與謾罵。

嚴耕望受教於錢氏，又在史語所工作，其治史功力偏向博通與專業並現，具有匯通之長處，嚴耕望談史語所的治史風格，與原來老師給他的薰陶都不同，這形塑了他獨特的寫作模式，選題也較為寬廣。例如他說：

我的學術論著，可謂是前此的訓練與史語所的傳統兩種不同的取向，揉合融鑄而成。基本上，一點一滴的精研問題，不失史語所的規範；但意境上，較為開闊，不限於一點一滴的考證。有一位年長十歲的朋友很坦白的說，他很佩服我能不斷的寫出大書，而他自己卻苦於無問題可做。我想實際上的差別，只是我來史語所之前有一段通識性的訓練，看問題總從大處、廣闊著眼，此則多為李、錢兩師的影響，而賓四師的影響尤大。又一次黃彰健兄說：「你在史語所，但所寫論文與史語所一般同人不大相同。」他究竟是學術史的行家，故能一語道破！[61]

不過，一九四九年之後慢慢發展，史學研究變得愈來愈專門，史料堆砌愈來愈嚴重，資料庫的出現，只會深化這種雕琢，還是無助於出現通俗普羅的史學作品，而歷史寫作沒人看，已成為當時史家很難解的問題，現在則更積重難返。

錢穆曾論及他的《中國史學名著》，是上課錄音內容整理而成，他寫信給嚴說：「此稿在文化學院《文藝復興》月刊先行刊載，乃頗為一輩人注意。大抵正式撰著極難望有讀者，只降格作隨筆性文字，則較易有人看。此誠大可嗟也！」錢穆當時其實已表明，《國史大綱》「今時能讀者已不多」，又一信談到《朱子新學文》「難覓讀者」。可見即使是史學泰斗錢穆，也會面對專業著作無人看的窘境。嚴耕望認為：《中國史學名著》有不少超卓新穎的寶貴意見，但究屬散論隨筆性文字，「非嚴肅精審之論著，而讀者反多」，錢穆在「自序」中也說明該書「非著述之體」，只能算是講義，但竟然受到一般讀者歡迎，甚至成為各大學歷史系的教材，筆者當年考研究所，該書也是師長建議的必讀書目，這都是當初錢穆始料未及的。[62]此為真正學人一莫可奈何心情，專著反而乏人問津。嚴耕望其實受到這種啟發不小，自言：

記得我在史語所的前十年，在《集刊》已發表不少學術性論文，兼有專書出版，但似並無多少讀者。倒是在《大陸雜誌》與《國民基本知識叢書》等處所發表的不成熟、自己不重視的文章，卻反而讀者很多。大約正式著作，矜謹嚴肅，讀來通常都較困難，不但理解不易，而且也較枯燥，程度弱的讀者，更煩厭生畏。作者若以非研究性的態度，用簡略文字表達，一般人始能較易接受。其實這種較低水準的不負絕對責任的述作，寫來實較容易，只是很難謹嚴縝密作準確的表達，在學術水準上勢必大打折扣，難入真正著作之林，不能期其有恆久的價值。但時代如此，亦莫可如何！只得在謹嚴著作之餘，用點時間寫些較輕鬆的文字，以遷就讀者，誘導他們漸入深境。所以學術著作固當「陽春白雪」，有高度水準，但「下里巴人」亦不能盡廢！[63]

連《國史大綱》錢穆都已認為「讀者不多」，反而是通俗類的、用淺顯易懂的講稿表達而匯集成的書，比較能獲得讀者青睞。我認為如何寫出雅俗共賞，既嚴謹又不失趣味的書，大概是值得後輩努力、仔細思考的。

最後，在教學的思考上，嚴耕望認為錢穆辦理新亞書院時，耗掉太多精力，所以當時的著述「多講錄散論之類，視前期諸書遠有遜色！」嚴不禁說出：「興學育才雖有功教育文化於一時，但那只要中人之資即可勝任；先生奇才浪擲，對於今後學術界是一項不可彌補的損失，所以深為惋惜。」[64]雖然嚴的觀察有一定的道理，但是只知做學問，沒有其他改革學術或教育的理想也不行，錢穆不是說立志要宏觀嗎？如果只是研究，無論再怎麼深廣寬博，不能將學術傳承給更多年輕學子，我認為同樣是本末倒置。特別是，錢穆之名廣為人知，多少也是像嚴耕望這樣優秀的學生加以介紹宣揚，其名才得以益著；反觀嚴耕望的弟子，則無此能力相比。所以古人常說嚴師出高徒，其實「高徒也出名師」，精讀史學史者，自可意會。而文史出身的學生，有多少能夠進研究機構呢？這是一個大問題，很多人恐怕也是要投身於教育界、出版界，能夠移風易俗、作育英才，與學術相結合，誰曰不宜？而且，學術行政本來就是要有能力的人來做，當代有不少文史學家，學術與行政都能兼顧得很好，在行政職纏身時仍能努力著述，取得平衡。當然，學術自由，還是必須依照自己的個性與喜好來選擇生涯規劃。倒是生活平淡一點、步調放慢一點、雜事少攬一點，對於身心健康都有益處，當然也就能花更多時間來讀書與蒐集資料了。

## 五、小結

錢穆影響嚴耕望讀書、寫作之風格甚鉅，而嚴無負師恩，同時也是錢最喜歡的弟子之一。[65]錢最後一次和嚴論學，談到：「我這樣大年齡了，你想該不該仍寫文章？」嚴耕望回答說：

「只要有意見，仍當告訴邵小姐或秦小姐寫下，有一句記一句，供後輩作參考；但不必費神寫成整篇文章。」繼又問：「現在學術界對於我治學的看法如何？」先生此問，可見仍很關心自己著作對於學術界的影響，我說：三四十年前，考證派正盛，先生獨持異議，強調通識的治史方法，與時風迥異，所以當時雖然一般社會人群與部分青年學人心向先生的論點，但主流的史學界卻似頗抗拒。現在潮流已有轉變，觀點與方法論漸與先生接近。最近趨勢，更強調運用社會科學理論來治中國史，觀點雖與先生不同，但重視有系統的通識，卻與先生路線暗合；所以有不少講思想史、講方法論的青年學人對於先生極為推崇。」他高興的微笑，不想那已是最後一次的論學！[66]

學者的晚年，孤獨寂寞，與一般老人並無不同，回首一生志業，當然非常在乎自己的歷史定位。嚴耕望大體點出了他的老師的學術趨向與當時的史學研究流行風尚，雖當時仍在主流史學中占有一席之地，但於今思之，已頗有明日黃花之感。現下社會科學之風已告衰弱，心理史學、計量史學在臺灣並不算成功，新文化史又以異軍突起，又有全球史、大眾史學等西方史學思潮襲來，學者跟風而至，但作西洋史學一註腳而已，始終無法站穩中國史的話語權。史學史有意思之處即在此，潮流或價值會隨時代改變，而又會督促這一代學人去追尋過去某些值得求索的價值。

面對中國大陸史學界崛起、臺灣史學研究能量的萎縮，中國史復受政治影響，研究的「合理性」已受到重大質疑，這都是史界研究中國史的警訊。臺灣文史研究的問題恐怕不在於「沒有人投入研究」，而在於一窩蜂，哪個領域流行就往哪個領域鑽，基礎問題都沒有人研究，例如政治軍事史、中國通史、歷史教育，往往都是很重要的問題，卻少有人研究，寫教科書的作者或課綱委員，大部分都沒有研究教科書的歷史或教育理論、寫法，這當然也包括我自己在內。而研究的主題又與現實環境、政策、問題等實際面向脫節，於是歷史連「鑑往」都不配了，更無足論「知來」，今後將走向何方，值得臺灣史學界深思。

## 本章註釋

1 特別是用西方概念來比附中國古代研究，更是不妥，用後出之概念來探究傳統學問，容易犯錯，因為不同的中西古今語言系統，很難精準翻譯，大部分只是誤解。參考桑兵，《學術江湖：晚清民國的學人與學風》，桂林：廣西師範大學出版社，二〇一七，頁三四四－三四八。

2 王汎森，《執拗的低音：一些歷史思考方式的反思》，臺北：允晨文化，二〇一四，頁二五－三〇。

3 嚴耕望，《錢穆賓四先生與我》，臺北：臺灣商務印書館，二〇〇八，頁三一。

4 嚴耕望，《錢穆賓四先生與我》，臺北：臺灣商務印書館，二〇〇八，頁九二。

5 嚴耕望，《錢穆賓四先生與我》，臺北：臺灣商務印書館，二〇〇八，頁三一－三二。

6 嚴耕望，《錢穆賓四先生與我》，臺北：臺灣商務印書館，二〇〇八，頁三三。

7 嚴耕望，《錢穆賓四先生與我》，臺北：臺灣商務印書館，二〇〇八，頁三三。

8 錢穆，〈苦學的回憶〉，收入李孝遷等主編，《近代中國史家學記》下冊，上海：上海古籍出版社，二〇一八，頁六四六。

9 嚴耕望，《錢穆賓四先生與我》，臺北：臺灣商務印書館，二〇〇八，頁三六。
10 嚴耕望，《錢穆賓四先生與我》，臺北：臺灣商務印書館，二〇〇八，頁六七－六八。
11 惟樂，〈從中學生到大學教授時代的錢穆〉，收入李孝遷等主編，《近代中國史家學記》下冊，上海：上海古籍出版社，二〇一八，頁六四一。
12 嚴耕望，《錢穆賓四先生與我》，臺北：臺灣商務印書館，二〇〇八，頁四〇。
13 王晴佳，《臺灣史學史：從戰後到當代》，上海：上海古籍出版社，二〇一七，頁二六〇－二六一。
14 嚴耕望，《錢穆賓四先生與我》，臺北：臺灣商務印書館，二〇〇八，頁九二。
15 嚴耕望，《錢穆賓四先生與我》，臺北：臺灣商務印書館，二〇〇八，頁四五。
16 嚴耕望，《治史經驗談》，臺北：臺灣商務印書館，二〇〇八，頁一二二－一二六。
17 嚴耕望，《錢穆賓四先生與我》，臺北：臺灣商務印書館，二〇〇八，頁四八。
18 廖伯源，〈回憶與懷念〉，收入嚴耕望先生紀念集編輯委員會編，《充實而有光輝：嚴耕望先生紀念集》，臺北：稻禾出版社，一九九七，頁六七。
19 嚴耕望，《錢穆賓四先生與我》，臺北：臺灣商務印書館，二〇〇八，頁四九。
20 曹旅寧，〈記我的老師黃永年先生〉，收入黃永年述、曹旅寧記，《黃永年文史五講》，北京：中華書局，二〇一二，頁一。
21 嚴耕望，《錢穆賓四先生與我》，臺北：臺灣商務印書館，二〇〇八，頁四九。
22 嚴耕望，《錢穆賓四先生與我》，臺北：臺灣商務印書館，二〇〇八，頁五四。
23 嚴耕望，《錢穆賓四先生與我》，臺北：臺灣商務印書館，二〇〇八，頁四六。

24 嚴耕望，《錢穆賓四先生與我》，臺北：臺灣商務印書館，二〇〇八，頁一一三－一一四。
25 嚴耕望，《錢穆賓四先生與我》，臺北：臺灣商務印書館，二〇〇八，頁一一六。
26 嚴耕望，《錢穆賓四先生與我》，臺北：臺灣商務印書館，二〇〇八，頁五七。
27 嚴耕望，《錢穆賓四先生與我》，臺北：臺灣商務印書館，二〇〇八，頁八三－八四。
28 嚴耕望，《錢穆賓四先生與我》，臺北：臺灣商務印書館，二〇〇八，頁一〇七。
29 嚴耕望，《錢穆賓四先生與我》，臺北：臺灣商務印書館，二〇〇八，頁四四－四五。
30 嚴耕望，《錢穆賓四先生與我》，臺北：臺灣商務印書館，二〇〇八，頁三五。
31 童教英，《從煉獄中昇華：我的父親童書業》，上海：華東師範大學出版社，二〇〇一，頁五八。
32 嚴耕望，《錢穆賓四先生與我》，臺北：臺灣商務印書館，二〇〇八，頁三四－三五。
33 惟樂，〈從中學生到大學教授時代的錢穆〉，收入李孝遷等主編，《近代中國史家學記》下冊，上海：上海古籍出版社，二〇一八，頁六四二。
34 廖伯源，〈回憶與懷念〉，收入嚴耕望先生紀念集編輯委員會編，《充實而有光輝：嚴耕望先生紀念集》，臺北：稻禾出版社，一九九七，頁七〇。
35 嚴耕望，《治史答問》，臺北：臺灣商務印書館，二〇〇八，頁一二八。
36 嚴耕望，《錢穆賓四先生與我》，臺北：臺灣商務印書館，二〇〇八，頁六九。
37 錢穆在《中國歷史研究法》中談到通史與專史的互證，他說：「要先專精某一斷代，然後來看通史，在這一基礎上重新認識此段歷史，續而再挑某一斷代大下力氣，回來再看通史，這樣一段一段延展開來，最終豁然貫通、渾然一體。」引自孔祥軍，〈嚴耕望先生的史學述略〉，《人文（香港）》一四六期，香港：中華書局，二〇〇六年二月，頁十—十三。

38 嚴耕望，《錢穆賓四先生與我》，臺北：臺灣商務印書館，二〇〇八，頁三九—四〇。

39 何茲全，《愛國一書生：八十五自述》，上海：華東師範大學出版社，一九九七，頁五一。

40 雲村，〈錢穆教授〉，收入李孝遷等主編，《近代中國史家學記》下冊，上海：上海古籍出版社，二〇一八，頁六五一—六五二。

41 朱海濤，〈北大與北大人·錢穆先生〉，收入李孝遷等主編，《近代中國史家學記》下冊，上海：上海古籍出版社，二〇一八，頁六五二—六五三。

42 嚴耕望，《錢穆賓四先生與我》，臺北：臺灣商務印書館，二〇〇八，頁五一。

43 嚴耕望，《錢穆賓四先生與我》，臺北：臺灣商務印書館，二〇〇八，頁九四。

44 嚴耕望，《錢穆賓四先生與我》，臺北：臺灣商務印書館，二〇〇八，頁七一。

45 林磊，《嚴耕望先生編年事輯》，北京：中華書局，二〇一五，頁二〇五。

46 王爾敏，《二十世紀非主流史學與史家》，桂林：廣西師範大學出版社，二〇〇七，頁二〇。

47 嚴耕望，《錢穆賓四先生與我》，臺北：臺灣商務印書館，二〇〇八，頁四九。

48 嚴耕望，《錢穆賓四先生與我》，臺北：臺灣商務印書館，二〇〇八，頁八二。

49 嚴耕望，《治史經驗談》，臺北：臺灣商務印書館，二〇〇八，頁一一九—一二〇。

50 嚴耕望，《錢穆賓四先生與我》，臺北：臺灣商務印書館，二〇〇八，頁八一。

51 廖伯源，〈嚴耕望先生傳略〉，《新亞論叢》第十期，香港：香港新亞研究所，二〇〇九年六月，頁一八六—一八七。

52 嚴耕望，《治史答問》，臺北：臺灣商務印書館，二〇〇八，頁七六－七八。
53 嚴耕望，《治史答問》，臺北：臺灣商務印書館，二〇〇八，頁一二七。
54 嚴耕望，《錢穆賓四先生與我》，臺北：臺灣商務印書館，二〇〇八，頁四七。
55 嚴耕望，《錢穆賓四先生與我》，臺北：臺灣商務印書館，二〇〇八，頁四七－四八。
56 嚴耕望，《錢穆賓四先生與我》，臺北：臺灣商務印書館，二〇〇八，頁八三－八四。
57 嚴耕望，《錢穆賓四先生與我》，臺北：臺灣商務印書館，二〇〇八，頁四八。
58 嚴耕望，《錢穆賓四先生與我》，臺北：臺灣商務印書館，二〇〇八，頁四八。
59 嚴耕望，《錢穆賓四先生與我》，臺北：臺灣商務印書館，二〇〇八，頁一〇五－一〇六。
60 嚴耕望，《錢穆賓四先生與我》，臺北：臺灣商務印書館，二〇〇八，頁六四。
61 嚴耕望，《錢穆賓四先生與我》，臺北：臺灣商務印書館，二〇〇八，頁九二－九三。
62 此書多由錢的學生戴景賢透過課堂錄音整理而成，參考錢穆，《中國史學名著》，臺北：三民書局，二〇一一，自序頁一。
63 嚴耕望，《錢穆賓四先生與我》，臺北：臺灣商務印書館，二〇〇八，頁七四－七五。
64 嚴耕望，《錢穆賓四先生與我》，臺北：臺灣商務印書館，二〇〇八，頁六一。
65 余英時，〈中國史學界的樸實楷模——敬悼嚴耕望學長〉，收入嚴耕望先生紀念集編輯委員會編，《充實而有光輝——嚴耕望先生紀念集》，臺北：稻禾出版社，一九九七，頁三六。
66 嚴耕望，《錢穆賓四先生與我》，臺北：臺灣商務印書館，二〇〇八，頁八九。

# 第四章

# 「歷史課」的歷史

## 近代中國大學中的「通識」歷史教育分析

## 一、前言

在中國，歷史學是一門相當古老且重要的知識。而歷史學作為一門專業的學術課程，開始在大學教育中立足，則始自近代。當時傳統史學受到西方史學的影響，大師輩出、新的創作與思想不斷萌發，自為現代研究者所重視，[1]歷史教育作為一門專業的學術與課程來研究，也有不少創新的研究成果。[2]不過，大部分的研究其實都忽略了一個極其重要的本質，就是歷史知識並非只有歷史系的學生才需要熟知；而且享受閱讀，從歷史著作中探求知識，覓得人生經驗，更非歷史專業研究或教學者才有的興趣。那麼，近代中國大學如何思考「歷史知識」在這一塊更大群體內的閱讀和修課需求？現今臺灣大學教育，一般非歷史系的學生除了在十二年國教中可以接觸歷史知識外，上了大學後，針對非歷史學相關系所的學生，其歷史知識的維繫與灌輸，大多只能在通識教育內施行。而綜觀全臺大學，針對非歷史專業學生開設的歷史課，皆逐漸面臨各種新式學科知識的挑戰而逐漸退潮、萎縮，這當然不是一篇文章可以解決的問題。但本章試圖回答，近代中國大學如何實現非歷史系學生的歷史知識的教導與灌輸？其課程實施的具體內容與利弊得失為何？[3] 明瞭了歷史課程進入大學通識教育的歷史，才能更好地發揮歷史學的功能，回應通識教育中歷史相關課程的困境，並思考創新之道。

## 二、清末民初非專業學系的歷史課

具近代意義之大學通識課的出現，可以追溯自一八九八年七月百日維新期間，由康有為、梁啟超草擬，軍機大臣、總理衙門呈奏的《京師大學堂章程》內，明確提出：西方大學所讀之書，大體可以分為「博通學」和「專門學」，前者為所有學生都必須修習，即為近代大學通識教育之開端。不過，當時「博通學」內並無「歷史」一門，而有關歷史之內容，主要散見於「經學」和「中外掌故學」、「諸子學」之內。[4] 一九〇二年，「壬寅學制」頒布，高等教育分設高等學堂和大學堂，前者即具有預科性質，類似今日大學不分系的制度，共分政科和藝科兩類，皆具有通識教育性質；[5] 而兩科（組）修習之科目細項，都有「中外史學」一科，這是歷史學正式進入通識教育之起始。兩年後，該學制又被《奏定學堂章程》取代，「歷史」一科，只有在第一類學科出現，在二、三類學科中卻沒有，但仍具分科系後的共通基礎科目性質。[6] 當時對古代的理解，多停留在「經學」為主的共同必修課思維，史學仍依附於其中，但也漸漸出現了文學科，將史學分出，弱化經學地位的情況。[7] 這時學子的閱讀範圍，仍以古書為主，寫作訓練也不具新的觀點，一切教材仍多保守，並無思考創新與背後的學習意義。

至民國初年的一般情況，可舉一九一三年北洋政府所訂立的大學規程來看。其中只有分學門與科別，例如文科有哲學、文學、歷史學、地理學四門，但沒有設計校定共同必修與科（院）定共同必修，只有列出個別的課程；而每一學門必選修的課程，可由校長訂立後呈報教育總長即可，所以很自由。[8]像是一九二三年《國立自治學院章程》，就把近代史、憲法史、近百年史等放在一年級的課程中，[9]政府教育單位沒有硬性規定，所以各大學可以依照自己的需求訂立相關課程。又如一九二六年前後，清華大學一年級已必修中國史和外國史。[10]一九二八年，南京國民政府成立，在當年公布的學制系統內，所謂共同必修科的課程中，只有列黨義、國文、軍事訓練、第一及第二外國語而已，並不需要修習通史。[11]而教育部在一九二九年八月公告的《大學規程》內則指出：大學各學院或獨立學院各科，除上述共同必修科之外，「須為未分系之一年級生設基本課目」。也就是說，仍保留各大學中學院與學系設定必修基本科目的彈性。[12]

來看看實際的例子。北京大學在三〇年代前後，文學院共同必修只有黨義、國語、外國語、哲學概論、科學概論、邏輯、普通心理學，並沒有「歷史」一科。[13]浙江大學所有學生一年級則都必修數學、物理、化學，也不用修歷史，在課程制定上，各大學皆保有自己的彈性。[14]又如福建協和大學，全校共同必修課就有「中國文化史」一學年，共六學分，而歷史則在必修的社會科學四門課程中，只是變成其中選修的一門課，[15]可見各校狀況不太一樣。而整體的改變始於九一八事變之後，國民政府明令「中國通史」為大學必修課，當時民族主義情緒高漲，誘發了學界重視傳統文化和固有歷史之教育和研究，欲從過往經驗中取法借鑑，找尋國家發展的正確道路，成為歷史書寫的重要目的。[16]當時興起編纂通史的風氣，無外乎基於國家意識、彰顯國家歷史悠久，總歸「歷史地理觀念時為愛國之源泉」，[17]故大學共通歷史課開始被重視，原本沒有將歷史課程列入必修的北京大學也開始改變。傅斯年與一批北大教授當時研議分聘十五位史學家分題講授，最後於一九三三年決定由錢穆一人獨任。雖然當時只有文學院新生必須修中國通史，但錢穆講課非常有吸引力，所以吸引不少其他科系和外校的學生來旁聽，課堂上經常爆滿。[18]一九三六年的一份文件顯示，北京大學文學院的一年級共同必修，即包含了錢穆的中國通史和皮名舉的世界通史，上下學期各需必修八學分，分量相當重，而史學系學生則可免修共同歷史必修。[19]在錢穆的回憶文字之中，並不認為給非歷史系學生上中國通史課就必須簡單化，而要一視同仁，求取整個課程的貫通。他回憶道：

時國民政府令中國通史為大學必修課，北大雖亦遵令辦理，但謂通史非急速可講，須各家治斷代史、專門史稍有成績，乃可會合成通史。故北大中國通史一課，乃分聘當時北平史學界，不專限北大一校，治史有專精者，分門別類，於各時代中各別講授。歷史系主任及助教兩人，則隨班聽講，學期學年考試出題閱卷，由彼兩人任之。余亦分占講席，在講堂上明告諸生，我們的通史一課實大不通。我今天在此講，不知前一堂何人在此講些什麼，又不知下一堂又來何人在此講些什麼。不論所講誰是誰非，但彼此實無一條線通貫而下。諸位聽此一年課，將感頭緒紛繁，摸不到要領。故通史一課，實增諸位之不通，恐無其他可得。乃有人謂，通史一課固不當分別由多人擔任，但求一人獨任，事亦非易。或由錢某任其前半部，陳寅恪任其後半部，由彼兩人合任，乃庶有當。余謂，余自問一人可獨任其全部，不待與別人分任。一九三三年秋，北大乃聘余一人獨任中國通史一課。于是余在北大之課程，遂改為上古史、秦漢史及通史之三門。[20]

錢穆更言，他擔任中國通史教師第一年，幾乎全部精力都耗在這上面，可見其準備的用心。[21]他甚至於一九三四年還曾想寫兩種版本的通史讀本，一部給中學生看，另一部給大學生看，因為他覺得通史著作乃啟發民族精神之要籍，但當時卻非常缺乏。[22]而由上段文字可以看出，課堂評量的方式似以寫考卷為主，並沒有真正訓練文字書寫，有一點像寫申論題。當時修習錢穆中國通史者，除文學院新生外，還有文學院高年級的學生和其他學院的學生，甚至北平其他學校的學生和高中生都來旁聽。北大校規自由，學生聽課可以一個月後才選該課，選了課後又可以任意缺席，未選的課程也可以任意旁聽，所以即使是新生必修的共通歷史，也很可能會有各種類型的學生前來旁聽，學風可謂與今日大不相同。[23]又如一九三六年燕京大學的狀況，不論是在文學院、理學院還是法學院的大一必修課程，都有歷史課，文學院是必修歷史六學分，理學院則是於歷史、哲學、文學、心理或教育任選三至六學分（每學期三學分）修完，[24]倒不一定要必選修歷史，只是有相關歷史課程可供選修。[25]可見各校的自由度頗大，而且常以「學院」為基準，來制定必（選）修歷史課程。而一般師範學院修習歷史的狀況，不分哪一類別的組，在一年級都要修習共同必修「本國文化史」六學分，[26]為因應學生未來教學所需，所以性質不太像是通識課，而類似今日教育學程內的必修科目。

另外，清華大學則在一九三三年透過系主任聯席會議討論大一共同課程內容，採取大一不分系制度，只分課程組別。清華素重博雅通識，故不論如何變革，大一、大二的共同必修課程都是重點，旨在訓練大學生博雅通達的知識，避免過早專業化，許多系的共通必修學分數甚至超過系所專業課程的一半以上，其重視博雅之程度可見一斑。[27]所謂「通史」一科，一開始規劃就有中國通史和世界通史，[28]這也是延續原來的特色；但最後的定案，就訂為只修習世界通史。[29]不過，個別的系所也仍有所差異，例如清華大學外文系在一九三五年大一共同必修課程設置，中國通史和世界通史是擇一修習的，還是略有彈性。[30]不過，這樣的大一不分系制度，也有很多批判的聲音，例如周英在一九三六年就抨擊「大一不分系」，學的東西根本就是「不普通不專門、不皮毛不深刻」的半吊子知識。國文和歷史與中學課程比較，如何展現它是一種大學的課程？這一點充滿疑問。[31]甚至，要求每一位理學院學生來修課，根本是一種苛求；雖然這些歷史課不是完全無用，但若想訓練運用文字來表達自己的意見，應該盡量改成自由選修。[32]這裡已經可以看出，要理工科系學生來修歷史課，在當時已有不少質疑的聲音，但若以本書所設想，用歷史課來作為一種閱讀、寫作、表達之訓練，則更是嶄新的思維，當時能提出這樣想法的人尚不算多，很少人會想到用歷史來訓練寫作能力。至於另一著名的上海交通大學，在一九三二年時，科學學院一年級是不分系的，上的都是基礎課程，但沒有歷史課。到了二年級分系後，則普遍需要修習「科學史大要」一學分。再舉管理學院的必修課來看，也略有差異，例如鐵道管理門，一年級不用修共通的歷史課，但要修鐵道發達史，二年級還要修中國外交史，[33]顯現出當時同校中各學院間的彈性差異。

## 三、一九三八年之後的變革

中日戰爭爆發後，高等教育面臨巨大衝擊，許多大學更為了躲避戰火而西遷。[34]這時的教育政策，更重視統整與齊一的規劃。民國二十七、二十八年，教育部相繼訂立國內大學的共同必修課程標準，並於報紙上公開周知。這次課程改革後的標準，一直延續到大陸淪陷前才有所更動。[35]這次規定屬於硬性，適用於全國大學的各個學院。一般文、法學院都需必修中國通史和世界通史各六學分，理學院則須修中國通史六學分，無硬性規定修習世界通史。[36]但文、法學院還要修物理、數學、生物、生理、地質學等，任選一科，要修六至八學分；文學院還要修高等算學、微積分等，也必修六至八學分，總體而言，課程相當吃重。[37]據呂思勉言，原本頒布的課程標準是大學院系都應該修「中國文化史」，後來才改為「通史」，原因是過分重於文化，又擔心將忽略政治，與實際問題脫鉤，所以仍以後者為最後定名。呂氏認為，講授中國通史必須注意內容不能和中學重複，所以他寫的「通史」又稍微偏重文化，以與中學歷史教科書有所區隔，在當時算是相當細膩的觀察。[38]至於在一般大學的農學院和工學院部分，則都不必修習任何歷史相關課程，[39]只有商學院要修習「商業史」三到四學分，可列為專史之課程，也分中國與西洋兩區域，位列於共同必修科目內。[40]

曾在南京、上海各大學兼任教授中國通史的蔡尚思（一九〇五－二〇〇八），當時上書教育部，認為所有學院都應該修習中國通史，應放在與「國文」相對等的位階，此建議甚合吾意，現代大學重視的閱讀寫作、敘事力培養課程，應多思考歷史學可能的位置；更何況當時處在戰爭時期，歷史為培養愛國心的重要科目，應定為全國大學的大一必修課。但蔡的建議並沒有被採納，一般還是以教育部公告的為準。[41]像是西北聯大就立刻採行了教育部的規範，修訂各院系課程。[42]當時該校之校刊刊載了全國共同必修的精神，寫道：「查大學課程，除醫學院外，向由各校自行規定，得因人地之宜，自由發展，惟以缺乏共同標準，遂致科目互異，程度不齊，未能發揮大學教育一貫之精神，而若干大學，分系過早，各系所設專門科目，又或流于繁瑣，一般學生缺乏良好之基本訓練，所得知識難免支離破碎，不能融會一科學術之要旨，亦非培養高深學術人材之道。本部有鑒於此，爰有整理大學課程之舉。」[43]所謂大學的共同標準，指的是所謂「大學教育的一貫精神」，過去不重視，現在則要加以標準化，要有「共同之標準」，並且要避免過於瑣碎，重視基礎與完整通達之概念，頗具通識精神。當時教育部還指出，要調查專科以上學校的教科書，獎勵並聘請專家編纂合適的課程或教科書，提升整個大學的教學品質與程度。[44]

另一個例子，根據西北聯大的規範，文學院和法學院的標準，第一、二學年分別要修「中國通史」和「西洋通史」各六學分，理學院則要修中國通史六學分，[45]而且標註「注重文化之發展」，但理學院不用修西洋史，頗遵守教育部規範；[46]西南聯大的規範也是如此，而共同必修課程達五十四學分，占總學分百分之四十以上。[47]西南聯大在梅貽琦（一八九九－一九六二）重視通識教育的理念下，文、法、理、師範學院都要修習中國通史，當時燕卜蓀（William Empson）的「英國詩」、吳宓的「歐洲文學史」、聞一多的「詩經」、錢穆的「中國通史」、馮友蘭的「中國哲學史」，被大學生評為不能不聽的「南嶽五大名課」，聯大還設有一年級課業指導委員會，學生在一年級結束時，若是有一、兩門通識課程不及格，部分學系還會禁止學生升入二年級。[48]此外，北京大學各學院一年級新生第一學年共同必修科目，經該校教務會議修訂後公布：文學院要修習國文六學分，外國文八學分，中國通史或西洋通史任選習一種共六學分，哲學概論或邏輯選習一種四學分。而普通數學八學分，普通物理學八學分，普通化學六學分，普通生物學八學分，普通地質學八學分或普通心理學六學分，以上六種課程則可任意選習一種；法學概論、政治學、經濟學或社會學也可任意選習一種，也都是六學分。文學院第一學年總計三十六及三十八共同必修學分。法學院與文學院相同，但法學概論、政治學、經濟學或社會學四門須選習兩門，共計四十二至四十四學分。理學院、工學院、醫學院、農學院等學術單位，則都不用修任何歷史課。[49]至於該校理學院沒有歷史課之安排，顯然是違反教育部法令，但當時正值戰爭結束，未見有稽核單位予以糾正。

也就是說，雖然教育部在一九三九年已制定共通必修的課程規範，但許多大學基於師資與各自的發展，加以戰爭紛擾、動盪流離，故各校還是略有不同。像是一九四六年國立武漢大學的教務處就發了一則布告，明確指出當時一校之內各系認定的必修課程皆不同、雜亂無章，必須進行修正，而該校不管是在修訂前還是修訂後，歷史類的相關課程皆非共同必修，也與教育部的規範相左，所以還是存在差異性。[50]該大學只有在一九四六年教育部曾制定之〈國立大學暨獨立學院附設先修班科目表〉內，命令中國通史和西洋通史，在一年內的上、下學期各修三學分、兩學分，但這是先修班，其意義與精神皆非大學博雅通識之概念。[51]而若從一九四七年浙江大學的例子來看，當時史地學系第一、二學年需修中國通史、西洋通史各六學分，但它們卻是和黨義、三民主義等科目一同放在「共同必修科」之內，所以可以推知，當時史地系開設中國通史或西洋通史，並不會分歷史系專業或非歷史系專業的課程，而是合班上課，這點就和北大的通史課程相同。[52]

一九四八年，是中華民國教育部最後一次在大陸進行教育改革。經過前幾次改革後，又出現新問題，例如：「各校均感科目流於繁瑣，必修學分過多。基本訓練無法達成高深任務，以致教學雙方，時受規定限制，不能隨其志願施展所長。」但這是指各系必修課的改革。[53]即該年啟動的新改革，主要是降低各院系的必修科目與其學分，而原各院共同必修科目，除最基本的科目予以保留外，其餘盡量刪除。總體雖朝減輕學生負擔、增加教學自由度的方向改革，但刪減必修學分，對具有通識性質的課程仍產生負面影響。[54]例如十二月公布新的「共同必修科目表」中，已拿掉原本應該修習的「中國通史」六學分，[55]文學院必修的中國通史和世界通史，也變成任選一種修習即可，總學分只需六學分，等於比之前少了一半，甚至可以彈性再減三學分，學分數比前一次的改革少很多。[56]當時規定，必修課目表需要報部，若有師資和設備上的問題，還可以申請用類似的課程替代，但每年級只限一種。[57]對通識共通之歷史課程來說，此番改革是朝減課邁進，考量的是學生負擔與大學課程總體的規劃，而沒有針對歷史學的性質來加以考量。以下再針對時人對相關課程的看法，梳理有關的檢討與批評言論，加以說明。

## 四、時人對課程進行之檢討

要談當時人們對共通歷史課程之檢討，大概可以從課程、教科書等面向來分析。歷史課作為大一必修或通識素養，大致可以細分為正面評價與負面評價。知名史學家雷海宗（一九〇二—一九六二）曾比較中、美的歷史課程，指出：「通史方面，無論中美，各校都有一個一年的課程，大半都是為全校一年級的學生而設，不專屬於史學系。」雷認為，中國大學在三〇年代後著重中國通史之教學，其實還應該設一個西洋通史一年的必修課，每週三到四小時，乃為全校學生而設計。雷認為，應該減少專題課和選修課，專題課甚至可以不要，因為「過多且過濫」，而應該增加具有通貫視野的基礎必修課，「要作專家，也須有基本的知識。偏枯的專家不只不能算為一個完備的『人』，在自己專門的範圍以內也難以有很大的貢獻。」[58]此語即展現了極具正面視角的通識課程設計理念。而蔡尚思指出，通史類學科有幾個性質：「通史是普通科，常識科，共同必修科；其他各課程是專門科、特別科、部分必修科。通史作為一切學問的總源或綜合；其他各種學問為通史的支流或分析。」每一種學問都有一歷史的背景，蔡氏指國人不可不先讀中國史，要以過去之經驗，求未來國家的生存，故其主張：「在現今之大學中，應該另行設立一個『史學院』，以『中國通史』、『中國文化史』、『西洋通史』、『西洋文化史』、『世界史』、『世界文化史』……等課程為其他各學院各學系一年級生所共同必修；如不另設史學院，則指定現有『史學系』中之重要課程，為一切一年級生之必修系亦可。必需過此一年級後，才許專修其他學院學系之課程。但如專門史學如考古學、史學史、史學研究法……等，則不在內，亦與他種課程同列在一年級後。這是因為過於專門，不是普通人所必須知道的。」[59]蔡認為，無論是中國史或西洋史，只要具備通貫的通史類課程精神，皆可作為共同必修，適合大學一年級來修習，而且要由專業的歷史學系院來規劃，才符合專業開設；而過於專門的專題則非一般人所必須知曉，不需開設共通課程。

唐振常（一九二二—二〇〇二）則回憶自己在一九四三年燕大（成都）新聞系就讀時，當時學校規定某些系必須副修另一個學系的學分才能畢業。所以他選擇歷史系作為輔修，結果對於他的記者生涯大有助益。他說：「這種制度，已不見於我們今天的大學。我以為他頗有優點，對於新聞系，尤其顯得需要。中國學術傳統，重通過於重專。博通諸學，進而求專，其專更深。學人而兼通人，較之只專其一的學人，尤其難能可貴。從大學教育來說，過早地專業化，與各門學科隔絕，絕無好處。在大學期間，恐怕還以多打基礎、多通各學為好。」一此處他肯定了歷史作為大學博通之學的角色與地位。不過，他認為當時大一所修的中國通史和世界通史，雖然充實了一些基本知識，但總體而言並沒有太多啟發，是後來修了陳寅恪的課，才恍然大悟歷史的趣味。[60]也就是說，只修少少的幾個通史學分，對於歷史的理解還是有層隔膜。上述蔡與唐的言論，一重視通史、一則提出歷史專題對其職業生涯的啟發，雖略有不同，但都指出了修讀歷史課的益處。具有專業素養的記者在採訪或寫稿前，自己都會閱讀大量的新聞、著作甚至論文，才能寫出具有深度的新聞報導，這其實就是史學方法中搜尋資料、解讀與分析的技巧。好的記者不只聽受訪者陳述，他同時有自己的判斷，在寫稿中就可以透過文字呈現出來，這是很重要的訓練，唐的話完全說中了這一點，即歷史課程之修習有助於寫作。

相反地，當時也有一些檢討聲音，認為作為博通之學、大一共同必修的通史課，存有若干缺失，背景其來有自。五四運動後，「破壞舊史」，東古史不觀，已成為風氣，[61]古史既有一大筆糊塗帳，通貫的中國史當然不可立刻出現。一九二〇年代，已有本國自己編纂新式通史的倡議，[62]概古史資料繁多，卻只是「原料」，缺乏新史學的眼光，所以北大史學系系主任朱希祖（一八七九－一九四四）曾想著手整理通史，但當時也懷疑中國史書繁多，「不知此書何時始可就緒也」。[63]一位讀者張德昌於一九三三年撰文評論當時的中國通史著作，指出留日學生在編纂通史上缺乏成績，五四之後躍上舞臺的英美新知識分子沒有好的訓練，回國後主張「歷史可以脫離人生」而純重視研究，立驚世駭俗之「為歷史而歷史」，把整體歷史割裂，切成一塊塊來考證、論述，此即這類知識分子不重視通貫而重視專題、細瑣研究的風格，影響一代學風之巨大。在疑古風氣影響下，傳統歷史書寫不被重視，學校課程被大量縮減。直到一九三〇年代後，國家受到列強欺凌，大家突然轉向思古復古，青年之風氣一轉而開始向認識自己民族的歷史來發展閱讀，整個風氣才轉變。[64]於此時，偏於擷取古代史書智慧的通史著作也愈來愈風行，[65]甚至當人們反思歷史文化時，也往往由前期的客觀學問，凝聚成為一種具有國家民族的「信念」。[66]

雖有這樣的轉變，但好的著作不可能不經過時間醞釀而產生。當時所謂通史類的著作常出現許多問題，坊間通行的中國史教科書非常多，[67]但大多輾轉抄襲，「不失之糅雜，即失之呆板」。多數通史讀本與飽受學者批判的明清綱目、綱鑑類著作，其實相差無幾，[68]全國大學內很少有人真正有能力勝任教導中國通史或某一代專史，多是援引、割裂西學以為教學資源，總之要談「學術獨立」還差得很遠。[69]中日戰爭前，中國通史已成為大學院校中極重要的課程，但適用的書本仍不多，大多分量太重，再不就是史事沒有剪裁，[70]學者多重古代史研究，而且偏重小範圍窄而深的考證，缺乏全局思考，並與現實脫節。一位期刊的讀者於一九四二年投稿指出，當時市面上流行的教材如：夏曾佑的《中國古代史》（原為《中國歷史教科書》）、王桐齡的《中國史》、章嶔的《中國通史》、繆鳳林的《中國通史綱要》、鄧之誠的《中華兩千年史》、呂思勉的《白話本國史》、張蔭麟的《中國史綱》、錢穆的《國史綱要》等書，皆為較有名的著作，被各大學中國通史課程所採行，但作者認為這些書皆存在一些問題，大抵直接抄錄古書，多徵引古人著作、直錄舊文；或是考證太多而論述太少，不易閱讀等等。當時少有學者對坊間中國通史教材感到滿意，多認為國家或史學界不重視編纂通史，僅靠幾個學者花幾年的時間就草草寫成，因而粗疏缺漏難以避免。在這樣的情況下，通史教育作為大學共同必修，仍有意義，但其價值或教學目標的成效，卻礙於教材的疏漏而難以達成。[71]

錢穆的例子就是一個很好的說明，在他擔任北大通史教師之前，中國通史往往是好幾個老師上同一門課，彼此互不相屬，也不知教材深淺與進度，只完全依照老師自己的喜好來上課。故錢氏認為：「通史一課必於一學年之規定時間內講授完畢，決不有首無尾，中途停止，有失講通史一課之精神。」[72]故教學需要一以貫之的教材，這才促成了《國史大綱》的誕生。事實上，寫新式通史本來就很困難，要考量的事情很多，要能突破既有框架，又要能說明歷史變化。[73]在撰寫上、編輯上，不少人指出各式困難，既要有所剪裁，又要指出民族發展的道路，還要能寫到北伐後的近代史事，正確分析當代中國局勢，才能對青年有所幫助。即便如今人極力推崇的《國史大綱》，[74]在當時也為人所抨擊，其中就包括了對於自己不熟悉的朝代或史實，只能匆匆帶過，無法周全。故民初有人建議應由若干學者合力寫一本通史，方不至於偏重某一時代或某一文化的專門史。[75]總之，當時教材不定，乃共通必修歷史課的最大困難，要論大的課程目標則更是奢求，因為完全沒有劃一的標準。

而且，時人撰寫通史，並非只希望作為大學、中學的教材，也不是專為歷史系學生設計，而是要發揮大眾閱讀的功能，讓普通民眾閱讀，[76]此點尤有意義，因為當時的出版業不若今日發達，也沒有現今物流業的方便，書本出版與取得皆不甚易。特別是至中日戰爭開始後，史學研究由民初的重考證轉向偏實用，更重視「有意義的歷史學」，一反為研究而研究的風氣。[77]呂思勉的《中國通史》於一九四〇年出版時，開明書店就打出該書可以「解釋現狀，推測未來」，可見當時這樣的訴求是有閱讀市場的；而出版商認為除了可以作為教科書外，也可為「一般社會科學者之良好讀物。」[78]彰顯其書訴求的受眾並非僅限於學習歷史專業的學生。當然，浩瀚的通史資料需要整理，殊為不易，羅香林（一九〇六－一九七八）復指出：「作通史要有『通識』，要備具種種不易備具的條件，所以中國自來治本國通史的人，成功的就不很多了。而且他們所謂已算成功的通史，強辨也是替死人或死物寫出來了，對於生人方便取讀或領悟與否，他們倒覺不必十分注意。」羅指出，中國歷來的史書，只有資格供少數專家去鑽研，沒有想要供給一般學子去閱讀，[79]在當時並沒有太多歷史學人著重通俗歷史閱讀一事。[80]而學生的課外閱讀與寫作，除了科學新知外，傳統知識的力量仍不容小覷，例如東北大學文法學院的學生就依著校內師資和資源，閱讀背誦十三經、四史、九通等傳統典籍，這是那時的通俗閱讀，也是現今無法想像的事。[81]而且編纂通史的方向甚多，史無定法，甚至要求能觀察現實與推測未來，例如加入「目下中國的民生問題」、「中國最近的將來一般趨勢的推測」等內容，冀求寫作偏重現實而非僅作為一種純學術的研究；這與當時學界重視專題、小問題深論、考證的撰寫趨勢格格不入，當然也就難以期待好的通史誕生。幸好學風已略為轉變，加以國家面臨困境，要求知識普及化的呼聲已經愈來愈高。

顧頡剛在抗戰時即屢興希望編纂具有普及歷史常識類的中國通史書籍。顧氏本身罹患嚴重的失眠症，有一天睡不著，想到將來要寫作的計畫，其中寫下：「……（三）中國通史——此為時代的責任。分上世、中世、近世三編，上世史以中華民族與文化之形成為其中心論題，中世史以中華民族之擴大為其中心論題，近世史以中華文化之轉變及其與全世界之關係為其中心論題。此書以極通俗之筆出之，以期養成全國人民之新人生觀及其責任心。

（四）國民讀本——用意如上書，將自然科學及社會科學中國民應有之常識作極淺近之敘述。」[82]當時中國通史的特質之一，某部分來說是通俗教育、普及教育，而非專業教育，顧氏言這不是他學問的本業，而是對於時代的責任，必須要著力進行。可以說，並非專精的通史著作難得，而是當時條件不允許、也不可能寫出完備的通史，所以寫作必須循序漸進，通俗之作反而可以先行。前幾章有謂，顧氏強於學術事業、點子又多，常為學人忌妒，他曾說：「予入世二十餘年，雖因名招敵，事業著著失敗，而聲譽日起，朋侶日多，已立於領導之地位。思致此地位不易，有此地位而不為國家作事，未免可惜。然學界中爭名太甚，予雖不與人爭，而人則必不肯放過我，政界中又爭權太亟，混飯則可，盡心竭力以從事於一業則為人所不許。邇來擺脫中央大學及組織部職務，復我自由之身，而各書肆多見拉攏，抗戰以來，得書不易，偶有新著便得傾銷，予有此人望，有此同人，正可抓住機會，在出版事業上貢獻心力，作有計畫有系統之進行，而招致同人分工合作，使中國史學上得軌道。」[83]撇開人事的紛擾，顧氏還是有遠大的理想與計畫，曾給自己立下寫作時程，認為通俗的中國通史，在他此生必能成功產出。但在「提高學術水準」上，則所謂「正式的中國通史」當於百年後才能寫成，現在只能做準備與整理資料的功夫。顧自言他當時已五十歲，若能好好工作二十年，必定有成，他也希望能和資本家合作出版事業，[84]可見民初學界與民間都亟需好的通史類作品。顧的學生健常（即譚慕愚）寫給顧頡剛的信，指出若要編國民讀本，必須顧及民眾之需求，她說：「中國通史一定要以現階段的社會、經濟、政治等真實現象為對鏡，以及社會、經濟、政治種種現象的變動——即其不斷前進的痕跡——為引導，而後這部史書寫出來．才是活生生的，才是適合國家社會的需要的，才是前導時代的。所以就這一方面說，也似乎不是離開實際的社會生活和政治環境所相宜的。」[85]意思是寫作不能離開社會的影響與眾人關注的議題，不可獨自撰寫脫離現實的學問。這段寫給老師的信，讓作為老師的顧氏印象深刻，恰可說明當時學術與世變的緊密連結，與一位學生讀者的真實想法。此外，根據一九四六年一位記者對顧的側寫，記載道：關於寫《中國通史》，顧認為：「這實在是迫不及待的需要了。」該報導指出為何中國需要一部好的通史讀物，談及：

> 長期的苦難和饑餓使得中國文化呈現了顯著的停滯狀態，甚至在後退，淪陷過的江南一帶，更不必說，教育水準低落得驚人，高中三年級生有不知中國近百年歷史者。就是大後方，顧先生說：「這幾年來，有些教師早脫離教師教育界了，留著的，粗劣的飲食傷害了他們底健康和心境，影響學生求學的精神也非常厲害。」在這一種情形下留下來的（所謂抗戰勝利後的）今日中國之教育和文化，正是一局歷

> 亂的殘棋，而這個殘局的整理，欲使它走上正軌，還有待於整個政治的走上正軌，而這個政治問題的解決，又必須牽連在國際局勢問題的圓滿解決以後。顧頡剛先生這樣覺得。現在，顧先生以他卅餘年研究中國歷史的心得，將致力於五千年來中國歷史整經理緯的工作，編撰《中國通史》，我們不單要為今後研讀中國史的學子慶，且給予顧頡剛先生以無限之敬。[86]

由此可見，戰後學界、教育界還是期待有一通史著作出現，提升全國人民的歷史知識。而在一九四四年，方豪（一九一〇—一九八〇）也曾受國立編譯館委託，編輯青年知識基本叢書，名為《外國史大綱》，字數只需六萬字。[87]相對地，或許中國通史的史料與史事更加繁瑣，羅香林曾擬訂理想中的通史著作，共兩冊需要達到二〇八章，分量相當繁重，[88]恐怕不適合於教學現場。這些編纂共通、通識類教材上的各式問題，包括取捨與剪裁，在當時較缺乏深入的討論。抗戰後，郭廷以也曾有撰述《中國通史》的計畫，一九四九到一九五〇年之間，尚以講稿方式呈現，但終未出版。郭認為，歷史教學不同於語文和數理，必須逐字逐句講解，所以教材分量難以固定，全在教師自行斟酌；而讀史時記憶固然重要，但亦須注意思想的啟發，故綜合而言，編纂教科書式的通史相當困難。王爾敏針對郭的史識評論道：「一直作歷史專題，固然十分重要，貢獻巨大，但却只是專門名家，而不能成為一代大師。」[89]道出了通史寫作之難而史家又亟欲寫就之殷殷盼望。

就課程的名實來看，時人也有不滿的聲音。所謂大學的共同必修，當時其實缺乏今日的課程設計理念，仍偏重以實用或政治考量的課程，例如體育、黨義、軍訓等課，雖不計學分，但卻是國民政府在抗戰前就著重的必修科目，未考量通識教育或博雅的精神；所謂共同必修，常常成為最無聊、沒有趣味且死板的課程。[90]還有一種批評聲音就是許多共通必修課的概念，是給非歷史系的學生修習，不應該太難而且需要具備選課的自由度，但實際上可舉二〇年代起擔任清華大學中國通史課程教師的蕭一山（一九〇二－一九七八）為例，其授課內容往往過於艱深細瑣，已為時人批評過於蕪雜、缺乏應用，也非一般人所必須學習之常識，可見拿捏課程內容相當不易。[91]季羨林（一九一一－二〇〇九）在一九四八年則曾評論北大文學院的共同必修科目，抨擊像國文課和歷史課等科目，都不應該放在必修課目內。在歷史授課方面，其實和今日有些類似，被認為從國小到高中，學生已念過三遍歷史，大學應該不用再念一次，即使歷史這個科目對於任何專業科目的學習都很有啟發，但這些各系所需的專史（筆者按：例如物理史、工程史、藝術史、醫學史），皆非當時歷史系的課程或師資可以支應，更遑論通史一類的著作，根本無法一一觸及這些內容。而即使是自然科學的共同必修課，季氏認為也無必要，因為國、高中時期已修足夠，供給一般「常識」已無虞，故他認為這些所謂的共同必修課都應該取消。[92]季羨林對於歷史等課程的批評並非孤例，當時許多人都對大一共通必修課程提出檢討，一位讀者「方稜」就投書報刊，指出當時「哲學概論」也常被定為大一共同必修，若是站在「愛護哲學」的立場，不宜這麼制定必修課目。其理由：第一，為了給學各種科學的學生講授哲學，而且只有半年時間，所以必定要將上課內容通俗化、甚至走入曲解之路。其次，凡是被定為必修的課程，就有強迫性，容易降低學者的興趣，他指出：「這時的青年正是生命力最活潑，最新鮮，最飛躍的時候，應該引導他們在真實的人生裡去發光、發熱，不該把他們牽入生命已經褪了色的概念遊戲裡。」[93]把哲學定為必修課目，只會使得人人都討厭哲學。這位讀者可能只是發表一己之偏見，卻可以從中看出當時所謂的大一必修課無法引起學生興趣之面向，某些學生只是為了學分，並非為了興趣而修習該課。至於批判哲學課是概念遊戲，恐怕也是偏見，而應思考當時整體課程規劃，未向學生說明，也沒有一課程設計理念之探討，或設計由淺入深的教材等細節，故容易流於形式。至於歷史課，似乎未見如此批判，主要還是教材內容和國、高中重複和教材內容不佳的問題居多。

## 五、小結

綜合以上所論來進行檢討，一方面讀者已明瞭近代中國大學通識歷史課施行的大概狀況，以及隨時序轉移所進行的各種變革；同時，也藉由梳理時人的言論，明瞭當時學者或民眾對共通必修通史課的正、反面看法。筆者在結論內仍須提出基於個人的總體觀察，不管是學術研究的意義，還是實際改革的方法，都希望能對未來大學通識教育中歷史類相關課程的改革與創新提供一些建議。

無論過往還是現在，通識教育中的歷史課都必須有專業師資來進行教學，但若有些大學沒有歷史相關系所，則課程將窒礙難行，抑或是找幾個兼任老師、點綴幾門歷史課程，虛應一應故事，這樣缺乏理念和設計的歷史課，很容易流於老師依據自己的喜好來上課。對照今昔，民初多數大學統合課程沒有一專門的「通識中心」把關，校方並無法控管共通必修課程教學內容的品質，多依賴專業學系提供師資，僅根據課名來開設，對上課內容的規劃缺乏長遠的理念與設計，充其量不過是開設一種較為普通且給專業學系之外學生修的初階課，即便是求其專業性，也已經大為打折，修課的價值大大降低；[94]當然，也有像錢穆的例子，並不降低授課內涵，但他所教學的場域是在北大和聯大，不能代表全國大學生的普遍程度。民初的通識歷史課，雖然具有我們現今認知通識教育的形式（非專業系所與校院共同必修），但若主持開課者沒有理念或思想，則固定的課程頗難以為繼，而且沒有大學自身的特色，多只是迎合政府政策開課，結果就僅是開幾個簡化的專題歷史課而已。但必須補充，民國時期各大學確實頗重視共同必修的課程，從學分數的多寡即可看出，並非只看重系所專業課程，而更重視知識的均衡發展，現代多數大學皆缺乏這樣的理念，導致學生多視通識課為雞肋，總不得學生認同與學界尊重。

民國時期的共通歷史課，其困境還顯現在雖校方重視通史課程，但欲求一好的通史著作相當困難。當南京國民政府制定全國大學要教導中國通史時，就如日本侵略的速度一樣，相當快速且令人措手不及，很多學校並沒有好的教材與師資相應，常常流於虛應故事。從整個過程中可以看出，二十世紀初以來國家機構與權力逐漸穩定，教育當局的政策實決定了學術研究和教學的走向，北京大學於近代追求的獨立或自由的理想，其實是一種現代大學的神話；真正的學術還是必須配合政策的導向。探求真理的精神與純理想的學術，在國家權力面前，常被遺忘。[95]通史研讀與教學雖然是正向的，但政策之施行往往沒有考慮到循序漸進的重要性，與高等學術發展需要時間醞釀的特性，要上通史課又沒有好的教材，在教本、內容、剪裁都不能讓人滿意的狀態，當然難以談進一步的意義，也無專業史家對本文所敘述的負面批評做出回應，學院的學者依舊只專注於專題研究，忽視正史、通史之教學。[96]現今國家社會愈來愈重視專業技能，純學術研究的立場當然愈來愈不穩定，於是就會誕生各種奇異且經不起考驗的新式教育理念，吾人不可忽略政治權力在背後的操作。加上學院的領頭學者既然沒有這些理念，也不針對這類教學議題發聲，導致整體教學與研究脫鉤、各唱各的調，社會自然從上而下養成一種通識歷史課（或共通必修）為營養學分的偏見，這不能只怪學生，而該反思上層學者的教育觀念和研究方向。

最終，具有通識精神的共通歷史課，陷入了教通史不夠通，和國、高中可能重複；而教專題又不夠專門，只能求取簡化的「雙重困境」。此外，當時大學生的人數並不多，燕京大學整個文學院在一九四一年只有七十五人。抗戰時中央大學外文系、中文系都只有十多個人，哲學系更只有四位學生。[97]至於一九三六年的浙江大學，教授有八十多人，但大學一年級只有學生一百六十七人，男生一百四十四人，女生二十三人，[98]推算全校也只有七百人，校長竺可楨希望能收到全校一千人，[99]依據這樣來看，其生師比（Student to Faculty Ratio）只有八．七五，這個數字是愈低愈好，臺灣的大學平均大約在二十三上下，更差的還不在少數，實在不甚理想。民國初年的情況，當老師面對相對少數的學生，可以思考用專題的方式來進行課程，不像今日一般大學都是開大班，正常情況都是六十人以上，生師比竟然比中小學還糟糕，根本無法顧及教學品質。但當時的思維是在有限的時間內，灌輸完整個通史知識，礙於時間有限，常常達不到預期目標，講課的時間都不足了，根本沒有辦理課堂活動或公開報告、討論的時間，此為當時環境與背景所導致的現象。

歷史知識相當廣博，窮一人畢生的精力，恐怕達到一、二領域之專門，已屬難能可貴，但共通必修課的教學時數往往只有一年，甚至半年，怎麼設計課程，就需要仔細思考。筆者淺見認為，大學通識歷史課應該不能單純就個人喜好隨意制定課程架構，需知現今臺灣一〇八課綱施行之後的高中生，其歷史知識已不如過去那般整齊劃一，大一歷史課不可能只針對一種程度和一種需求而開設，或許應該思考難度與範圍，進行一個比較好的課程設計。過去的課程重視通史，現在資訊發達、新知識更迭快速，我們到底需要怎麼樣的歷史知識與訓練，實值得歷史專業研究者來思考。通史類的課程當然仍是可以考慮的，因為它是一切歷史知識的基礎，特別是對專業系所也是如此，只重專史或極小範圍的歷史，將導致「缺乏史學通識，只能橫切，不知縱貫。」[100] 還要注意須避免和國、高中課程重複，制定大學歷史課程時，應避掉這個老問題，而多朝批判思考的方式來梳理過往的通史知識。現實情況是，臺灣大部分大學的通識課都已取消共同必修歷史課，這使得很多歷史課只能用「簡單化的專題」來呈現，或是依據老師的專長隨意開設，而且通常只有一學期，經營一段有深度的知識授予歷程，實有困難。

為今之計，筆者認為也並非毫無進路。大學通識教育中的歷史課，不管是以通史或專題呈現，都必須牢記照顧更大範圍之潛在的歷史知識愛好者；許多非歷史系的學生仍需要歷史知識的陶冶，大學歷史教師應該培養這些非歷史系學生對歷史閱讀的趣味與鑑賞能力。這一點，雖然民初許多通史教科書的編纂者也注意到了，但寫作時文字常常過於細瑣，大學教師在上課時，也很少會談到通俗歷史閱讀的層面。現今則大不相同，人文歷史的讀物、科普、史普的著作在市面上大量出版，授課教師應該就專題加以介紹，如何選擇書、讀書、取得知識的技巧，這個方法即使於學生修完課後，也會成為他未來閱讀歷史讀物的興趣與技巧，終身受用，這是就閱讀層面來談。[101]在課程進行中，還可藉由所授予的主題，即便是專題，在相對零碎的知識中也可以拼湊出歷史的全景；[102]抓住什麼是可以留下來的能力與技能，雖然不易，但總可以在設計課程時將這樣的概念不斷放入教學內容中，兼顧細瑣與整體。若要兼顧敘事力與寫作能力，或許可以這樣開始：以一部分歷史事實的呈現，訓練學生一些共通化的、應用的史學方法，包括找資料取得正確或專業資訊、閱讀與分析直到可以批判資料、解讀歷史事件、背景，最後進行訪談或書寫、評論歷史知識等，諸般閱讀歷史知識與寫作之呈現所帶來的實際技能，再進一步談創新思維，不可本末倒置，只想到創新，而沒有任何知識的基礎和概念之培養。[103]

在強調應用與實作的時代，具體呈現的「史家技藝」，成了歷史課在大學教育中最重要的生存與延續之道。[104] 現今通識教育的挑戰，還在於學科細分更形複雜、知識的更迭與淘汰更形快速，既有的歷史課程常為新領域的知識所取代，而壓縮應有的授課時數。一般歷史系的課程，更新太慢，而各大學為了配合各種教育部的專案與研究計畫，必定要聘用一專多能的教師來執行；也就是說，一般大學除了在歷史專業系所之內，若跨領域到通識教育，已很難說服現在大學的主事者，為什麼需要聘一個文史專業的師資？上古秦漢史乃至中古史等領域的博士，很難找到通識教育中心的教職，甚至通識課也不開這些很專業的歷史課了，而往新潮且符合實用的課程來開設，例如AI人工智慧與大數據、邏輯運算、程式應用等課程。可以說歷史學科在通識教育中的重要性日益降低，頗值得現今歷史學界深思突破之道。對比本文所論之時代，歷史課的施行因戰爭的危機與民族存續的危機感，促成了認識自己、鑑往知來的中國通史教育。未來如何創新大學通識歷史課程，指出歷史方法與技藝的重要性，與時俱進，不斷尋找學科的總體定位，則不但是專業歷史學界的問題，也是通識教育界不可忽略的挑戰。

## 本章註釋

1 提供參考，僅羅列幾本通論代表：顧頡剛，《當代中國史學》，臺北：新文豐出版公司，一九八二。王汎森，《近代中國的史家與史學》，香港：三聯書店，一九九六。許冠三，《新史學九十年》上下冊，臺北：唐山，一九九六。謝保成，《增訂中國史學史：晚清至民國》，北京：商務印書館，二〇一六。李孝遷，《西方史學在中國的傳播（一八八二－一九四九）》，上海：華東師範大學出版社，二〇〇七。王學典、陳峰編，《二十世紀中國史學史論》，北京：北京大學出版社，二〇一〇。

2 例如陳建守，《燕京大學與現代中國史學發展（一九一九－一九五二）》，臺北：國立臺灣師範大學歷史學系，二〇〇九。尤學工，《二十世紀中國歷史教育研究》，北京：中國社會科學出版社，二〇一四。朱煜，《中國近現代歷史教育研究》，南京：江蘇人民出版社，二〇一八。

3 限於篇幅，本文僅探討課程之施行，會在最後一小節，針對當時人們對教材的一些批評進行梳理，僅為配合本文主旨之舉例，但全面地去檢討各種教材與讀物之內容，則需另文處理。

4 陳學恂主編，《中國近現代教育史教學參考資料》上冊，北京：人民教育出版社，一九八六，頁四三八。

5 此處必須說明，當時所謂給專業系所之外修習的課程不叫「通識課」，本文定義是依照今日所理解「共同必修」或「共同選修」這樣的模式來呈現。亦即本文是針對這些與今日通識歷史課意義相近的概念來梳理。

6 舒新城主編，《中國近代教育史資料》中冊，北京：人民教育出版社，一九八一，頁五四六－五六九。

7 張亞群，《中國近代大學通識教育與創新人才培養》，福州：福建教育出版社，二〇一五，頁七四－八二。

8 中國第二歷史檔案館，《中華民國史檔案資料匯編》第三輯，南京：江蘇古籍出版社，一九九一，頁一一四－一三九。

9 中國第二歷史檔案館，《中華民國史檔案資料匯編》第三輯，南京：江蘇古籍出版社，一九九一，頁二三七－二四五。

10 王應憲編輯，《現代大學史學系概覽（一九一二－一九四九）》下冊，上海：上海古籍出版社，二〇一八，頁八五八。

11 中國第二歷史檔案館，《中華民國史檔案資料匯編》第五輯第一編，南京：江蘇古籍出版社，一九九四，頁二〇。

12 中國第二歷史檔案館，《中華民國史檔案資料匯編》第五輯第一編，南京：江蘇古籍出版社，一九九四，頁一七五。

13 史學系的學生可以用「史學研究法」或「中國史料目錄學」二科代替其他科目。參考不著撰者，〈文學院院長佈告〉，《北京大學日刊》二六八七期，北平：北京大學，一九三一，頁一。

14 潘劍冰，《大學·大師·大時代》，南京：江蘇人民出版社，二〇一七，頁一六八。

15 福建協和大學編，《私立福建協和大學理學院課程一覽》，福州：福建協和大學，一九三〇，頁四。

16 蔡樂蘇，歐陽軍喜，張勇，王憲明，《中國近代史學科的興起》，北京：清華大學出版社，二〇一八，頁二四。

17 蘇雪林，〈中國通史和抗戰史的編著〉，《教與學》五卷十一與十二期，一九四一，頁五九－六一。

18 潘劍冰，《大學·大師·大時代》，南京：江蘇人民出版社，二〇一七，頁三〇－三一。

19 國立北京大學文學院編，《國立北京大學文學院課程一覽》，北京：國立北京大學文學院，一九三六，頁四－五。

20 錢穆，《八十億雙親．師友雜憶》，北京：生活．讀書．新知三聯書店，二〇〇六，頁一六三－一六四。

21 該課程從講義、參考資料到形成教科書的過程，可參考錢穆，《國史大綱》上冊，北京：商務印書館，一九九六，「書成自記」頁一－四。

22 克明，〈錢穆的歷史觀〉，收入李孝遷等主編，《近代中國史家學記》下冊，上海：上海古籍出版社，二〇一八，頁六四二－六四三。

23 錢穆，《八十億雙親．師友雜憶》，北京：生活．讀書．新知三聯書店，二〇〇六，頁一六二與一六五。

24 燕京大學編，《燕京大學課程一覽》，北平：燕京大學，一九四一，頁一七－二〇。

25 燕京大學編，《私立燕京大學本科各學院課程概要》，北平：燕京大學，一九三六，頁一－二、一四－一五。

26 不著撰者，〈各系第一學年共同必修學程總表〉，《國師季刊》第一期，長沙：國立師範學院，一九三九，頁三〇。

27 蘇雲峰，《抗戰前的清華大學（一九二八－一九三七）：近代中國高等教育研究》，臺北：中央研究院近代史研究所，二〇〇〇，頁八四－八五。

28 不著撰者，〈大一課程教授會已決定〉，《清華副刊》三十九卷一期，北平：清華大學，一九三三，頁一八。

29 不著撰者，〈大一課程內容〉，《清華副刊》三十九卷二期，北平：清華大學，一九三三，頁一三。

30 張亞群，《中國近代大學通識教育與創新人才培養》，福州：福建教育出版社，二〇一五，頁二七二。

31 有關中學歷史教科書的研究，可參考王正瀚，《民國時期中學歷史教科書研究》，上海：上海教育出版社，二〇一三。中學教科書內容與大學教材之異同，還需進一步對比，本文暫不贅述。

32 周英，〈大一課程〉，《清華副刊》四四八期，北平：清華大學，一九三六，頁一三—一四。

33 交通大學教務處編，《交通大學概況及課程一覽》，上海：交通大學，一九三二，頁八五—九七。

34 可參考易社強著，饒佳榮譯，《戰爭與革命中的西南聯大》，臺北，傳記文學出版社，二〇一〇。以及倪蛟，《抗戰時期國立中央大學的學生生活》，南京：南京大學出版社，二〇一七。

35 不著撰者，〈教部公佈大學農商工三學院共同必修科目〉，《新聞報》一九三九年十月三日，第十二版。

36 不著撰者，〈大學文理法三學院共同必修科目〉，《新聞報》一九三九年十月七日，第十三版。

37 編著者不詳，《教育部頒發大學各院系一、二年級共同必修科目表》，出版者不詳，一九三八，頁一—八。

38 呂思勉，《中國通史》，上海：上海古籍出版社，二〇一三，自序頁一。

39 不著撰者，〈浙江省立英士大學工學院各系一年級共同必修課目表〉，《英大週刊》十三期，一九四〇，頁一三。

40 不著撰者，〈大學農工商三學院共同必修科目〉，《教育季刊（上海一九二五）》十五卷四期，一九三九，頁七七—七八。

41 蔡尚思，〈對於中國通史與歷史學系科目表草案之意見（上教育部書）〉，收入王應憲編輯，《現代大學史學系概覽（一九一二—一九四九）》下冊，上海：上海古籍出版社，二〇一八，頁八五八。

42 不著撰者，〈訓令三：頒發農工商三學院共同必修科目〉，《西北聯大校刊》第六期，西安：西北聯大，一九三八，頁十三－十四。
43 不著撰者，〈訓令二：頒佈文理法三學院共同必修科目〉，《西北聯大校刊》第三期，西安：西北聯大，一九三八，頁四。
44 不著撰者，〈教部制訂大學共同必修科目，並提高大學程度〉，《教育季刊（上海一九二五）》十五卷三期，一九三九，頁八八－九〇。
45 不著撰者，〈教育部新頒大學共同必修課程〉，《協大週刊》四卷一期，福州：福建協和大學，一九三九，頁七。
46 不著撰者，〈訓令二：頒佈文理法三學院共同必修科目〉，《西北聯大校刊》第三期，西安：西北聯大，一九三八，頁五－六。
47 張亞群，《中國近代大學通識教育與創新人才培養》，福州：福建教育出版社，二〇一五，頁一七四－一七五。
48 張玥，《抗戰時期國立大學校長治校方略研究》，南京：南京大學出版社，二〇一七，頁一四四－一四五。
49 〈北大新生必修科目〉，《申報》，上海：申報館，一九四六年十月二十九日，第八版。
50 不著撰者，〈教務處佈告〉，《國立武漢大學週刊》第三六二期，武漢：國立武漢大學，一九四五，第一版。
51 不著撰者，〈國立大學暨獨立學院附設先修班科目表〉，《國立武漢大學週刊》第三六二期，武漢：國立武漢大學，一九四五，第二版。
52 王應憲編輯，《現代大學史學系概覽（一九一二－一九四九）》下冊，上海：上海古籍出版社，二〇一八，頁五八四－五八五。

53 不著撰者，〈教育部修正大學院必修科目〉，《新聞報》一九四八年十二月二十二日，第十版。

54 不著撰者，〈大學必修課程學生負擔減輕〉，《新聞報》一九四八年三月二十二日，第五版。

55 不著撰者，〈教育部修訂大學必修科目表（四）〉，《同濟校刊》復刊新十四期，上海：同濟大學，一九四九，第三版。

56 不著撰者，〈教育部修訂大學必修科目表（二）〉，《同濟校刊》復刊新十二期，上海：同濟大學，一九四九，第四版。

57 不著撰者，〈文理法醫農工商師範八學院共同必修科目表及分系必修科目表施行要點〉，《同濟校刊》復刊新九期，上海：同濟大學，一九四九，第二版。

58 雷海宗，〈對於大學歷史課程的一點意見〉，《獨立評論》二二四期，北平：獨立評論社，一九三六，頁六－一一。

59 蔡尚思，〈通史之重要與中國通史之鳥瞰〉，《滬江大學月刊》二十六卷一期，上海：滬江大學，一九三七，頁一－六。

60 以上引自高增德、丁東編，《世紀學人自述．唐振常自述》第六卷，北京：北京十月文藝出版社，二〇〇〇，頁一一二－一一三。

61 不著撰者，〈新史學譯本出版〉，《史地學報》一卷二期，一九二二，頁二。

62 有關早期的通史教科書，頗受當時人推崇的，為成書於一九一六年，任教於北京高師的王桐齡所寫之《中國史》，而早期的通史類著作，受日人影響甚大，夏曾佑、劉師培的著作甚早，但他們都沒有教過大學，而且著作主要是為高中生程度所寫。參考齊思和，〈近百年中國史學的發展〉，王學典、陳峰編，《二十世紀中國史學史論》，北京：北京大學出版社，二〇一〇，頁二〇－二六。

63 不著撰者，〈北大編輯中國史先聲〉，《史地學報》一卷二期，一九二二，頁二。

64 余維炯，〈評謬著中國通史綱要〉，《文化與教育》一一六期，一九三七，頁二一－二三。

65 張德昌，〈繆鳳林著中國通史綱要〉，《圖書評論》一卷六期，一九三三，頁四五－四七。

66 王汎森論此即為錢穆與北京主流學派分手之原因，參考氏著《近代中國的史家與史學》，上海：復旦大學出版社，二〇一〇，頁一八二－一八三。

67 可參考趙梅春，《二十世紀中國通史編纂研究》，北京：中國社會科學出版社，二〇〇七。以及曹小文，《二十世紀以來中國的世界通史編纂研究》，北京：中國社會科學出版社，二〇一五。

68 余維炯，〈評謬著中國通史綱要〉，《文化與教育》一一六期，一九三七，頁十八－二五。

69 桑兵，《學術江湖：晚清民國的學人與學風》，桂林：廣西師範大學出版社，二〇一七，頁二六七－二六九。

70 不著撰者，〈新書提要：中國通史（金兆豐著）〉，《圖書展望》二卷八期，一九三七，頁一一三。

71 王袍沖，〈理想中的中國通史〉，《大學（成都）》一卷九期，一九四二，頁一九－二四。

72 錢穆，《八十憶雙親．師友雜憶》，北京：生活．讀書．新知三聯書店，二〇〇六，頁一六四。

73 張式卿，〈中國通史民鑒編略緒言〉，《台糖通訊》一卷十五期，一九四七，頁十三－十五。

74 杜維運，《中國通史》上冊，臺北：三民書局，二〇〇一，自序頁七。

75 晨風，〈大一中國通史教本編著方針之商榷〉，《南大教育》復刊號，一九四七，頁二二－二三。

76 蘇雪林，〈中國通史和抗戰史的編著〉，《教與學》五卷十一與十二期，一九四一，頁五九－六一。
77 李東華編著，《方豪先生年譜》，臺北：國史館，二〇〇一，頁五一。
78 李永圻編，《呂思勉先生編年事輯》，上海：上海書店，一九九二，頁二〇六。
79 羅香林，〈擬編中國通史計畫書〉，《國立中山大學文史學研究所月刊》一卷三期，一九三三，頁一〇五－一二二。
80 顧頡剛算是很重視通俗閱讀的民初學者。參考陳識仁，〈提高或普及？——顧頡剛從事通俗教育的背景〉，《興大歷史學報》第十九期，二〇〇七，頁一二三－一五四。
81 王紅雨，《讀書之外：近代學生課餘生活管理研究》，北京：中國社會科學出版社，二〇一八，頁一七〇－一七三。
82 顧頡剛著，《顧頡剛日記一九三八－一九四二》第四卷，一九三九年六月三十日，臺北：聯經出版公司，二〇〇七，頁二四四－二四五。
83 顧頡剛著，《顧頡剛日記一九四五－一九四六》第五卷，一九四三年四月三十日，臺北：聯經出版公司，二〇〇七，頁六六五。
84 顧頡剛著，《顧頡剛日記一九四五－一九四六》第五卷，一九四三年四月三十日，臺北：聯經出版公司，二〇〇七，頁六六五－六六六。
85 顧頡剛著，《顧頡剛日記一九四五－一九四六》第五卷，一九四三年九月三十日，臺北：聯經出版公司，二〇〇七，頁一六二一－一六二三。
86 顧頡剛著，《顧頡剛日記一九四五－一九四六》第五卷，一九四六年五月三十一日剪報〈我拜見了顧頡剛先生〉，《蘇州日報》，一九四六年五月二十日，臺北：聯經出版公司，二〇〇七，頁六六九。

87 李東華編著，《方豪先生年譜》，臺北：國史館，二〇〇一，頁五四。

88 羅香林，〈擬編中國通史計畫書〉，《國立中山大學文史學研究所月刊》一卷三期，一九三三，頁一〇五－一二三。

89 王爾敏，《二十世紀非主流史學與史家》，桂林：廣西師範大學出版社，二〇〇七，頁三五－四三。

90 不著撰者，〈必修選修科目施行要點〉，《教育季刊（上海一九二五）》十五卷四期，一九三九，頁一二一－一二二。

91 沈有鼎，〈清華大學歷史課程改良芻議〉，收入王應憲編輯，《現代大學史學系概覽（一九一二－一九四九）》下冊，上海：上海古籍出版社，二〇一八，頁八五八。

92 季羡林，〈論所謂大一共同必修科目〉，《自由批判》一卷一〇期，一九四八，頁四。

93 方稜，〈讀者投書：我不贊成哲學概論定為半年的大一共同必修〉，《觀察》三卷十三期，一九四七，頁二。

94 桑兵曾指，大學授課不要降低標準，迎合世俗口味，以免讓大學成為學術江湖。他說：「學問之事本來就存在可信與可愛的不可兼得，愈是高深玄奧，愈是曲高和寡。能夠引起普遍共鳴的，往往等而下之。哪些一味面向新進，迎合時流的橫通之論，無論如何出奇求新，不過是追求感官刺激而已。如果不能超越時流，堅守良知，以一般青年為主體的大學，反而最容易成為欺世盜名者橫行無忌的場所，遑論並非故意的誤人子弟。這也是大學稍有不慎即變為學術江湖的重要成因。」引自桑兵，《學術江湖：晚清民國的學人與學風》，桂林：廣西師範大學出版社，二〇一七，頁二六一－二六二。

95 蔣寶麟，《民國時期中央大學的學術與政治（一九二七－一九四九）》，南京：南京大學出版社，二〇一六，頁四一一－四二三。

96 羅志田，〈史料盡量擴充而不看二十四史－民國新史學的一個詭論現象〉，《近代中國史學述論》上冊，桃園：昌明文化有限公司，二〇一八，頁五九－九二。

97 沈懷玉、游鑑明等訪問，《曾祥和女士訪問紀錄》，臺北：中央研究院近代史研究所，二〇一八，頁一二九。

98 竺可楨原著，《竺可楨全集》第六卷，一九三六年十月七日，上海：上海科學教育出版社，二〇〇五，頁一七六。

99 竺可楨原著，《竺可楨全集》第六卷，一九三六年五月十三日，上海：上海科學教育出版社，二〇〇五，頁七二。

100 桑兵，《學術江湖：晚清民國的學人與學風》，桂林：廣西師範大學出版社，二〇一七，頁三三四－三三五。

101 與之對立，是桑兵於書中所陳，與筆者的見解略有不同，其主張專門之研究和不可降低難度之標準，附記於此。他說：「大眾式的歷史敘述，常常不得不加入許多非歷史的因素，如假設、玄想、比附、揣測等等，若非如此，斷簡殘片的史料不易連綴；而反覆的論證考辨很難為大眾所接受，因為史家總要在諸如此類的地方表示質疑，提出新證，得出別解。一般受眾對於不厭其詳的專業性考究，缺乏耐心和解讀能力，以為無關宏旨，殊不知這些瑣細往往可以連綴成完全不同卻更加接近真的歷史拼圖，使得一切似是而非的精彩黯然失色。有鑑於此，學人不必在意現世知音的多少，真正的考驗，在於面對古今中外賢哲的慧眼。」引自氏著，《學術江湖：晚清民國的學人與學風》，桂林：廣西師範大學出版社，二〇一七，頁一三。

102 羅志田，〈非碎無以立通：試論以碎片化為基礎的史學〉，《近代中國史學述論》下冊，桃園：昌明文化有限公司，二〇一八，頁三九三－四一〇。

103 史學知識背後的研究法，可能和大部分研究所能帶來的具體實作能力鏈結，可參考彭明輝，《研究生完全求生手冊：方法、秘訣、潛規則》，臺北：聯經出版公司，二〇一七，頁七－八。

104 〈會計系嗆歷史系「將被維基取代」大批網友參戰〉，《自由時報》，二〇一七年六月十九日，https://news.ltn.com.tw/news/life/breakingnews/2105174。歷史知識為什麼不會被「維基百科」取代？值得思考。

第五章

# 結論

這本小書融合個人與近代歷史人物的方法與經驗，用另一種方式呈現史學自身的歷史與技藝，不是要大談學術，而是希望把學術變得親切與實用，並對讀者有真實的幫助。當你拿起這本書來閱讀，已經證明你對閱讀寫作有足夠的興趣，恭喜你已踏出了成功的第一步。回到最初，靜下來也是需要時間的，你所需要的就是盡量排除不必要的外務與應酬，給自己更多沉澱的時間，進行閱讀和寫作。書中談到的幾位史家，包括呂思勉、嚴耕望、顧頡剛等，都具有這些特質。錢穆曾說：「為學標準貴高，所謂取法乎上僅得乎中。若先以卑陋自足，則難有遠道之望。標準之高低，若多讀書自見。」[1]讀書多則自能判斷學問的高下、明辨事理，但若是只以「及格」為滿足，沒有認真對待讀書之事，則處事斷事自然是馬馬虎虎、敷衍了事，難以產生過人的見解，這當然都只是對個人而言。在更大的意義上，本書從筆者自己的經驗出發，旁及民國史家的讀書、治學與寫作，也關注在更大的意義上，彰顯歷史學研究法、讀書法的價值，拓展歷史教育的積極意義，不再是只有「鑑往知來、培養人文素養、多元思考」這類大家已經耳熟能詳的口號而已，而是思考走向實際應用。王汎森指出，談史家與時代，不能不提「史家究竟能為他的時代做些什麼」的問題，在二十世紀初，這個問題不需要討論，歷史當然是一門有用的學科，但近二、三十年受到各種社會科學和後現代潮流的衝擊，今天的史學工作者已經很久不會想「史學與現實的關連」這個面向了。[2]針對如此問題，本書提出史家的獨門技藝，先閱讀文獻並蒐集資料，研究前人處理問題的方法，搜求探索各種實際的解決方式，再運用文字、影音、遊戲、表演等各種形式，將讀書的知識整合，進行敘事，形成一套具有獨創邏輯思維的成品，這就是歷史學的應用；而廣義的讀書（包括探索影音或資料庫）與寫作，不但是最基本的訓練，也是所有靈感與創意的泉源。

很多人擔憂現代文史教育的沒落，社會不重視文史知識的培養，但這正是新歷史研究法存在的意義。科學有定理、有公式，解決很多問題，但也製造許多人類的麻煩與地球的浩劫，不具人文思想與關懷的科學發展，必將造成無窮的禍害。更何況世事與人生，往往沒有一個固定的解答，對與錯常牽涉價值的選擇、人情之糾葛纏繞，故所處環境的不同，常有不同的理解模式與解決問題的邏輯思維。新歷史研究法，就是在注重、分析歷史原因、背景、文化因素等種種考量下，做出比較正確的選擇和解決問題的方式。人類很多問題不可能靠公式來解決，也難有定論，投射到教師教學場域上，教師不再只是「說什麼都對」的權威，更非灌輸死背知識的考試訓練專家，而是啟發學生思考的角色。在這點意義上，教師也需要不斷讀書寫作，補足自己的不足，在學生身邊除扮演一個指導者的角色，也發揮一個陪伴者的職能，不過度干預，卻能引導學生產出具有創造力的成果，以備未來進入社會後仍具有不斷創新、發現新知識的能力，這才是最重要的歷史教育新趨勢。

本書所談的讀書與寫作，並非要訓練讀者成為一位純學者，鑽入書堆而不多問世事；雖然，你也可以完全這樣訓練自己而往成功邁進，學者不也是這樣練成的嗎？只是，新的歷史研究法，不該只是一種在狹窄的學術殿堂中展演給菁英看的純學術，而應該是研究、展演一種解決問題的方法、創意思考的可能途徑。本書所提及顧頡剛的通俗教育、呂思勉的文史讀書法、錢穆的通史教育、通識的歷史教育，都不是專門為研究而研究、閉門造車式的學問，而是具有更高理想之啟迪大眾、開拓視野、解決實際社會問題的史學方法，而這些人的讀書寫作功力皆相當扎實。傅斯年曾有一妙語，他說：「一旦一個人成了文人，他就不再是一個人。」[3]他的意思其實和本書所言頗有符合之處，傅認為讀書若只單就研究學問而讀書，只躲在書齋內讀書，那不是史家應該做的事。史家應該動手動腳找資料，除了書本，要能運用田野調查、考古、科學、醫學等各種知識去延伸發展自己所學的能力，開發屬於人文學範式的解決問題能力，具有比他人更深入分析事理之洞見。故可印證，所謂歷史學的方法，其實不只是為了培養老學究而生，它是實用的、應用的，也是大眾的史學，只要願意從史學中去學習方法，人人都能獲得解決實際問題的能力。

故言歷史學者的讀書法，是解決問題的讀書法，是將一切的事物置於懷疑的眼光下，閱讀之後，蒐集相關的著作與資料，進行延伸閱讀，來檢視作者的論點或任何事實的呈現是否合理，並延伸至相關議題的理解，提升自己的判斷力與鑑別能力，訓練一己不盲從且擁有提出獨立觀點的能力。同樣地，歷史學的寫作法，就是選擇特定議題，同樣將史料置於一種存疑的眼光之內、反覆推敲，利用各種方式去分類、檢驗證據，來說明自己原創的、對問題的觀察與論點，最後形成一套自己的看法，也稱為新的見解。可以說寫作就是思想與策略的布局，若是只把寫作單純視為「作文」，那就大錯特錯，寫作是創新與實作的基礎，無論在研究創新還是於產業界工作，都需要創意與行動力，「怎麼開始」、「如何進行實作」等問題，都可以透過閱讀和寫作的技術來構思布局，找到正確的行動方案。而自己在閱讀寫作之後所產生的各種新見解，對後人是有幫助的，為什麼呢？因為後人，也就是未來的讀者，可以在這一份著作（或方案）中學習到探查真相的一種原理、原則，這整個書寫與推論的過程，就是一段寶貴的科學訓練，更是生產歷史知識及其價值之所在，讀者讀過後，又能反過來對自己的觀點與寫作、實作、人生等各方面有實際助益，這就是知識傳承的意義。所以讀書與寫作是相互影響、持續不斷的積累與事業，期待讀者能善用技巧，達到各種目的、形式的創新，乃其最高的價值。

若可以用目前興盛的觀點來理解，我想公眾史學（又稱大眾史學）的範疇大概可略為囊括一些這樣的理念，它的呈現方式非常多元，包括歷史扮演、電玩遊戲、影視史學、口述訪談、數位人文等內容，但大體總須符合「大眾的歷史」、「歷史是寫給大眾的」、「歷史是由大眾來書寫」三種意涵，[4]而這些歷史的展現，往往就是閱讀寫作之後所呈現的多元成果。在臺灣，因為面臨畢業生就業的問題，大學歷史教育也開始注意到大眾市場或與就業相關的訓練，故有時也以應用史學、實作史學、應用哲學等課程為名來框定學程，大眾史學的幾個領域則被植入其中，成為一種綜合的發展規劃，這大概是現代臺灣非常流行的新式課程設計，今後應該會持續拓展。美國自一九七〇年代開始出現傳統歷史學博士的就業危機，逐步發展下，羅伯．凱利（Robert Kelley）和威斯利．強森（Wesley Johnson）於一九七六年開始發展公眾史學課程，要求學生針對機構、公司、企業、社區等領域進行具職業性的「任務導向」，還需要到機構內進行解決問題式的實作課程。這一領域發展到後來，已成為眾多歷史系畢業生的就業訓練，包括設計博物館的展覽、保護與解釋過去的物質遺產，例如歷史建物和文獻檔案；或是提供政策與研究成果、運用新媒體與歷史元素行銷和廣泛的歷史教育等等，這些其實都是大眾史學的範疇，[5]也與本書新歷史研究法倡議歷史閱讀與寫作的實際用途相似[6]。但還須注意，高等教育不能只是意識到這種改變，還要幫學生規劃未來實作的場域，以及實作成果和就業之間的關係。這當中的擔憂還是有的，桑兵就指出，要把史學跟旅遊、影視、電視等大眾文化結合，就必須提高影響力和能見度，它終將依靠不擇手段與行銷；而史學研究必須嚴格遵守學科戒律，訓練過程中必先耗費大量的心力與時間，非長時間訓練難以見到成果，若學生不能自持自律，一旦墜入流行文化，想盡辦法與熱門科系掛鉤，撰寫的文字不具客觀立場，也無法檢覈是非對錯，那麼對史學的專業化將產生重大傷害，並實已脫離了「史學」的範疇。[7]更重要的是，淺談一點應用，恐怕還是得不到業界的認可，又將落入低薪的惡性循環。所以，在應用與專業化之間，這兩種教學研究取徑如何妥善調和融通，增加史學方法的附加價值，取其利而去其弊，實考驗著未來文史科系師生的智慧與抉擇。

要將人文素養化成實際的就業力，就需要產出具有市場價值、符合大眾需求的具體成果，這些都需要文史學界持續注意。而閱讀寫作方法依舊是在整個藍圖中的學生所必須具備的基本能力，它將使得產出的成果更有理念、層次與內涵，並且與眾不同。過去，學院的改變略顯緩慢，研究所的課程還是以「研究」為主，這樣似乎也沒有大錯，但當失業博士愈多，學用落差擴大，這個文史教育的平臺與地基就將鬆動，岌岌可危，很多人尚未充分注意到如何將研究方法轉化，成為實際的就業能力，甚至更長遠的人文專才鑑定或執照的可能，也不是不能思考。筆者所論，不過拋磚引玉，提出一些腦力激盪的層面，這本書只是開始，限於篇幅和可讀性，並無法再多作長篇大論，若再加入影音製作、遊戲構思、新聞報導等非虛構寫作的應用方法，可能失之駁雜，故僅點到為止。[8]新的歷史研究方法不再只單純強調是為學術而學術，也不會被批評學者「不過是在小圈圈裡面求得自我滿足」，讀書寫作的技巧有大用，希望能讓文史教育與研究有更好的發展，思索如何將史學家的讀書與寫作之實際功能與意義進行擴大，讓喜歡文史的學子們取得更寬闊的實踐與成就。

不斷充實自己，持續地閱讀與寫作，方能突破既有的寫作模式，達到創新寫作的思路。桑兵曾指出：「讀書少而著述多，為時下學界通病。」[9]學人應當多讀書，不能只是為了寫書而翻書，不讀書而一味找材料，往往有先入為主的成見和目的，難以避免看朱成碧的危險。我想，包括深陷於時代潮流中的自己，都應該深自檢討，切記不能只留心寫作而忘了讀書。充實基礎之後還要不斷尋求創新，一九一一年有位英國作曲家指出：「每一種前衛藝術出現之時，都會受到一些藝術權威機構的攻擊，稱之為醜陋。」[10]醜陋的作品或者是意想不到的新式創作方式、跳脫常規的寫作，往往於一開始得不到普遍認同，但卻是突破既定框架的好辦法。正如小麥克尼爾（John R. McNeill）經典之評價，他在克羅斯比（Alfred W. Crosby，一九三一－二〇一八）寫的《哥倫布大交換：一四九二年以後的生物影響和文化衝擊》書前談到，該書一開始根本得不到出版界的青睞，「生態環境史」是什麼歷史？他認為，歷史學家多在政治軍事領域耕耘，卻很少於生態、生物學層面進行思考，這樣的想法與寫法，在當時太過前衛，直到一九七二年才有新英格蘭的一間小出版商願意接手出版。出版後，負面評論不少，甚至作者的同行都懷疑怎麼能如此詮釋歷史呢？結果，這本著作後來不但廣受學界矚目，甚至在一九九〇年後普遍被寫入世界史的教科書中。[11]克羅斯比以生態視角，開環境史與全球史風氣之先，引領風騷，而被寫入西方史學史研究之代表範例。另一個為人熟知且津津樂道的例子是黃仁宇（一九一八－二〇〇〇）的《萬曆十五年》，這本書長期霸占臺灣書市，甚至各大類中文歷史著作的排行榜，高中生、大學生不一定看過或聽過什麼歷史巨著，但《萬曆十五年》絕對是最多人耳熟能詳的讀物之一。其實這本書最初的英文版出版相當不順利，黃當時被一個名不見經傳的地方小學校開除，一般出版商還懷疑其寫作能力，黃的寫作風格不同於一般學術寫作，他的「大歷史觀」牴觸西方漢學較為看重的「顯微鏡」眼光，學界重視分析大於綜合，但大歷史必須省略細瑣人物與事件的考證與分析，直指歷史長時段的變動因子。[12]這樣別出心裁的論點，卻使得西方大學學術出版社請他去找商業出版社出版，而商業出版社又覺得有點像學術著作，請他還是去找大學出版社詢問，如此反反覆覆，就是無法正式出版，甚至有一間出版社把該書稿壓了半年才退稿，讓黃飽受身心的煎熬。[13]但這本具有獨特寫作風格的學術著作，終究取得多數世人的認可，耶魯大學出版社於一九八二年出版該書；在英語世界，該書同樣獲得不少肯定。那些批評黃的著作不夠學術的人，多數也只能寫出如廢紙般的學術著作，還沾沾自喜而不自知其陋。所以，創新的觀點與寫作，即使一時得不到重視，但當這些原創因子被人們接受後，新的寫作方法往往又將成為一個新的技藝與風潮，反過來影響一代人的閱讀趣味。所以，讀者的新創作若一時得不到重視，不用太過灰心，只要是用心寫作、具備創新觀點的成果，還能重視行銷與曝光，其後終究會為人所注意。著作的成功常常不是一時半刻之事，此不朽之成就，已於史學史內窺見，有志於學者，切勿灰心喪志。

我在這本書的最後寫作階段，正值二〇二〇年農曆過年，新冠肺炎（COVID-19）最嚴重的時刻。每天從臉書、LINE 大量發送而來的訊息，真假紛呈、目眩神迷、謾罵謠言、何日方休？過年人們休息、玩樂，通宵達旦，放逐自己享受片刻的自由；但一到初五、六開工，大家又急急忙忙，趕來趕去地為生活忙碌，我不認為那樣人們可以獲得真正的寧靜與休息，玩樂與放縱，其實造就了開工日更疲倦的心情。那幾天，我依舊像史蒂芬・金那樣寫作，沒有休息，繼續閱讀和寫作，甚至修改一篇在年前被催促的稿子。我一點都不覺得累，每天都過得很充實。我試著不被外界的訊息干擾，也不讓市面上的煩擾和塵囂影響自己閱讀寫作的步調。而隨手翻閱，顧頡剛在一九三〇年的農曆小年夜到初二，除了整理書桌、書籍外，依舊撰寫論文、講義，每天還是寫三千到五千字，而且還讀英文書、點校古籍等等。整個過年，他都過著一個史家的閱讀和寫作生活，沒有停歇。[14]如果這本書真的能給熱愛閱讀寫作或以廣義的閱讀寫作作為職業的你一些啟發、一點安慰，那就足夠了。邀請你像史家一樣地閱讀、寫作，乃至生活，你終將會得到別人所無法享受到的寧靜與快樂，最後成功，完成一部部你所期待的作品。

## 本章註釋

1 錢穆，《錢賓四先生全集．素書樓餘瀋》第五十三冊，臺北：聯經出版公司，一九九八，頁四五六－四五七。

2 這樣的反思見王汎森，《執拗的低音：一些歷史思考方式的反思》，臺北：允晨文化，二〇一四，頁一八七－二〇六。

3 王汎森原著，王曉冰譯，《傅斯年：中國近代歷史與政治中的個體生命》，臺北：聯經出版公司，二〇一三，頁九七。

4 蔣竹山，〈當歷史成為商品：近來英國大眾接觸歷史的幾種管道——從 Consuming History 談起〉，《歷史臺灣：國立臺灣歷史博物館館刊》第八期，二〇一四，頁一八五－二〇三，以及張隆志的主編序。

5 李娜，《公眾史學研究入門》，北京：北京大學出版社，二〇一九，頁一－三五。

6 有關歐洲課堂施行之方式，可參考 Marko Demantowsky ed., *Public History and School: International Perspectives* (Berlin: De Grayter, 2018), PP.55-68.

7 桑兵，《治學的門徑與取法：晚清民國的史料與史學》，北京：社會科學文獻出版社，二〇一四，頁二四－二五。

8 影音製作和遊戲創作，都需要具備專業的軟體應用甚至是開發技術來配合，這一點未來文史科系的課程也可以帶入。至於圖像分析與創作，藝術史、漫畫史更是很好的切入點。新聞、報導等非虛構寫作，則已有不少專論，可參考哈佛大學尼曼基金會著，馬克．克雷默（Mark Kramer）、溫蒂．考爾（Wendy Call）主編，王宇光等譯，《哈佛寫作課》，臺北：城邦文化事業股份有限公司，二〇一七，頁八－一五。

9 桑兵、於梅舫、陳欣編，《讀書法》，北京：人民出版社，二〇一四，頁一六－一七。

10 格雷琴．亨德森（Gretchen E. Henderson），白鴿譯，《醜陋史：神話、畸形、怪胎秀，我們為何這樣定義美醜、製造異類？》，臺北：創意市集，二〇二〇，頁一八五。

11 克羅斯比（Alfred W. Crosby），鄭明萱譯，《哥倫布大交換：一四九二年以後的生物影響和文化衝擊》，臺北：貓頭鷹出版社，二〇一九，頁一五－二〇。

12 黃仁宇，《萬曆十五年》，新北市：食貨出版社，一九九六，自序與頁三二四－三四二

13 黃仁宇著，張逸安譯，《黃河青山：黃仁宇回憶錄》，北京：生活．讀書．新知三聯書店，二〇〇五，頁六七－一〇八。

14 顧頡剛著，《顧頡剛日記一九二七－一九三二》第二卷，一九三〇年一月二十八－三十一日，臺北：聯經出版公司，二〇〇七，頁三七一－三七二。

# 徵引書目

Sam Wineburg、Daisy Martin、Chauncey Monte-Sano 著，宋家復譯，《像史家一般閱讀》。臺北：臺大出版中心，二〇一六。

中國第二歷史檔案館，《中華民國史檔案資料彙編》第三輯，南京：江蘇古籍出版社，一九九一。

中國第二歷史檔案館，《中華民國史檔案資料匯編》第五輯第一編，南京：江蘇古籍出版社，一九九四。

尤學工，《二十世紀中國歷史教育研究》，北京：中國社會科學出版社，二〇一四。

文安立（Odd Arne Westad）著，林添貴譯，《躁動的帝國：從清帝國的普世主義，到中國的民族主義，一部二五〇年的中國對外關係史》，臺北：八旗文化，二〇二〇。

王正瀚，《民國時期中學歷史教科書研究》，上海：上海教育出版社，二〇一三。

王汎森，《近代中國的史家與史學》，香港：三聯書店，一九九六。

王汎森，《近代中國的史家與史學》，上海：復旦大學出版社，二〇一〇。
王汎森，《執拗的低音：一些歷史思考方式的反思》，臺北：允晨文化，二〇一四。
王汎森，《天才為何成群地來》，北京：社會科學文獻出版社，二〇一九。
王汎森，王曉冰譯，《傅斯年：中國近代歷史與政治中的個體生命》，臺北：聯經出版公司，二〇一三。
王希、盧漢超、姚平主編，《開拓者：著名歷史學家訪談錄》，北京：北京大學出版社，二〇一五。
王紅雨，《讀書之外：近代學生課餘生活管理研究》，北京：中國社會科學出版社，二〇一八。
王富仁，《魯迅與顧頡剛》，北京：商務印書館，二〇一八。
王晴佳，《臺灣史學史：從戰後到當代》。上海：上海古籍出版社，二〇一七。
王爾敏，《史學方法》，臺北：東華書局，一九八八。
王爾敏，《二十世紀非主流史學與史家》，桂林：廣西師範大學出版社，二〇〇七。
王爾敏，《演史開新別錄》。北京：中華書局，二〇一五。
王學典，《顧頡剛和他的弟子們》，北京：中華書局，二〇一一。

王學典、陳峰編，《二十世紀中國史學史論》，北京：北京大學出版社，二〇一〇。

王樹民，《史部要籍解題》，臺北：木鐸出版社，一九八三。

王應憲編輯，《現代大學史學系概覽（一九一二－一九四九）》，上海：上海古籍出版社，二〇一八。

史景遷（Jonathan D. Spence），《天安門：中國的知識份子與革命》，臺北：時報文化，二〇〇七。

史景遷（Jonathan D. Spence）著，林宗憲譯，《「胡鬧領主」毛澤東：永不休止的顛覆與冒險》，臺北：左岸文化，二〇〇六。

史蒂芬・金（Stephen King）原著，石美倫譯，《史蒂芬・金談寫作》，臺北：商周文化事業出版股份有限公司，二〇〇二。

弗朗索瓦・多斯（Francois Dosse）著，馬勝利譯，《碎片化的歷史學：從《年鑒》到「新史學」》，北京：北京大學出版社，二〇〇八。

皮耶・布赫迪厄（Pierre Bourdieu）著，李沅洳譯，《學術人》，臺北：時報文化，二〇一九。

皮國立，《「氣」與「細菌」的近代中國醫療史——外感熱病的知識轉型與日常生活》，臺北：國立中國醫藥研究所，二〇一二。

皮國立，〈中醫文獻與學術轉型──以熱病醫籍為中心的考察（一九一二－一九四九）〉，《技術遺產與科學傳統》，北京：中國科學技術出版社，二〇一三。
皮國立，〈抗戰前蔣介石的日常醫療經驗與衛生觀〉，收入呂芳上主編，《蔣介石的日常生活》，臺北：政大人文中心，二〇一三。
皮國立，《國族、國醫與病人：近代中國的醫療和身體》，臺北：五南出版社，二〇一六。
皮國立，《近代中西醫的博弈：中醫抗菌史》，上海：中華書局，二〇一九。
皮國立，《虛弱史：近代華人中西醫學的情慾詮釋與藥品文化（一九一二－一九四九）》，臺北：臺灣商務印書館，二〇一九。
皮國立，〈現代中醫外、傷科的知識轉型：以醫籍和報刊為主的分析（一九一二－一九四九）〉，《故宮學術季刊》三十六卷四期，臺北，國立故宮博物院，二〇一九。
皮國立，〈戰爭的啟示：中國醫學外傷學科的知識轉型（一九三七－一九四九）〉，《國史館館刊》六十三期，臺北，國史館，二〇二〇年三月。
皮國立，〈傳抄整理與意欲創新──魏晉時期「傷寒」的方書脈絡與疾病觀〉，《東海大學文學院學報》第五十四期，臺中：東海大學文學院，二〇一三。
皮國立，〈從口述歷史視野看兩蔣總統的醫療與健康〉，《東吳歷史學報》三六期，臺北：

東吳大學，二〇一六。
交通大學教務處編，《交通大學概況及課程一覽》，上海：交通大學，一九三二。
朱元璋撰述，《皇民祖訓》，《明朝開國文獻》第三冊，臺北：臺灣學生書局，一九六六。
朱自清、葉聖陶，《自己的國文課：略讀與精讀的祕訣》，臺北：臺灣商務印書館，二〇一六。
朱孝遠，《歷史學家的故事》，桂林：廣西師範大學出版社，二〇一七。
朱建平、張伯禮、王國強，《百年中醫史》上冊，上海：上海科學技術出版社，二〇一六。
朱煜，《中國近現代歷史教育研究》，南京：江蘇人民出版社，二〇一八。
何茲全，《愛國一書生：八十五自述》，上海：華東師範大學出版社，一九九七。
余英時，《余英時回憶錄》，臺北：允晨文化，二〇一八。
余英時，〈中國史學界的樸實楷模——敬悼嚴耕望學長〉，收入嚴耕望先生紀念集編輯委員會編，《充實而有光輝——嚴耕望先生紀念集》，臺北：稻禾出版社，一九九七。
余英時著，傅傑編，《論士衡史》，上海：上海文藝出版社，一九九九。
克羅斯比（Alfred W. Crosby），鄭明萱譯，《哥倫布大交換：一四九二年以後的生物影響和文化衝擊》，臺北：貓頭鷹出版社，二〇一九。

吳忠良著，《傳統與現代之間——南高史地學派之研究》，北京：華齡出版社，二〇〇六。
吳晗，《朱元璋大傳》，臺北：遠流出版事業股份有限公司，一九九一。
吳學昭，《吳宓與陳寅恪》，北京：清華大學出版社，一九九二。
呂芳上，《民國史論》下冊，臺北：臺灣商務印書館，二〇一三。
呂芳上等，《蔣介石的親情、愛情與友情》，臺北：時報文化，二〇一一。
呂思勉，《史學方法論》，收入《史學四種》，上海：上海人民出版社，一九八一。
呂思勉，《歷史研究法》，臺北：五南出版社，二〇〇二。
呂思勉，〈從我學習歷史的經過說到現在的學習方法〉，《為學十六法》，北京：中華書局，二〇一一。
呂思勉，《白話本國史》上冊，上海：上海古籍出版社，二〇一二。
呂思勉，《中國通史》。上海：上海古籍出版社，二〇一三。
呂思勉述、黃永年記，〈回憶我的老師呂誠之（思勉）先生〉，《呂思勉文史四講》，北京：中華書局，二〇〇八。
呂實強，《如歌的行板——回顧平生八十年》，臺北：中央研究院近代史研究所，二〇〇七。
宋・司馬光，〈進資治通鑒表〉，王仲犖等編，《資治通鑒選》，北京：中華書局，一九六五。
李永圻、張耕華，《呂思勉先生年譜長編》，上海：上海古籍出版社，二〇一二。
李永圻編，《呂思勉先生編年事輯》，上海：上海書店出版社，一九九二。
李孝遷，《西方史學在中國的傳播（一八八二－一九四九）》，上海：華東師範大學出版社，二〇〇七。
李孝遷等主編，《近代中國史家學記》上下冊，上海：上海古籍出版社，二〇一八。
李志綏，《毛澤東私人醫生回憶錄》，臺北：時報文化，一九九四。
李東華編著，《方豪先生年譜》，臺北：國史館，二〇〇一。
李娜，《公眾史學研究入門》，北京：北京大學出版社，二〇一九。
李恩涵，《八十憶往：家國與近代外交史學》，臺北：秀威資訊科技股份有限公司，二〇一一。
李國祁，《近代中國思想人物論——民族主義》，臺北：時報文化，一九九三。
李濟，《感舊錄》，臺北：傳記文學出版社，一九六七。
杜正勝，〈形體、精氣與魂魄——中國傳統對「人」認識的形成〉，《新史學》，一九九一。
杜正勝，《新史學之路》，臺北：三民書局，二〇〇四。

杜維運，《中國通史》。臺北：三民書局，二〇〇一。
汪榮祖，《史家陳寅恪傳》。臺北：聯經出版公司，一九九七。
沈懷玉、游鑑明等訪問，《曾祥和女士訪問紀錄》，臺北：中央研究院近代史研究所，二〇一八。
周武主編，《世界的中國：海外中國學研究回望與前瞻》，上海：上海社會科學院出版社，二〇一九。
季羨林原著，葉新校註，《清華園日記》，上海：東方出版社，二〇一八。
岳南，《陳寅恪與傅斯年》，西安：陝西師範大學出版社，二〇〇八。
岳南，《陳寅恪與傅斯年》，臺北：遠流出版事業股份有限公司，二〇〇九。
林克、徐濤、吳旭君，《歷史的真實：毛澤東身邊工作人員的證言》，新店：書華出版事業有限公司，一九九五。
林載爵主編，王汎森等著，《如沐春風：余英時教授的為學與處世》，臺北：聯經出版公司，二〇一九。
林磊，《嚴耕望先生編年事輯》，北京：中華書局，二〇一五。
易社強（John Israel）著，饒佳榮譯，《戰爭與革命中的西南聯大》，臺北，傳記文學出版社，二〇一〇。
竺可楨，《竺可楨全集》，上海：上海科學教育出版社，二〇〇五。
哈佛大學尼曼基金會著，馬克・克雷默（Mark Kramer）、溫蒂・考爾（Wendy Call）主編，王宇光等譯，《哈佛寫作課》，臺北：城邦文化事業股份有限公司，二〇一七。
胡適，《治學的方法與材料》，臺北：遠流出版事業股份有限公司，一九八六。
胡適，〈不朽——我的宗教〉，《四十自述》。海口：海南出版社，一九九七。
胡適，〈大學的生活〉，《胡適的聲音：一九一九－一九六〇胡適演講集》，桂林：廣西師範大學，二〇〇五。
胡適，〈胡適之博士演講錄（一九二八）〉，收入潘光哲主編，《胡適時論集》第三集，臺北：中央研究院近代史研究所胡適紀念館，二〇一八。
胡適，〈胡適致沈志明函（一九六一年六月八日）〉，收入潘光哲主編，《胡適全集：胡適中文書信集》第五冊，臺北：中央研究院近代史研究所胡適紀念館，二〇一八。
胡適，〈胡適致楊聯陞函（一九五四年六月一日）〉，收入潘光哲主編，《胡適全集：胡適中文書信集》第四冊，臺北：中央研究院近代史研究所胡適紀念館，二〇一八。
胡適原著，曹伯言整理，《胡適日記全集》，臺北：聯經出版公司，二〇〇五。

倪蛟，《抗戰時期國立中央大學的學生生活》，南京：南京大學出版社，二〇一七。
徐乃力，《徐乃力八十自述》，臺北：中央研究院近代史研究所，二〇一四。
格雷琴·亨德森（Gretchen E. Henderson）著，白鴿譯，《醜陋史：神話、畸形、怪胎秀，我們為何這樣定義美醜、製造異類？》，臺北：創意市集，二〇二〇。
桑兵，《治學的門徑與取法：晚清民國的史料與史學》，北京：社會科學文獻出版社，二〇一四。
桑兵，《學術江湖：晚清民國的學人與學風》，桂林：廣西師範大學出版社，二〇一七。
桑兵、於梅舫、陳欣編，《讀書法》，北京：人民出版社，二〇一四。
郝明義，《越讀者》，臺北：網路與書，二〇一七。
高增德、丁東編，《世紀學人自述·唐振常自述》第六卷，北京：北京十月文藝出版社，二〇〇〇。
國立北京大學文學院編，《國立北京大學文學院課程一覽》，北京：國立北京大學文學院，一九三六。
張天社，《近現代史學流派簡析》，西安：西北大學出版社，二〇一八。
張戎、喬·哈利戴（Jon Halliday），《毛澤東：鮮為人知的故事》，香港：開放出版社，二〇〇六。
張亞群，《中國近代大學通識教育與創新人才培養》，福州：福建教育出版社，二〇一五。
張玥，《抗戰時期國立大學校長治校方略研究》，南京：南京大學出版社，二〇一七。
張耕華，《人類的祥瑞——呂思勉傳》，上海：華東師範大學出版社，一九九八。
曹小文，《二十世紀以來中國的世界通史編纂研究》，北京：中國社會科學出版社，二〇一五。
梁啟超，《中國歷史研究法》，上海：中華書局，一九三六。
梁啟超，《中國歷史研究法（外二種）》，石家莊：河北教育出版社，二〇〇〇。
莎拉·瑪札（Sarah Maza）著，陳建元譯，《想想歷史》，臺北：時報文化，二〇一八。
許冠三，《新史學九十年》上下冊，臺北：唐山出版社，一九九六。
郭廷以，《近代中國史綱》，香港：香港中文大學，一九八〇。
郭廷以，《郭廷以先生日記殘稿》，臺北：中央研究院近代史研究所，二〇一二。
陳三井、李郁青，《熊丸先生訪問紀錄》，臺北：中央研究院近代史研究所，一九九八。
陳存仁，《光緒皇帝的收場》，臺北：新亞出版社，一九七〇。
陳垣，《陳垣史學論著選》，上海：上海人民出版社，一九八一。

陳建守，《燕京大學與現代中國史學發展（一九一九至一九五二）》，臺北：國立臺灣師範大學歷史學系，二〇〇九。
陳寅恪，〈馮友蘭《中國哲學史》下冊審查報告〉，《金明館叢稿二編》，上海：上海古籍出版社，一九八〇。
陳學恂主編，《中國近現代教育史教學參考資料》上冊，北京：人民教育出版社，一九八六。
陳寶雲，《學術與國家：《史地學報》及其學人群研究》，合肥：安徽教育出版社，二〇一〇。
陸國燊、黃浩潮，《錢穆先生書信集——為學、做人、親情與師生情懷》，香港：香港中文大學新亞書院，二〇一四。
陸寶千主編，《郭廷以先生書信選》，臺北：中央研究院近代史研究所，一九九五。
彭明輝，《研究生完全求生手冊：方法、秘訣、潛規則》，臺北：聯經出版公司，二〇一七。
曾國藩，《新譯曾文正公家書》，臺北：三民書局，一九八六。
琦君，《三更有夢書當枕》，臺北：爾雅出版社，一九九〇。
童教英，《從煉獄中昇華：我的父親童書業》，上海：華東師範大學出版社，二〇〇一。
舒新城主編，《中國近代教育史資料》中冊，北京：人民教育出版社，一九八一。

菲立普・費南德茲－阿梅斯托（Felipe Fernandez-Armesto），韓良憶譯，《食物的歷史：透視人類的飲食與文明》，臺北：左岸文化，二〇一二。
開放雜誌社編，《反叛的御醫：毛澤東私人醫生李志綏和他未完成的回憶錄》，香港：開放出版社，一九九七。
黃仁宇，《萬曆十五年》，新北市：食貨出版社，一九九六。
黃仁宇著，張逸安譯，《黃河青山：黃仁宇回憶錄》，北京：生活・讀書・新知三聯書店，二〇〇五。
黃永年述、曹旅寧記，《黃永年文史五講》，北京：中華書局，二〇一二。
黃克武訪問，潘彥蓉記錄，《李亦園先生訪問紀錄》，臺北：中央研究院近代史研究所，二〇〇五。
塞巴斯蒂安・康拉德（Sebastian Conrad）著，馮奕達譯，《全球史的再思考》，臺北：八旗文化，二〇一六。
賈德・戴蒙（Jared Diamond），王道還、廖月娟譯，《槍炮、病菌與鋼鐵——人類社會的命運》。臺北：時報文化，一九九八。
廖伯源，〈回憶與懷念〉，收入嚴耕望先生紀念集編輯委員會編，《充實而有光輝：嚴耕望先生紀念集》，臺北：稻禾出版社，一九九七。

瑪格蕾特．麥克米蘭（Margaret MacMillan）著，鄭佩嵐譯，《歷史的運用與濫用：你讀的是真相還是假象？八堂移除理解偏誤的史學課》，臺北：麥田出版，二〇一八。

福建協和大學編，《私立福建協和大學理學院課程一覽》，福州：福建協和大學，一九三〇。

蒙默，《蒙文通學記：蒙文通生平和學術》，北京：生活．讀書．新知三聯書店，二〇〇六。

趙梅春，《二十世紀中國通史編纂研究》，北京：中國社會科學出版社，二〇〇七。

齊邦媛，《巨流河》二版，臺北：遠見天下文化，二〇一七。

劉廣定，《傅鐘五十五響：傅斯年先生遺珍》，臺北：獨立作家，二〇一五。

潘光哲主編，《胡適全集．胡適時論集》，臺北：中央研究院近代史研究所胡適紀念館，二〇一八。

潘劍冰，《大學．大師．大時代》，南京：江蘇人民出版社，二〇一七。

編著者不詳，《教育部頒發大學各院系一、二年級共同必修科目表》，出版者不詳，一九三八。

蔡石山，《西洋史學史》，臺北：茂昌圖書有限公司，一九九八。

蔡樂蘇，歐陽軍喜，張勇，王憲明，《中國近代史學科的興起》，北京：清華大學出版社，二〇一八。
蔣竹山主編，《當代歷史學新趨勢》。臺北：聯經出版公司，二〇一九。
蔣復璁，〈追念逝世五十年的王靜安先生〉，收入陳平原等編，《追憶王國維》，北京：中國廣播電視出版社，一九九七。
蔣寶麟，《民國時期中央大學的學術與政治（一九二七－一九四九）》，南京：南京大學出版社，二〇一六。
燕京大學編，《私立燕京大學本科各學院課程概要》，北平：燕京大學，一九三六。
燕京大學編，《燕京大學課程一覽》，北平：燕京大學，一九四一。
蕭公權，《問學諫往錄》，臺北：傳記文學出版社，一九七二。
錢穆，《中國歷史精神》，臺北：東大圖書股份有限公司，一九七六。
錢穆，《國史大綱》，北京：商務印書館，一九九六。
錢穆，《錢賓四先生全集・素書樓餘瀋》第五十三冊，臺北：聯經出版公司，一九九八。
錢穆，《八十憶雙親・師友雜憶》，北京：生活・讀書・新知三聯書店，二〇〇六。
錢穆，《中國史學名著》，臺北：三民書局，二〇一一。
謝保成，《增訂中國史學史：晚清至民國》，北京：商務印書館，二〇一六。

羅志田，〈前瞻與開放的嘗試——《新史學》七年（一九九〇—一九九六）〉，《近代中國史學述論》，桃園：昌明文化有限公司，上下冊，二〇一八。
羅爾綱，《師門五年記．胡適瑣記》，北京：生活．讀書．新知三聯書店，二〇〇六。
嚴耕望，〈通貫的斷代史家——呂思勉〉，《治史三書》，瀋陽：遼寧教育出版社，一九九八。
嚴耕望，《治史答問》，臺北：臺灣商務印書館，二〇〇八。
嚴耕望，《治史經驗談》，臺北：臺灣商務印書館，二〇〇八。
嚴耕望，《錢穆賓四先生與我》，臺北：臺灣商務印書館，二〇〇八。
蘇雲峰，《抗戰前的清華大學（一九二八—一九三七）：近代中國高等教育研究》，臺北：中研院近代史研究所，二〇〇〇。
顧潮主編，《顧頡剛學記》，北京：生活．讀書．新知三聯書店，二〇〇二。
顧潮編著，《顧頡剛年譜》，北京：中國社會科學出版社，一九九三。
顧頡剛，《當代中國史學》，南京：勝利出版社，一九四七。
顧頡剛，《當代中國史學》，臺北：新文豐出版公司，一九八二。
顧頡剛著，《顧頡剛日記》，臺北：聯經出版公司，二〇〇七。

## 英文文獻

J.R. McNeill (2010), *Mosquito Empires: Ecology and War in the Greater Caribbean*, 1620-1914. New York: Cambridge University Press.

Marko Demantowsky ed., *Public History and School: International Perspectives*, Berlin: De Grayter, 2018.

Axel Schneider and Daniel Woolf ed., *The Oxford History of Historical Writing* (New York: Oxford University Press,2011), Especially Volume 5: Historical Writing Since 1945.

國家圖書館出版品預行編目資料

跟史家一起創作：近代史學的閱讀方法與寫作技藝／皮國立著 . -- 初版 . -- 新北市：遠足文化 , 2020.09
面；　公分 .
ISBN 978-986-508-074-7（平裝）

1. 史學方法

603　　109013017

# 跟史家一起創作
## 近代史學的閱讀方法與寫作技藝

作　　者——皮國立
編　　輯——王育涵
校　　對——黃瑞容
總 編 輯——李進文
執 行 長——陳蕙慧

行銷總監——陳雅雯
行銷企劃——尹子麟、余一霞、張宜倩
封面設計——謝捲子
內文排版——張靜怡

社　　長——郭重興
發行人兼出版總監——曾大福
出 版 者——遠足文化事業股份有限公司
地　　址——231 新北市新店區民權路 108-2 號 9 樓
電　　話——(02) 2218-1417
傳　　真——(02) 2218-0727
客服信箱——service@bookrep.com.tw
郵撥帳號——19504465
客服專線——0800-221-029
網　　址——https://www.bookrep.com.tw
臉書專頁——https://www.facebook.com/WalkersCulturalNo.1
法律顧問——華洋法律事務所　蘇文生律師
印　　製——呈靖彩藝有限公司

定　　價——新臺幣 420 元

初版一刷　西元 2020 年 09 月
Printed in Taiwan